LE STRATÈGE DU XXIe SIÈCLE

Vers une organisation apprenante

Pierre Dionne et Jean Roger

LE STRATÈGE DU XXIe SIÈCLE

Vers une organisation apprenante

---

gaëtan morin éditeur

CHENELIÈRE ÉDUCATION

Le stratège du xxie siècle
Vers une organisation apprenante

Pierre Dionne et Jean Roger

© gaëtan morin éditeur ltée, 1997

Révision linguistique : René Raymond

Tableau de la couverture :
Témoin de leur talent
Œuvre de **Monique Bédard**

Né à Québec en 1939, Monique Bédard habite et travaille à Montréal depuis 1967. Après plusieurs stages en dessin et peinture, notamment à Paris, elle obtient un baccalauréat en arts visuels, option peinture, de l'Université Concordia.

Dans ses toiles, une importance de plus en plus marquée est accordée au mouvement et à l'utilisation toujours renouvelée de la couleur. La forme humaine émerge et domine dans l'harmonie et l'unité. C'est par superpositions que s'élaborent les compositions où l'image se dresse, sans contraintes, comme un lien entre le mouvement et les personnages, reflet de la liberté d'expression de l'artiste et de son non-conformisme.

Monique Bédard participe régulièrement à différentes expositions individuelles et de groupe à travers le Canada. On trouve ses toiles à la Galerie Michel-Ange, à Montréal.

Catalogage avant publication de Bibliothèque et Archives Canada

Dionne, Pierre, 1950-

Le stratège du xxie siècle : vers une organisation apprenante

Comprend des réf. bibliogr.

ISBN 2-89105-654-X

1. Apprentissage organisationnel. 2. Changement organisationnel. 3. Communication dans les organisations. 4. Planification stratégique. i. Roger, Jean, 1957- . ii. Titre iii. Titre : Stratégie du vingt et unième siècle.

HD58.82. D56 2001   658.4'06   C97-940190-9

gaëtan morin éditeur

CHENELIÈRE ÉDUCATION

7001, boul. Saint-Laurent
Montréal (Québec)
Canada H2S 3E3
Téléphone : (514) 273-1066
Télécopieur : (514) 276-0324
info@cheneliere-education.ca

ISBN 2-89105-654-X

Dépôt légal : 1er trimestre 1997
Bibliothèque nationale du Québec
Bibliothèque nationale du Canada

Imprimé au Canada

    08 09 10 11 ITG 10 09 08 07

Nous reconnaissons l'aide financière du gouvernement du Canada par l'entremise du Programme d'aide au développement de l'industrie de l'édition (PADIÉ) pour nos activités d'édition.

REMERCIEMENTS

> *On ne peut être des milliers à tenir la plume !*

La rédaction d'un volume impose une discipline très particulière. Isolement, concentration, choix des termes et d'un ordre, tout cela nous est évident même à titre de lecteurs. Toutefois, d'autres aspects échappent à ceux qui n'ont point vécu l'expérience, dont le fait que la collaboration directe ou indirecte de plusieurs collaborateurs est indispensable.

Nous tenons à remercier les membres de l'équipe du projet qui ont rendu possible la rédaction de ce livre et à souligner le travail exceptionnel de notre éditeur, qui a dû mettre les bouchées doubles pour que cet ouvrage soit rapidement disponible. Nous ajoutons à ces collaborateurs la longue liste des cadres qui depuis 1990 insistent pour que nous nous attaquions à cette entreprise toujours difficile qui consiste à rendre plus accessible le rôle de stratège.

Les auteurs

TABLE DES MATIÈRES

Introduction 1

Chapitre 1   **Le stratège et la communication** 3

Les dimensions de la communication organisationnelle 4
Les univers de la communication 14
   L'approche classique : l'univers de la transmission
   de l'information 17
   La vision classique enrichie : l'univers de la compréhension
   mutuelle 20
   La nouvelle communication : l'univers de la négociation
   de la réalité quotidienne 22
La communication stratégique : du rêve à la réalité 28

Chapitre 2   **Négocier l'invention de l'organisation** 31

La dimension intrapersonnelle : Mintzberg 33
La dimension interpersonnelle : Sérieyx 34
La dimension managériale : Hammer et Champy 37
La dimension médiatique : de Morgan à Langlois et Tocquer 39
Des signes d'une évolution de la pensée en management 42
La notion d'écart et le diagnostic 44
   L'écart de vision 44
   L'écart de consensus 47
      Des nuances nécessaires 49
      Domaines de préoccupation et tactiques associées 55
   L'écart de processus 58
   L'écart médiatique interne et l'écart médiatique externe :
   mobilisation et fidélisation 64
      La mobilisation 64
      La fidélisation 66
La dynamique entre les dimensions 78

Chapitre 3 **Principes et objets de la négociation** 81

Axiomes, corollaires et principes 82
Négocier l'identité de l'organisation 90
La négociation du partenariat : à la recherche de cinq consensus 93
   La lecture de la situation de l'organisation 96
   Un consensus à propos des changements 98
      Engagement, volonté des acteurs et aspects dynamiques
      du changement 98
      Aspect politique du changement 103
      La capacité des acteurs : le défi de la diversité 110
      La capacité des acteurs : le défi d'une double lecture 112
   Le choix des gestes 119
   Clarifier la prise en charge du changement 123
   Clarifier les indicateurs de progrès 125
L'ampleur et les limites du négociable 128

Chapitre 4 **La négociation du virage : l'intervention** . . . 131

La préparation du changement 132
   Le plan de communication 136
      Des publics et des règles 137
      Les dimensions fondamentales d'un plan
      de communication 143
   Le plan de mobilisation 146
      Information préalable au plan de mobilisation 146
      Les écarts de compétence 147
      L'état d'esprit 148
      Les questions clés du plan de mobilisation 149
      Stratégies de protection du changement 154
   Les mandats 156
L'implantation du changement 160
   Informer 163
   Mettre en action le changement 168
   Soutenir 168
      Illustration des étapes du processus 171
Le suivi des effets 177
   L'information requise 178

Conclusion 183

Des mises en garde 187
    Les stratèges et leurs hypothèses 187
    La crédibilité de l'évaluation d'impacts 189
Le cadre de référence du stratège 190
    L'atteinte des objectifs 191
    La justesse des hypothèses 191
    L'engagement des acteurs 191
    Les règles de l'art 192
    Le contexte 192

Bibliographie 197

LISTE DES FIGURES

Figure 1.1 Les trois univers de la communication 15
Figure 1.2 La vision classique 19
Figure 1.3 La vision classique enrichie 21
Figure 1.4 La nouvelle communication 24
Figure 2.1 Les dimensions de la communication
            organisationnelle 32
Figure 2.2 Les thèmes associés aux dimensions
            de la communication organisationnelle 43
Figure 2.3 Cibler la nature du problème 53
Figure 2.4 Cibler le type d'action requis 54
Figure 2.5 Les sept calamités du temps vécues par le client 77
Figure 3.1 Négociation d'un projet partagé :
            une lecture commune de la situation 97
Figure 3.2 Modèle de Lewin (1951) :
            les phases du changement 101
Figure 3.3 L'individu au cœur du changement 102
Figure 3.4 Le conflit d'intérêts 104
Figure 3.5 Les acteurs du changement 107
Figure 3.6 La ressource et l'individu 114
Figure 3.7 Négociation d'un projet partagé :
            s'entendre sur les orientations 119
Figure 3.8 Négociation d'un projet partagé :
            s'entendre sur les tactiques 121
Figure 3.9 Négociation d'un projet partagé :
            s'entendre sur la prise en charge du changement 124
Figure 3.10 Négociation d'un projet partagé :
            s'entendre sur des indicateurs 125
Figure 4.1 La préparation du changement 134
Figure 4.2 L'absence de synchronie 135
Figure 4.3 Types d'écarts de compétence 148
Figure 4.4 Vérification de l'uniformité des écarts
            de compétence : fonds de placement 150

Figure 4.5   L'implantation du changement 161
Figure 4.6   Vision stratégique de la mobilisation
              et plan de communication 164
Figure 4.7   Métaphore de l'alpiniste 168
Figure 4.8   Le phénomène de rechute 170
Figure 4.9   Processus d'autogestion préventive 172
Figure 4.10   Le suivi des effets du changement 178
Figure 4.11   Les objets du suivi 179
Figure C.1   L'évaluation d'impacts 190
Figure C.2   Résumé du processus 194

INTRODUCTION

> Les jeunes stratèges l'apprennent à leurs
> dépens et les vieux renards de la gestion
> l'ont deviné depuis fort longtemps :
> l'organisation n'est en fin de compte
> que ceux qui la font, les personnes…

La discipline du management des organisations est entrée dans une période de profonds bouleversements. Lentement mais sûrement, un glissement s'opère ; on passe d'un cadre de référence à un autre, avec toutes les erreurs de parcours inhérentes aux incertitudes qui accompagnent toujours les changements fondamentaux. Certes, dans cette quête, tous ne progressent pas au même rythme. On peut encore trouver aujourd'hui des classes d'initiation à la gestion, où l'on reprend les descripteurs classiques du processus de management : planifier, organiser, diriger et contrôler. Pourtant, l'accent n'est plus placé là où il semblait naturel de le mettre.

De nouveaux termes ont fait leur place progressivement – vision, projet partagé, prise en charge, orientation client, poursuite de la qualité, etc. ; la liste ne cesse de s'allonger. Petit à petit, des préoccupations telles que la réingénierie, la responsabilisation, l'entreprise virtuelle et l'autoroute de l'information apparaissent comme tout à fait normales et naturelles aux yeux de ceux qui n'ont pas été forgés à la bonne vieille école du management classique. Tout semble indiquer qu'en parallèle de la mutation intervenue au niveau de l'économie mondiale se dessine une révolution encore plus profonde qui, sans écarter du revers de la main les leçons du passé, n'accentue pas moins l'ampleur du changement de mentalité qui s'opère et qui conduit en fin de compte à affirmer que tout gestionnaire est d'abord et avant tout responsable d'un ensemble de personnes et non d'une fonction, ou encore d'un quelconque système sans âme…

L'ère de l'organisation machine cède le pas progressivement à celle de l'organisation cerveau, ce qui porte à l'avant-plan l'idée que les personnes font le succès de l'organisation et non l'inverse. Et dans la foulée de cette nouvelle mentalité, on exige de plus en plus des gestionnaires qu'ils soient des meneurs d'hommes. On attend d'eux qu'ils soient des gens qui permettent à d'autres d'exceller, qui font plus que tracer la voie à suivre, parce que justement ils savent proposer un projet qui donne une place à chacun, pour libérer la matière grise du carcan où elle était enlisée… On veut maintenant confier la gouverne à des gens qui sont passés maîtres dans l'art d'entraîner les troupes dans leur sillon et dans celui de donner un sens au quotidien par la mise en place d'une vision de l'avenir qui présente le changement comme un allié et non plus comme une contrainte, comme un obstacle à franchir.

Aussi bien le dire ouvertement, on recherche dorénavant de véritables stratèges, des meneurs d'hommes exceptionnels, capables de lire et de comprendre leur organisation et sa performance au regard de l'évolution de l'économie mondiale et de son secteur d'affaires, et qui, de surcroît, sont capables d'animer leur organisation par l'implantation d'un projet partagé et par un style de management qui favorisent l'épanouissement de ce potentiel humain trop longtemps négligé. On demande à cette nouvelle race de meneurs d'imaginer des structures de fonctionnement souples et performantes, tout en maintenant la préoccupation de créer une organisation apprenante qui se donnerait pour centre névralgique la fidélisation de la clientèle, son seul véritable actif clé. Ouf! Quel défi, diront certains, mais en définitive, la toile de fond de cette évolution exigée des stratèges se résume à deux termes fort populaires actuellement : leadership et stratégie.

Voilà comment se présente le défi du stratège du XXIᵉ siècle. On lui confie la charge de vendre une vision de l'organisation, avec la mise en garde de prévoir tout ce qu'il faut pour y parvenir en valorisant la « matière grise ». Aussi ne peut-on aborder la présentation d'un processus pouvant l'assister sans orchestrer cette entreprise en plaçant d'abord les personnes au cœur du débat, plutôt que l'analyse stratégique ou la mondialisation de l'économie. Dans ce contexte, nous amorçons notre périple en affirmant que l'organisation est une réalité humaine, négociée au quotidien, et qu'à cet effet exercer un leadership suppose des habiletés de communication très particulières auxquelles peu de gestionnaires ont été initiés. Nous nous donnons pour objectif ultime de lever le voile sur ce nouvel art du management qui, sans mettre au rancart les leçons du passé, fait de la négociation des partenariats humains le préalable de la réussite.

CHAPITRE 1

LE STRATÈGE ET LA COMMUNICATION

> *Un homme vivant à la montagne*
> *comparait la ville siégeant à ses pieds*
> *à une fourmilière. Le jour où il en*
> *descendit, en se retournant,*
> *il aperçut soudain un panorama*
> *qu'il n'avait jamais imaginé.*

Plongé dans le tourbillon du quotidien, le stratège empressé de réaliser son rêve ne peut imaginer à quel point sa vision de l'organisation demeure étrangère à ses partenaires. Pire encore, beaucoup de stratèges sont persuadés au contraire que tous leurs partenaires partagent ce rêve et ils croient que tous font le même! Cette illusion dresse un mur entre eux et leurs plus proches collaborateurs, au point qu'ils ne voient même pas l'utilité d'aborder ce sujet avec eux. Pourtant, les signes sont nombreux et les occasions de le constater ne manquent pas: laissés dans l'ignorance, les partenaires les mieux intentionnés ont tôt fait de combler le vide, de se façonner une image de l'organisation bien à eux. Et cette image a parfois peu de parenté avec le rêve du stratège.

Chaque fois que nous sommes parvenus à asseoir autour d'une table les cadres d'une même organisation, nous avons assisté à un moment de vérité: il existe plusieurs organisations dans l'organisation! Mort de l'illusion, il n'y a pas au départ de rêve commun. Tel est le constat auquel chacun parvenait, après quelques heures de discussion, et plus encore, chacun finissait par avouer que son interprétation du comportement des autres s'éloignait curieusement du sens qu'eux-mêmes lui associaient. Cette prise de conscience qui rompt l'illusion, nous l'avons rencontrée régulièrement et nous l'avons discutée à plusieurs reprises avec des équipes de cadres avant d'oser pousser l'audace jusqu'à affirmer ceci: toute organisation est une réalité négociée. Bien qu'on puisse savamment la décrire en espérant l'objectiver, l'analyser sous l'angle de ses multiples identités ouvre sur un univers de nouvelles possibilités.

Dès l'instant où nous avons accepté de flirter avec cette idée selon laquelle il existe plusieurs versions de la réalité que chacun cache à son insu sous l'expression «l'organisation», notre approche de l'intervention en gestion s'est radicalement transformée. Pour un instant, nous avons craint de perdre tout repère en basculant dans l'univers de l'organisation inventée. Ce n'était que première impression, nous nous trompions. Contre toute attente, nous ne nous sommes point égarés dans le symbolisme abstrait. Nous nous sommes plutôt rapprochés d'une réalité quotidienne : toute personne qui vit dans une organisation s'en forge une représentation, progressivement et au fil du temps, et en retour, cette précieuse invention, qu'elle nomme organisation, lui permet de donner une signification aux événements qui y surviennent.

Ce phénomène qui tient de l'évidence reçoit curieusement fort peu d'attention dans les publications destinées aux stratèges, à qui on ne propose pas de stratégie qui assurerait sa prise en compte. Nous entendons pallier cette lacune. Dans ce chapitre, nous explorerons brièvement quatre dimensions de la communication organisationnelle dont tout stratège peut tirer avantage dès qu'il s'agit d'exercer un leadership auprès de ses partenaires. Nous nous lançons à l'assaut de l'art de négocier la réalité quotidienne de l'organisation.

LES DIMENSIONS DE LA COMMUNICATION ORGANISATIONNELLE

> *Vous vous sentez mis de côté…*
> *J'ai peine à imaginer que vous ayez*
> *pu penser que j'entretenais*
> *de telles intentions à votre endroit !*

Combien de gestionnaires n'ont pas été un jour ou l'autre totalement déconcertés par l'interprétation ou par les conséquences d'un geste de leur part dont ils n'avaient pas anticipé les effets sur leurs collaborateurs, même les plus immédiats ? Et face aux réactions ainsi provoquées, combien n'y auront vu qu'une difficulté de l'ordre des rapports interpersonnels, sans incidence sur la bonne marche de leur organisation ? Ces quiproquos sont plus fréquents qu'on serait porté à le croire ; seuls certains d'entre eux sont portés directement à notre attention par les événements. Ils se révèlent particulièrement intéressants parce qu'ils sont le reflet d'une distance qui s'établit entre l'image de l'organisation qui habite l'esprit du stratège et celle qu'entretiennent ses collaborateurs. L'existence de tels quiproquos révèle la présence d'un écart qui est de l'ordre de la vision de l'organisation. Cet écart attire notre attention sur la toute première dimension de la communication organisationnelle : la dimension intrapersonnelle.

Souvent subtile dans ses manifestations et difficile à cerner sur le coup, la dimension intrapersonnelle renvoie à ces images mentales que chacun se construit au fil du quotidien et qu'on en vient à résumer en une expression à saveur objective : l'organisation. Autant le stratège que les employés, chacun a sa version de ce qu'est l'organisation, de comment elle fonctionne, de la juste façon d'interpréter les événements qui y surviennent et même, souvent, de ce qu'elle devrait être. Naturel qu'il en soit ainsi ? Pourquoi pas. Cependant, il demeure qu'on accorde rarement toute l'attention requise à ce phénomène dont les conséquences les plus évidentes se manifestent pour certains dans le cloisonnement des expertises, ou encore dans le poids accordé aux arguments financiers au regard de ceux reliés aux ressources humaines. Pourtant, plusieurs des difficultés rencontrées par les stratèges trouvent leur origine dans ce phénomène, alors que la tendance est de les expliquer en d'autres termes. Cela vaut au premier chef pour ce qui est du projet d'entreprise ; on confond souvent les écarts d'interprétation avec un refus d'engagement de la part des employés, ou encore avec un manque de volonté réel de la direction de passer de la parole aux actes.

La dimension intrapersonnelle de la communication organisationnelle tire son importance de l'existence simultanée de plusieurs visions différentes de l'organisation, justement parce qu'on attend du stratège qu'il parvienne à faire partager à tous une version commune de la destinée de l'entreprise. Or, ces images mentales, qui proposent une version différente de l'organisation, naissent et se développent si subtilement que ceux qui les colportent les tiennent pour vraies, pour extérieures à eux-mêmes. Aussi n'est-il guère surprenant qu'ils les croient partagées par ceux qui les entourent et que les stratèges soient déconcertés par leurs effets.

Ainsi, l'idée que se fait progressivement un stratège de la valeur de son entreprise, de ses forces et de ses faiblesses, du marché où il agit, ou encore de la stratégie qu'il doit mettre de l'avant en fonction de ses objectifs, tout cela fait partie des images associées à la dimension intrapersonnelle. Or, cet imaginaire qui hante l'esprit du stratège ne trouve que rarement son équivalent chez l'employé, qui voit parfois son travail comme le seul réel fondé qui décrive correctement l'entreprise. Mais voilà, cet imaginaire détermine comment chacun lit les événements qui surviennent et comment chacun s'y adapte. De ce point de vue, omettre d'accorder de l'attention à cette dimension conduit à laisser s'installer des organisations dans l'organisation, à négliger le fait que les gens sont l'organisation... à laisser place à une tour de Babel.

L'expression peut surprendre et même paraître réductionniste. Affirmer que les gens sont l'organisation n'équivaut cependant pas à nier qu'on puisse la définir autrement, ou encore à contester la valeur de toute autre façon de la décrire. Soulignons-le au passage, l'intention est ici d'inviter les stratèges à poser un regard différent sur leur entreprise pour découvrir d'autres facettes de cette entité complexe, justement parce qu'elle est le fait des hommes. Nous proposons, en évoquant la dimension intrapersonnelle, de situer le point d'origine de notre réflexion dans le fait que chacun a sa version de l'organisation et qu'à ce titre le stratège ne trouverait aucun avantage à négliger la question puisqu'on attend de lui qu'il favorise la convergence de ces images. C'est là le défi de celui qui a la responsabilité d'établir un projet partagé.

Évoquées en d'autres mots, ces images mentales dont nous faisons état ne sont pas sans rappeler certains propos de Mintzberg sur l'importance du concept de vision. De plus, elles nous laissent les mêmes préoccupations que l'auteur quant à la nécessité de mieux cerner le rôle du gestionnaire, de présenter ce dernier autrement que comme un individu qui manœuvre des leviers. À notre point de vue, dès qu'un stratège admet l'existence de plusieurs versions de l'organisation, qui seraient présentes simultanément dans l'esprit de ses partenaires, son souci premier devrait être la convergence vers une vision partagée. Peu importe l'expertise dont il ferait preuve dans le développement d'une vision stratégique du devenir de son organisation, s'il ne parvient pas à la faire partager, il se verra contraint de déployer des énergies folles dans l'espoir de maintenir le wagon sur les rails.

La marche vers un projet partagé requiert le déploiement d'une stratégie de mise en commun de ces versions de l'identité de l'entreprise qui meublent l'imagination de chacun. Ces versions sont le tremplin de la négociation d'une vision commune d'où peut être amorcée la définition d'un projet. Pour conclure avec un brin d'humour sur le défi que présente la dimension intrapersonnelle, il habite en chacune des personnes qui font l'organisation un Mintzberg qui s'ignore, un rêve ; au stratège de les réunir, de les faire travailler de concert. Il lui faudra cependant savoir manœuvrer avec habileté les principaux leviers de la communication.

> *L'employé qu'on laisse à lui-même a tôt fait de s'inventer un emploi. Cette créativité troublante révèle deux choses importantes. Premièrement, l'embauche d'un employé est la fin d'un processus et en même temps le début d'un autre processus : celui de la socialisation. Deuxièmement, quand on néglige le second processus, le premier devient inutile puisque l'employé ne travaille pas vraiment pour nous...*

Nous avons annoncé au passage notre penchant pour l'hypothèse voulant que l'organisation soit une réalité négociée, hypothèse que le vécu des stratèges ne contredit surtout pas. En effet, nous avons pu l'entendre assez régulièrement au fil de nos tables rondes, avec des équipes de gestionnaires, le nouvel employé cherche à comprendre son organisation, tel un explorateur mettant le pied sur un nouveau continent, alors que, au contraire, celui qui y vit depuis un certain temps développe la conviction d'en avoir fait le tour, d'en tenir une juste interprétation. Encore là, est-il un phénomène plus naturel que le sentiment d'être étranger à ce qui est inconnu, et que de trouver familier ce qu'on estime avoir apprivoisé ?

Si on peut conclure à l'évidence pour ce qui est du phénomène évoqué, il faut en retour souligner que les écrits destinés aux stratèges n'indiquent pas de quelle manière cet aspect peut être pris en charge. Tout au plus se limite-t-on à les en prévenir. Pourtant, ces impressions qu'éprouvent les individus face à l'organisation, en dépit de leur apparente opposition, attirent l'attention sur un mythe qui colore le quotidien du stratège. L'organisation peut lui apparaître comme une réalité objective et extérieure à lui-même. Quand il la regarde de la sorte, il attend de ceux qui l'appréhendent pour la première fois qu'ils en viennent à partager une lecture similaire. Or, tel n'est pas automatiquement le cas... loin de là. Plus encore, ce mythe conduit plusieurs stratèges à accorder peu d'importance à l'accueil des nouveaux employés, alors qu'ils trouveraient là une occasion privilégiée d'initier l'arrivant à la vision qu'ils espèrent concrétiser.

Dans cette ligne de pensée, nous invitons le stratège à profiter d'une dynamique naturelle et foncièrement humaine pour promouvoir une unité de pensée à l'interne, pour promouvoir une vision de l'organisation. Cette préoccupation, quant à l'utilisation de cette dynamique naturelle, nous ouvre la voie sur la seconde dimension de la communication organisationnelle, soit la dimension interpersonnelle. Pour y agir avec succès, le stratège devra se faire habile négociateur, car l'unité de pensée est un défi sans cesse renouvelé.

Plus évidente à cerner que la première, la dimension interpersonnelle est celle de la négociation de la réalité quotidienne. En termes plus simples, à ce niveau nous retrouvons la vision de l'entreprise que se donnent les différents groupes de l'organisation. Les traces de l'existence de cette dimension sont fort nombreuses et surtout variées. Ainsi, quand on évoque la position patronale ou syndicale, dans le contexte d'un conflit de travail, on associe cette dimension à l'image de l'organisation proposée par l'une des parties par le biais de ses énoncés sur le droit de gérance ou de ceux décrivant ses revendications. On pourrait également en prendre pour manifestations les divergences d'opinions qui caractérisent les réunions où s'entrechoquent les différentes expertises qui sont présentes dans une équipe de gestionnaires.

Pour le stratège, l'intérêt de cette dimension est d'éclairer sous un jour particulier la façon dont les groupes en présence dans son organisation en arrivent à ne plus se comprendre justement parce que l'un et l'autre oublient ou ignorent le cadre de référence à partir duquel chacun lit la situation. Par exemple, nos recherches sur le terrain mettent en évidence que souvent les gestionnaires ignorent ce qui se passe réellement au niveau des opérations et que, en contrepartie, les employés d'opération connaissent très peu les problèmes perçus par les dirigeants. L'anecdote qui suit en est une démonstration.

Dans un abattoir, les employés interprétaient comme un manque de planification de la part des dirigeants les brusques changements survenant au niveau de la chaîne d'abattage. Or, pour les dirigeants, ces changements traduisaient simplement les modifications *in extremis* des commandes de clients importants. Pour cette raison, les dirigeants taxaient les employés de pleurnichards, croyant à tort que les activités d'assainissement de la chaîne d'abattage leur déplaisaient. Pourtant, ceux-ci étaient convaincus qu'aux yeux de leurs supérieurs il était évident qu'ils réagissaient à l'impression qu'ils avaient de perdre leur temps à toujours réajuster et à continuellement nettoyer la chaîne. Ces incompréhensions naissent de l'utilisation de cadres de référence incompatibles et elles sont très répandues. Elles révèlent un manque de communication entre les cadres et le personnel d'opération. Il y a donc là matière à réflexion dès l'instant où on comprend qu'une lecture commune de l'organisation s'avère nécessaire à la mise en place d'une vision partagée.

Sous la dimension interpersonnelle, la communication organisationnelle évoque le défi du stratège en ce qui concerne la vision de l'entreprise. Gérer les personnes, exercer un leadership ou encore se faire le porte-étendard d'un projet, toutes ces expressions nous ont été répétées à maintes reprises par des stratèges qui reconnaissent rencontrer de la résistance au changement. Or, l'absence d'une compréhension commune de l'organisation porte à évaluer les changements sous des angles si différents que même certains stratèges arrivent difficilement à s'imaginer pourquoi leurs collaborateurs ou leurs employés s'y opposent. À notre avis, une large part de ces réactions provient justement du peu de temps consacré par les stratèges à s'assurer que tous les membres de l'organisation vivent sur la même planète ! Plusieurs stratèges croient à tort que ce qui est évident pour eux l'est nécessairement aux yeux des autres et qu'il n'y a alors pas lieu d'investir dans des échanges qui porteraient sur la création d'une vision partagée de l'organisation. Faut-il en déduire qu'ils ont raté l'essentiel d'un message qui martèle leur actualité depuis le tout début des années 1980 ?

Depuis le vibrant appel d'Archier et de Sérieyx en faveur du passage de l'organisation classique à celle du troisième type, la notion de projet d'entreprise a connu une montée fulgurante. Chasse à la non-qualité, orientation client, engagement de tous dans le respect de l'essentielle contribution que fournit chaque employé, tout doit y être. Plus encore, tout repose sur une revalorisation et sur un élargissement de la signification de l'expression «communication organisationnelle», qui prend soudain une place centrale dans les préoccupations des dirigeants. Or, ce défi de la communication directe qui se traduit par une remise en question brutale d'un partage traditionnel des responsabilités et du pouvoir de décision dans l'organisation classique peut sembler arriver à un bien mauvais moment pour certains. Mais voilà, le temps où le doute était permis est révolu, la mutation annoncée s'est opérée. Il est incontournable que tout stratège le comprenne, le défi est inévitable : il lui incombe de prendre en charge la promotion d'une vision partagée, toute omission de sa part ne pourrait qu'aviver le problème.

Heureusement, à la lumière du constat des effets négatifs engendrés par l'absence d'une vision partagée de l'organisation, la plupart des stratèges admettent assez facilement «qu'on devrait y consacrer du temps». En contrepartie, il n'est pas rare qu'ils soulignent rapidement par la suite manquer de ce temps si précieux… Et quand nous prenons la précaution de poursuivre le débat sur ce point, ils confesseront finalement qu'ils ignorent comment s'y prendre pour corriger le tir. Plus encore, la plupart d'entre eux sont surpris d'entendre qu'ils pourraient tout simplement amorcer cette négociation d'une vision partagée par la présentation de leur plan d'affaires à leurs principaux collaborateurs.

Ces difficultés nous laissent songeurs. Elles nous portent à croire que les programmes de formation en gestion consacrent trop peu d'attention à

cette nécessité de négocier une vision partagée de l'organisation. En conséquence, ces programmes transforment subtilement l'organisation humaine
en un objet dont on ne se sent pas partie, en raison de leur tendance à s'appuyer indûment sur une conception mécaniste de l'entreprise. Cette propension à enseigner que l'organisation est un système, voire un objet, a
contribué à masquer sa nature humaine et à laisser démunis ceux qui se
débattent contre les difficultés de la négociation quotidienne de l'identité
de l'entreprise : les stratèges.

La deuxième dimension de la communication organisationnelle ouvre
en ce sens sur le défi de la négociation d'une vision partagée de l'organisation. Le stratège peut choisir d'y consacrer explicitement et systématiquement son attention, ce qu'il n'a pas l'habitude de faire. Toutefois, s'il néglige
cet aspect, il devra tout de même vivre avec les résultats d'une négociation
implicite, celle de la quête d'une signification de la part de ceux qui font
l'organisation. Il a à cet égard le choix du problème à affronter. Il peut
s'évertuer à construire une vision partagée, négocier une interprétation
commune du quotidien, ou à l'opposé, il peut aussi continuer à se débattre
avec l'interprétation que lui en proposent ceux qui l'entourent par leur
façon de s'y adapter.

Les anthropologues le soulignent à juste titre, le comportement quotidien est révélateur d'une vision du monde propre aux individus qui partagent une même culture. Ainsi, pour le cadre américain, le fait de se
rapprocher physiquement de son interlocuteur est un geste d'ouverture aux
confidences. Or, comme le rappelle Edward T. Hall[1], ce geste est aux yeux
du cadre allemand une violation des règles de la plus élémentaire politesse.
Cette particularité du comportement, qui se fait message au-delà des mots,
attire notre attention sur une dimension cachée de la communication organisationnelle qui révèle que l'interprétation du quotidien se passe souvent
fort bien d'échanges volontaires entre les interlocuteurs.

La troisième dimension de la communication organisationnelle s'inspire
de cette portée cachée du comportement, elle renvoie à l'interprétation des
décisions, des gestes, des façons de faire, bref, aux actions entreprises au
cours du travail quotidien. Encore là, nos échanges avec des groupes de
cadres ont mis en évidence la présence de plusieurs univers d'interprétation
distincts. L'anecdote qui suit en rend compte et illustre comment l'absence
d'une lecture commune du quotidien conduit à des aberrations.

---

1.   Voir Hall, E.T., *La dimension cachée*, Paris, collection Points, 1971, p. 168-169.

Dans une usine de fabrication de meubles, les gestionnaires utilisaient une fiche d'enregistrement des heures de travail pour accumuler de l'information menant à l'établissement d'un prix de revient adéquat. Pour les travailleurs, cette fiche représentait un moyen destiné à exercer un contrôle sur les employés, une tactique à peine voilée permettant de leur pousser dans le dos. Ce sentiment était d'ailleurs renforcé par l'attitude de certains contremaîtres qui ne pouvaient supporter qu'on n'atteigne pas les normes de production proposées sur ces mêmes fiches. Ce type de problème laisse entrevoir que plusieurs dirigeants ignorent comment les moyens qu'ils déploient en vue de combler leur besoin d'information peuvent engendrer à leur insu un stress insoupçonné au niveau des opérations, un stress qui contribue même parfois à détériorer le climat et à envenimer les relations de travail. En réaction contre cette fiche, les employés maquillaient les résultats enregistrés, afin d'éviter les frictions avec les contremaîtres, ce qui se soldait par des évaluations erronées des délais de production.

Il est à remarquer comment cette anecdote montre que la dimension managériale de la communication organisationnelle déborde la cueillette de l'information de gestion pour englober l'exécution des opérations et même d'autres gestes, dont ceux posés par les contremaîtres à l'insu de leurs supérieurs. Intimement reliée aux dimensions intrapersonnelle et interpersonnelle, elle contribue à l'image que chacun se fait de l'organisation, la nuance étant qu'elle est surtout constituée par des éléments de l'ordre de l'action, du geste, de ces messages comportementaux qui se passent des mots...

Il serait malvenu de notre part de le taire, la discussion de cette dimension managériale engendre souvent au départ une réaction d'incrédulité de la part des stratèges. Découvrant que les gestes qui sont posés dans le cadre des opérations courantes de l'organisation autant que les façons de faire constituent pour les autres des messages, ils éprouvent de la difficulté à accepter que leur entourage donne une signification à toute sorte d'événements anodins à leurs yeux, même si, par ailleurs, ils admettent la présence du phénomène. Des réactions telles que «Ça n'a tout simplement pas de bons sens» ou encore «C'est impensable d'attendre de nous qu'on explique chaque geste que l'on pose» sont monnaie courante. Mais notre intention n'est surtout pas de transformer les stratèges en compulsifs de la communication qui perdraient la majeure partie de leur temps à s'expliquer avant d'agir! Nous souhaitons plutôt souligner avec force que tout comportement, même le plus anodin, est message disponible à l'interprétation des autres. À ce titre, les comportements du stratège seront perçus et interprétés à la lumière de l'idée que les gens se font de l'organisation. De ce point de vue, le stratège qui ne se fait pas le porte-étendard d'une vision, qui ne s'efforce pas de faire partager celle-ci par ses collaborateurs, s'expose continuelle-ment à des interprétations erronées des gestes qu'il pose[2].

Présentée en ces termes, la dimension managériale provoque un autre moment de vérité : il s'impose qu'une seule version de l'organisation ras-semble tout le monde, sinon, même les actions les plus pertinentes risquent de soulever de la résistance parce que mal comprises ! C'est là du moins la déduction à laquelle parviennent la plupart des groupes qui ont débattu de ces phénomènes. Aussi, en dépit de leur incrédulité initiale, il est intéres-sant de constater que leur déduction principale débouche directement sur la quatrième et dernière dimension : la dimension médiatique, c'est-à-dire celle des effets produits auprès des publics interne et externe de l'organisa-tion.

> *Paul admirait secrètement son voisin,*
> *constatant le succès auquel il était parvenu.*
> *Résidence luxueuse, automobiles neuves*
> *dans l'entrée, piscine creusée, il ne faisait*
> *aucun doute à ses yeux que ce voisin*
> *occupait un poste clé dans une organisation*
> *de prestige. Quelle ne fut pas sa surprise*
> *quand le procès fit l'objet de reportages :*
> *son voisin avait détourné les fonds d'un*
> *organisme humanitaire.*

Habituellement réduite aux relations publiques, la dimension médiatique de la communication organisationnelle couvre pourtant des champs insoup-çonnés ! Anecdote tragique et comique à la fois, lors d'une réunion d'informa-tion portant sur les difficultés financières de leur entreprise, cinq actionnaires invitaient leurs employés à se serrer la ceinture (augmentation de salaire négative…) et à redoubler d'efforts afin d'accroître la productivité. À force d'arguments et de savants graphiques, ces actionnaires étaient parvenus à donner une image franche de la situation financière et les débats intervenus avec le syndicat cédaient progressivement la place à des ébauches de plan de relance. Tout semblait alors en place pour la création d'un partenariat propice

---

2. Nous n'affirmons pas de ce fait que tous les comportements du stratège seront automatiquement et systématiquement analysés et interprétés par son entourage. Il est fort possible même que l'en-tourage du stratège accorde parfois peu d'attention à ses gestes alors qu'il aurait souhaité le piquer au vif. Nous désirons seulement mettre en évidence que, lorsqu'il interprète des faits, l'entourage du stratège le fait à partir de son cadre de référence, et c'est là l'aspect le plus important à retenir.

au redressement de l'entreprise. Malheureusement, quelques jours plus tard, l'un des actionnaires gara fièrement sa nouvelle Mercedes devant les bureaux de l'entreprise. La réaction fut immédiate : refus de négocier les salaires à la baisse. Pourtant, les difficultés étaient réelles. L'actionnaire avait puisé dans son «bas de laine» pour se payer une petite folie. Or, aux yeux des employés, ces deux événements correspondaient à des discours contradictoires sur l'état de santé de l'entreprise.

Cette anecdote illustre que la dimension médiatique de la communication organisationnelle dépasse les simples communiqués de relations publiques pour inclure à la fois des comportements individuels et de groupe, ou encore des éléments qu'on associerait aux trois premières dimensions. Il s'agit donc d'une dimension qui attire notre attention sur les effets produits par toutes ces composantes du langage global dont nous avons tenté d'offrir un aperçu. Voilà qui suggère l'importance de gérer cette dimension au-delà des intentions poursuivies pour s'attarder plutôt aux effets produits par les actions entreprises par la direction.

Quand nous abordons la discussion de cette dimension avec les stratèges, ils se montrent toujours intéressés par le fait que l'aspect médiatique couvre deux publics distincts : d'abord leur public interne, composé de l'ensemble des employés de l'organisation, quel que soit leur poste, et en second lieu leur public externe, qui regroupe l'ensemble des acteurs externes avec qui l'organisation entretient des relations, qu'il s'agisse de la clientèle, des concurrents, des courtiers qui suivent ses activités de près ou des actionnaires. Cette dualité de la dimension médiatique les intéresse surtout parce qu'elle traduit très explicitement le défi qu'ils ont à relever : ils ont à gérer l'image que projette leur organisation auprès de différents auditoires, et par suite il appert qu'il ne suffit pas de répéter à tous les mêmes messages pour que naissent des opinions favorables. À cet instant, aux yeux des stratèges, l'idée d'un projet d'entreprise qui parviendrait à rassembler tous les employés dans une vision partagée de l'organisation et de son avenir et qui leur permettrait d'offrir une image distinctive et positive à leur public externe prend une valeur stratégique surprenante. Ils sont les premiers à le reconnaître : réussir ce tour de force leur simplifierait considérablement la tâche. Dès lors, la question du comment brûle les lèvres.

> *Celui qui consulte son médecin ignore le mal qui l'afflige. Pour cette raison, le diagnostic revêt un caractère rassurant puisqu'il donne un nom à la maladie. Or, savoir de quoi on est atteint et pourquoi on l'est n'a souvent rien à voir avec le traitement et la guérison…*

L'organisation dont le stratège rêve ne peut demeurer inconnue de ses partenaires sans qu'il en paie le prix. Tel est le constat auquel parviennent les cadres lorsqu'ils analysent les résultats de leurs discussions sur le thème de la communication organisationnelle. Il est fréquent par la suite que leur curiosité les conduise à nous questionner sur notre approche, car elle leur semble radicalement différente de ce qui leur a toujours été offert comme perspective. Nous reconnaissons que nous analysons ces phénomènes à partir de principes qui s'inspirent de l'école de Palo Alto[3]. Cependant, si ces principes qui nous guident peuvent paraître curieux de prime abord, ils sont le reflet d'une évolution des théories de la communication humaine qui rejoint les préoccupations les plus pragmatiques des stratèges. Pour être plus justes encore, nous pouvons affirmer que les théories de la communication humaine devaient d'abord s'affranchir de leur saveur mécaniste pour espérer offrir aux stratèges qui gèrent des organisations quelques principes et des stratégies à la mesure de leurs attentes. Nous retraçons brièvement cette évolution dans la présentation des trois univers de la communication qui ont marqué le management des entreprises, le dernier étant le moins connu en dépit du fait qu'il soit le plus utile à plusieurs égards.

LES UNIVERS DE LA COMMUNICATION

On aura beau changer la façon d'aborder le thème de la communication avec les gestionnaires, rien n'y fait, trois questions fondamentales surgissent inévitablement. Elles sont le reflet de préoccupations très différentes et en même temps d'un espoir qu'entretiennent les stratèges à propos des effets magiques qu'aurait la communication. Ces questions sont :

1.   Comment bien communiquer ce que nous avons à dire ?
2.   Comment nous assurer de bien nous faire comprendre ?
3.   Comment convaincre notre auditoire ?

Si la première question concerne la performance de celui qui s'adresse à un auditoire, remarquons d'entrée de jeu que la deuxième tourne autour du rôle actif du public visé, autour de l'interprétation du message, qui échappe à celui qui le transmet, alors que la troisième nous propulse dans un tout autre cadre de préoccupations : celui des tentatives d'influence. Ces nuances, il importe de les garder à l'esprit constamment, car elles sont à l'origine de bien des difficultés et surtout parce qu'elles concourent à établir

---

3.   Voir Dionne, P. et Ouellet, G., *La communication interpersonnelle et organisationnelle : l'effet Palo Alto*, Boucherville, Gaëtan Morin éditeur, 1990.

que les ambitions du stratège supposent une habileté incontestable à jouer dans ces trois univers : celui de la transmission de l'information, celui de l'interprétation et celui des stratégies d'influence (voir la figure 1.1). Il va sans dire que ces questions cadrent fort bien avec les préoccupations naturelles d'un stratège dont le travail suppose une large part d'échanges avec des partenaires internes et externes.

FIGURE 1.1 – Les trois univers de la communication

La première question des stratèges (Comment bien communiquer ce que nous avons à dire ?) appartient à l'un de ces trois univers. Elle soulève une préoccupation fondamentale qui a marqué l'histoire de la recherche sur la communication : celle de la transmission de l'information. Conscients de l'obligation qu'ils ont de bien informer ceux avec qui ils transigent, les stratèges soulèvent d'abord tout naturellement cette question de la transmission de l'information puisqu'ils font implicitement l'hypothèse que ce qui se conçoit bien s'énonce clairement et, en conséquence, que les mots pour le dire devraient venir aisément. Les stratèges se montrant soucieux d'être, pour reprendre leur expression, « de bons communicateurs », il va de soi que l'efficacité de la communication les préoccupe au plus haut point. Ils en font même une question de performance personnelle. Mais contre toute attente, les débats sur cette question et les avenues que leur ouvre cet univers les laissent régulièrement insatisfaits. La raison de leur insatisfaction est que, au-delà de cette préoccupation qui porte sur la façon d'exceller à transmettre un message, leur véritable intérêt est d'un autre univers : il concerne la réaction de l'auditoire. Aussi désirent-ils passer rapidement à l'enjeu de la deuxième question : se faire comprendre.

Dans tous les groupes où nous avons abordé le thème de la transmission de l'information, aussitôt amorcées, les discussions sur l'art de transmettre un message clair finissaient par bifurquer. Il se trouvait toujours un petit futé pour lancer le débat : comment se fait-il qu'un même message, si bien formulé soit-il, donne souvent lieu à plusieurs interprétations différentes et qu'on soit régulièrement déconcerté parce que les personnes d'un même groupe ne tirent pas toutes la même conclusion à partir d'un message ? Ce constat est fort intuitif, mais tout à fait pertinent. Pour le stratège, la difficulté ne réside pas tant dans l'art de transmettre l'information que dans celui d'obtenir une interprétation commune de la part des personnes de l'auditoire. En d'autres mots, le stratège recherche une influence sur la performance de l'auditoire, car il sent bien qu'elle lui échappe. Ce constat représente un moment de vérité pour les gestionnaires : ils le conçoivent, ceux qu'ils identifient par l'expression « récepteurs » ne sont point des spectateurs passifs de la communication. Au contraire, ils sont des participants très actifs, ils interprètent le message. Alors s'amorcent des échanges d'un tout autre ordre : est-il possible de gérer le phénomène d'interprétation, de réussir ainsi à bien se faire comprendre, et surtout de façon uniforme, par tous les auditeurs ?

Au fil des questions qui gravitent autour de leur désir de canaliser la signification donnée au message par leur auditoire, les gestionnaires comprennent progressivement qu'en définitive, encore une fois, cette question n'est pas celle qui décrit le mieux leur intérêt pour le thème de la communication. Et à force de tourner autour de leurs difficultés de parcours et de discuter des événements de leur quotidien, ils finissent par exprimer clairement cette préoccupation diffuse de prime abord. La communication les intéresse parce que, chaque jour, ils ont à convaincre leurs partenaires de tirer dans la même direction, en collaborant, sans restriction, et parce qu'ils ont à convaincre leurs clients de la valeur de ce qu'ils leur proposent. À ce point de vue, la communication les intéresse en raison de son potentiel stratégique, parce qu'ils ont un leadership à exercer et parce qu'ils sentent que leur travail exige qu'ils soient persuasifs ! En quelque sorte, les stratèges cherchent dans les deux premiers univers des solutions qui appartiennent au troisième. Quand nous parvenons à ce stade, le périple exploratoire est terminé.

Nous le soulignons sans artifice, la communication préoccupe les stratèges en raison d'une hypothèse implicite, à partir de laquelle leur intervention s'organise : par elle, ils espèrent être en mesure d'exercer une influence sur le comportement de leurs partenaires, ils cherchent à induire une réaction précise de leur part. Voilà pourquoi la communication les intéresse, elle leur paraît porteuse d'effets magiques dont ils espèrent percer le secret.

Lorsqu'on étudie à rebours les questions soulevées par les stratèges, cette quête de la pierre philosophale de la communication devient encore plus évidente! Il faut convaincre. Donc, on se doit d'être persuasif. Aussi importe-t-il de se faire comprendre convenablement, ce qui suppose d'être un «bon communicateur», d'être passé maître dans l'art de transmettre un message clair. Cependant, l'équation proposée par cette logique implacable exige un savoir-faire qui s'élève au-dessus des certitudes proposées par trois approches différentes de la communication! Car il faut bien le dire, chaque univers est gouverné par un corps de règles bien particulières. Cette ambition des stratèges se manifeste dans le fait qu'ils aspirent à maîtriser simultanément trois univers distincts: celui de la transmission de l'information, celui de la compréhension, ou, si vous préférez, celui de l'interprétation de l'information, et finalement celui de la persuasion, ou, en des termes plus justes, celui de la négociation de la réalité quotidienne. Les cadres de référence propres à chacun de ces univers n'ont malheureusement pas tous la même puissance: ils n'ont pas nécessairement été pensés pour traiter des aspects de la communication interpersonnelle qui préoccupent les stratèges.

L'approche classique: l'univers de la transmission de l'information

Du point de vue tant de la logique que du sens commun, il serait fort difficile d'entreprendre une discussion sur la communication en écartant du revers de la main la question de la transmission de l'information. D'ailleurs, les premiers modèles qui furent proposés pour décrire la communication abordaient justement la question de la transmission de l'information, ce qui explique en bonne partie la persistance de leur popularité, malgré leur incapacité de répondre aux attentes concernant la compréhension mutuelle et la persuasion. L'indulgence demeure toutefois de mise à l'endroit de ceux qui les proposèrent, puisqu'ils ne prétendaient surtout pas répondre à de telles attentes. Ils plaçaient au cœur de leurs préoccupations la transmission intégrale d'un message, d'un émetteur à un récepteur, et non pas la façon de parvenir à bien présenter sa pensée, ou encore la façon d'amener les autres à y adhérer. En d'autres mots, leurs recherches portaient sur le transport de l'information.

Pour évoquer avec justesse la véritable préoccupation des chercheurs utilisant l'approche classique, la métaphore du télégraphe est sans l'ombre d'un doute la meilleure. Quand le souci devient la transmission de l'information, il est naturel de poser le problème en des termes mécanistes puisqu'on se penche alors sur le transport de l'information, sur sa circulation d'un émetteur vers un récepteur. On cherche alors à découvrir comment on peut s'assurer que l'information aille d'un point A vers un point B, sans que surviennent des pertes de données, sans qu'interviennent des parasites, et alors le choix du moyen de transmission devient primordial.

Bien qu'on puisse critiquer cette vision pour sa piètre capacité de traiter de la communication humaine, on lui doit en contrepartie l'essentiel de la poussée technologique qui a mené à l'autoroute de l'information ! Elle a donc ses vertus… Nous déplorons par ailleurs son importation dans le domaine des sciences humaines. À ce propos, il importe de l'établir sans artifices, elle ne concourt pas nécessairement à fournir des réponses aux stratèges, du moins en ce qui a trait à la négociation d'une réalité organisa-tionnelle partagée. Au contraire, son utilisation abusive en sciences humaines a contribué à la survie de certains mythes dont nous avons large-ment fait état dans un ouvrage antérieur[4].

Linéaire et mécaniste, cette approche met en présence un émetteur et un récepteur jouant alternativement des rôles exclusifs. Au moment où il émet, l'émetteur est sourd, alors qu'il devient muet dès qu'il passe au rôle de récepteur[5]. La chose se comprend aisément dès l'instant où l'on précise explicitement que leur échange est médiatisé par un moyen de transport de l'information parce que les intervenants dont il est alors question ne sont justement pas en contact direct. Ils ne se font pas face. Pour cette raison, il est incontournable de préciser que cette approche sied aux situations où les intervenants communiquent par le biais d'une technologie, dans des cir-constances où ils ne sont pas en mesure de commenter le message ou la signification à lui accorder, justement parce que les protagonistes sont isolés l'un de l'autre. On voit déjà combien il peut être périlleux dans ce cas de proposer aux gestionnaires de chercher à comprendre leurs interactions quotidiennes dans ce cadre : l'approche n'est pas destinée à traiter de cet aspect.

Cette approche linéaire est destinée à appuyer les chercheurs dont la préoccupation première est de résoudre des problèmes relatifs à la techno-logie propre à la transmission de données. Nous ne voulons surtout pas diminuer l'importance ou la complexité de ce type de recherche. Au risque de paraître verser dans ce travers, nous ne pouvons passer sous silence qu'elle s'attaque d'abord et avant tout aux obstacles ou aux interférences

---

4. Voir Dionne, P. et Ouellet, G., *op. cit.*

5. Les recherches actuelles portent justement sur cet aspect, sur le développement de systèmes interactifs qui donneraient plus de liberté à l'utilisateur.

pouvant survenir au cours de la transmission d'un message, à des difficultés pouvant causer une perte d'information ou de la distorsion. Ainsi, quand le codage de l'information est bien effectué, si le mécanisme de transmission fonctionne adéquatement, la clarté du message reçu dépendra d'un décodage adéquat (voir la figure 1.2). On voit bien par l'usage des termes qu'on nage dans l'univers du transport de l'information, et c'est par abus de langage que cette approche fut utilisée à tort par la suite pour traiter de la communication entre les personnes. On importa cette vision de l'ingénierie de la transmission de l'information parce que le modèle mécaniste présentait l'avantage d'être simple, mais surtout parce qu'il n'existait pas d'alternative directement apparentée aux sciences humaines !

FIGURE 1.2 – La vision classique

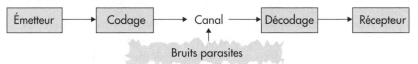

COMMUNICATION = ACTION

1. Transmettre un message à quelqu'un par le biais d'un code
2. Théorie du « chapelet de mots »
3. Vision linéaire

Émetteur → Codage → Canal → Décodage → Récepteur

Bruits parasites

Bien communiquer suppose :
- la maîtrise du code ;
- le filtrage des parasites ;
- une technologie de soutien.

Parmi les conséquences reliées à l'importation de cette vision dans le domaine de la gestion, remarquons l'accent qu'on place de la sorte sur l'expertise requise quant à l'outil, à la technique, à l'instrument. Les problèmes de communication s'expliquent dans ce cadre restreint par une maîtrise insuffisante de la langue parlée ou écrite (du code), ou par les défectuosités du canal ; bref, ils se révèlent de l'ordre de la transmission. Ils portent alors à croire que le fait de corriger ces lacunes, ou de les pallier le mieux possible, permet d'espérer une communication claire et comprise. En quelque sorte, l'importation de cette vision a contribué à créer un mythe, celui selon lequel on peut être si «bon communicateur» que l'auditoire n'ait d'autre choix que de comprendre, donc d'accepter le point de vue…

Pourtant, on le comprend aisément, au fil des événements quotidiens, la communication humaine ne peut être réduite à une simple question de transmission de données. Elle met en cause des phénomènes beaucoup plus complexes. Chacun l'a expérimenté, répéter dix fois la même chose ou choisir de l'écrire, la faire expliquer par quelqu'un d'autre ou tenter de l'exprimer en des termes différents, pour le gestionnaire, rien de tout cela n'assure le succès, qu'on soit ou non un stratège. Dans les directives qu'il transmet à ses collaborateurs ou à ses employés, autant que dans ses échanges avec ses fournisseurs ou même avec ses amis, chaque stratège peut en trouver des démonstrations. Ce ne sont ni le nombre de répétitions ni la forme utilisée qui nous assureront l'atteinte d'un effet souhaité, car, en définitive, communiquer reste pour le stratège une recherche d'influence... En somme, les échanges entre individus ne sont surtout pas assimilables à la situation décrite par la vision classique, et on comprend mieux de ce point de vue pourquoi les ténors du management affirment encore aujourd'hui, et peut-être même avec plus de conviction, que le véritable stratège consacre la majeure partie de son temps à communiquer, ou qu'il devrait le faire, être expert en la matière. L'influence semble être à ce prix.

À la limite, avec un brin d'humour, nous affirmons que le stratège qui s'appuie strictement sur cette approche pour gérer la communication avec ses partenaires voit le phénomène à la manière des philosophes de l'antiquité... Un chapelet de mots, sortant d'un orifice *ad hoc*, traduit la pensée qui, miraculeusement, entre par un orifice également *ad hoc*, pour être finalement claire et comprise par l'autre ! Pour le stratège, les préoccupations quotidiennes ont tôt fait de démontrer l'insuffisance d'une approche aussi peu nuancée de l'interaction humaine, qui réduit la communication au rang de simple action.

La vision classique enrichie : l'univers de la compréhension mutuelle

Dès les débuts de son utilisation dans le domaine des sciences humaines, le modèle classique présenta des limites si évidentes que bientôt on lui associa toute une série de bémols dans le but d'en pallier les faiblesses. À la vérité, cette vision de la communication pouvait convenir aux situations où communiquer renvoie à un acte, à l'action de transmettre de l'information, mais dès qu'on versait dans l'interaction, soit dans ces situations où des personnes s'efforcent de se comprendre par un échange d'information, on ne pouvait trouver d'explication plausible à certaines difficultés sans enrichir l'approche. Cet enrichissement présida à la naissance d'une autre approche qu'il est juste de décrire par l'expression «vision classique enrichie».

L'expression tire sa pertinence du fait qu'on importa intégralement le modèle proposé par Shannon, le père de la vision classique, pour lui ajouter par la suite des composantes explicatives complémentaires, mais surtout en changeant la définition de la communication : elle se faisait interaction. La métaphore du balancier était née (voir la figure 1.3).

FIGURE 1.3 – La vision classique enrichie

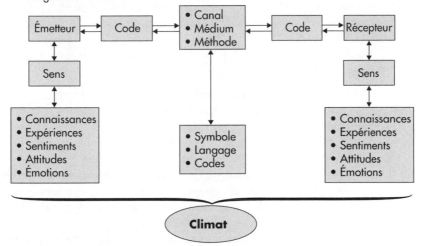

Bien communiquer suppose :
- un exercice de clarification progressive ;
- un climat à gérer ;
- l'action de considérer l'individu comme un élément de la dynamique.

Bien que le principe émetteur-récepteur soit maintenu, on remarque immédiatement dans cette approche enrichie que les difficultés ne sont plus exclusivement attribuées au système responsable du transport de l'information. La valeur de cette version améliorée du modèle de Shannon tire son origine du fait qu'elle donne vie à l'émetteur et au récepteur : ils sont en interaction directe, face à face. On leur attribue alors un rôle actif, en précisant que communiquer suppose de clarifier ce qui est flou entre des interlocuteurs, et en intégrant l'idée voulant que les participants à cet échange puissent être responsables de certaines interférences, de la distorsion du message. Pour rassembler ces nouvelles considérations sous une métaphore évocatrice de la distance prise par rapport à celle du télégraphe, les tenants de cette approche enrichie proposent que la communication soit abordée à partir de l'image du balancier. Subtilement, cet ajout nous fait glisser de ce qui se conçoit bien s'énonce clairement... à pour se comprendre, on doit y consacrer du temps.

L'image du balancier traduit avec beaucoup d'à-propos la croyance selon laquelle nous devons échanger durant une période de temps suffisamment longue pour espérer finalement nous comprendre. De plus, elle s'accommode bien de l'hypothèse voulant que la perception des acteurs soit en très grande partie responsable d'une série de distorsions qui surviennent quant à l'interprétation des messages. Cette approche, qui fait de l'interlocuteur une contrainte, ne manque pas de séduire certains stratèges dès l'instant où ils acceptent qu'il n'est désormais plus possible de se limiter à transmettre l'information ; il faut mettre le temps requis pour être compris, du moins pour essayer de l'être, en tenant compte de l'interlocuteur en tant que partenaire actif, en tant qu'interprète.

L'interlocuteur se présente comme une contrainte dès l'instant où l'on admet que la communication survient dans un climat dont la nature dépend des émotions du moment, des attitudes en présence, des sentiments éprouvés, des expériences vécues et des connaissances de chaque interlocuteur. Confrontés à cet ensemble de facteurs, certains stratèges seront tentés de se défiler, sous prétexte du manque de temps ou de l'impossible performance que supposerait la prise en considération de tous ces aspects. La fuite n'élimine pas la difficulté, elle ne fait que confirmer l'incapacité de franchir l'obstacle... Mais comme si la situation n'était pas déjà assez complexe, cette vision qui définissait la communication comme une interaction a été littéralement balayée durant les années 1970 par ceux qu'on associe à l'école de Palo Alto. Stratèges, tenez-vous bien !

La nouvelle communication : l'univers de la négociation de la réalité quotidienne

Fini le télégraphe, fini le balancier, l'énoncé bouscule toutes les convictions acquises : «On ne peut pas ne pas communiquer[6]. » La nouvelle vision de la

---

6. Voir Watzlawick, P., Beavin, J.H. et Jackson, D.D., *Une logique de la communication*, Paris, Éditions du Seuil, 1972, p. 46.

communication secoue l'univers du stratège, nous ne maîtrisons pas le phénomène, il nous échappe, la communication est un état et non une action ou une interaction ! Dès que deux personnes ou plus sont réunies, il y a communication. Ces affirmations valent bien quelques explications, surtout que nous avons peut être laissé espérer que le troisième univers serait moins radicalement différent des deux premiers.

Cet énoncé s'explique à partir d'un raisonnement impressionnant par sa simplicité et par son évidence ; nous le résumons en ces termes : on ne peut pas ne pas avoir de comportement, même ne rien faire à son point de vue est un comportement aux yeux des autres. Bref, le comportement n'a pas d'inverse, il n'existe pas de «non-comportement». Or, comme tout comportement a valeur de message disponible dans l'environnement d'autrui, il constitue une information transmise en dehors de notre volonté. Que cela nous plaise ou non, nous sommes information les uns pour les autres. Il y a donc toujours de l'information disponible que l'autre peut interpréter. De ce point de vue, nous ne créons pas la communication, nous y participons, nous y sommes «impliqués», malgré nous, à des degrés divers selon notre engagement. Voilà qui modifie radicalement les règles du jeu ; mais il y a plus encore : les rôles d'émetteur et de récepteur se confondent, se superposent, les modèles de la communication proposés jusqu'ici volent en morceaux !

Dès qu'on se trouve en présence de quelqu'un, on émet et on reçoit simultanément de l'information ! Et comme tout comportement est information, il influence ceux qui nous entourent, il produit un effet. De ce point de vue, on constate très rapidement que la clarté ou la compréhension d'un message verbal, non verbal ou autre ne dépend plus seulement de l'émetteur. Le récepteur devient un partenaire actif, il contribue à forger la signification qui se dégage : il y a négociation de la signification ! L'expression est lourde de conséquences. Disons-le ouvertement, cette vision remet en question des croyances et des rêves, surtout celles et ceux qui associent la qualité de la communication à l'unique performance d'un émetteur expert...

Dans le contexte de cette vision nouvelle, communiquer est un état et signifie que nous baignons dans l'information (voir la figure 1.4, p. 24). Ce constat n'est pas sans rappeler l'idée avancée en management voulant que gérer l'information équivaut à gérer l'organisation... Mais une fois l'état de choc passé, on est forcé de reconnaître que la situation n'a pas vraiment changé. Certes, nous la regardons autrement. Mais nous savions déjà d'intuition, en tant que stratèges, que nous négocions continuellement avec ceux qui nous entourent. Le désagrément vient plutôt des conséquences de

FIGURE 1.4 – La nouvelle communication

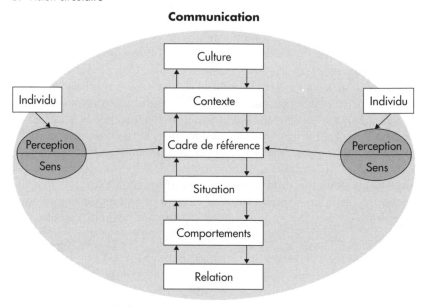

COMMUNICATION = ÉTAT

1. Baigner dans l'information
2. Théorie de la «négociation du réel»
3. Vision circulaire

Communication

Culture
Contexte
Cadre de référence
Situation
Comportements
Relation

Individu — Perception Sens

Individu — Perception Sens

Information

Bien communiquer, c'est :
• construire la réalité (participer à...) ;
• négocier son identité ;
• gérer les impressions et manipuler de l'information.

ce constat, car elles frappent de plein fouet et surtout elles remettent définitivement en cause quelques aspirations, dont celle d'une expertise magique qui se moquerait des difficultés posées par l'existence d'un auditoire.

Dans cet univers où le stratège baigne bon gré mal gré dans la communication, l'organisation résulte des tractations entre ceux qui y vivent et de leur capacité de négocier leur place dans un environnement complexe qui ne fait pas de quartier... Que ce phénomène se cache sous la mise en place d'un projet partagé d'entreprise, qui demande une négociation avec ses partenaires organisationnels, ou encore dans les discussions et dans les actions qui conduisent au choix d'un nouvel employé, ou même dans tous ces gestes quotidiens qui contribuent au climat de travail, le défi demeure inchangé. Pourtant, une fois ce fait admis, on comprend à quel point gérer requiert des qualités particulières et pourquoi la gestion des ressources humaines exige des compétences interpersonnelles et une approche stratégique repensée.

Cette nouvelle approche a pour principale caractéristique de décrire avec force le quotidien du stratège. Dans cette ligne de pensée, nous oserions même affirmer que, si elle peut être qualifiée de révolutionnaire pour ce qui est du domaine de la recherche en sciences humaines, elle peut tout au plus être vue comme réaliste en ce qui concerne le quotidien de la gestion. En effet, pour le stratège, l'idée de baigner dans une mer d'information, d'être perpétuellement en état d'échange dans ses relations d'affaires, ne devrait pas surprendre. Là où tout change cependant, c'est au niveau de l'expertise en la matière.

Les compétences requises pour prétendre au rang de stratège en communication découlent d'une caractéristique particulière de cette nouvelle vision du phénomène : sa pragmatique. Nous l'avons déjà signalé, nous sommes information les uns pour les autres et cette information est toujours disponible. Puisque nous produisons par le fait même un effet sur l'autre, que nous le souhaitions ou non, et comme cette influence est fonction de l'autre, de son interprétation de nos comportements au sens très large du terme, alors les intentions que nous poursuivons deviennent d'une importance moindre… Par contre, la gestion des effets que nous produisons devient centrale ! C'est là la dimension pragmatique de la question[7]… l'adaptation aux effets est le centre d'attention.

Sans entrer dans les détails ni prétendre proposer un profil type de l'expert, nous ne pouvons passer sous silence qu'il importe de développer une grande sensibilité et une habileté à percevoir l'information qui nous entoure pour apprécier notre effet sur les autres et pouvoir ainsi nous y adapter. Dans cette perspective, par exemple, quand les discussions à la table de négociation tournent en rond, s'obstiner à traiter des points en cause ne conduirait qu'à maintenir le jeu[8]. De la même façon, mais à un autre niveau,

---

7. Voir Dionne, P. et Ouellet, G., *op. cit.*
8. Pour Paul Watzlawick, cette attitude équivaut à une stratégie improductive : faire plus de la même chose.

importer de nouveaux modes de gestion en succession – cercle de qualité, gestion participative, qualité totale – en ne modifiant pas son style personnel pourrait créer l'impression chez les employés que tous les moyens sont bons aux yeux de la direction, pour autant que la production suive… L'enjeu est considérable, le comportement est message et sa signification dépend de l'autre, de l'effet que nous produisons sur lui. L'écoute et l'adaptation sont donc deux compétences fondamentales dans un univers organisationnel où l'information circule en permanence et en dehors de notre volonté.

Nous pourrions immédiatement y aller d'explications plus approfondies en vue de démontrer quels sont les risques associés à une attitude qui consisterait à aborder la communication en se plaçant au centre du phénomène à titre de stratège. Toutefois, succomber à cette tentation masquerait l'essentiel du message sur lequel nous souhaitons insister. Dans un univers où l'information qui circule ne peut être réduite à celle que le stratège décide de rendre disponible, où circule de l'information lancée par d'autres, en dépit de l'absence d'accord de la part du stratège, ceux qui misent sur les intentions poursuivies plutôt que sur les effets produits aboutissent à de piètres résultats. À la vérité, c'est toute la façon de lire et de comprendre l'organisation qui doit changer…

À la suite des illusions que fait éclater cette nouvelle vision de la communication, il s'impose de comprendre que l'amélioration de la productivité ou du climat organisationnel ou encore la mise en place d'un projet partagé exigent un changement de perspective, à tout le moins en ce qui touche les stratégies d'intervention en ressources humaines. S'il sied d'utiliser des tactiques comme le réaménagement des horaires ou des locaux, ou des stratégies de changement qui s'appuient sur la technologie, ou sur la reformulation des politiques, l'essentiel se situe ailleurs. Les relations interpersonnelles, les comportements, les attitudes, les mentalités, la culture organisationnelle, tous ces aspects deviennent des enjeux dans une gestion des ressources humaines révisée à la lumière d'un contexte de communication radicalement transformé. En effet, la mobilisation de l'intelligence humaine passe par des voies plus complexes ; la gestion des ressources humaines s'élève au rang de stratégie globale d'entreprise. Pour le comprendre, il convient de lire l'organisation d'une façon différente, de l'appréhender à partir d'hypothèses qui cadrent avec l'univers des stratégies d'influence.

Prenons pour point de départ que tout ce qui survient dans l'organisation est message, partie de la communication. Considérons ensuite que les gestes, les comportements et même les événements plus complexes trouvent leur signification dans le croisement des interprétations subjectives en présence. S'il en va ainsi, l'attention du stratège doit se porter sur un ensemble des phénomènes présents dans ce milieu particulier et non pas uniquement sur ce qui se dit verbalement. À titre d'exemple, le stratège doit s'intéresser aux messages que livrent les structures de fonctionnement, les politiques et les processus de décision en vigueur dans son entreprise, à leur signification et aux effets qu'ils produisent sur les membres de l'organisation. Aussi bien dire que l'organisation dans sa globalité devient elle-même message ! Dans un tel contexte, l'attention du stratège devra même s'étendre aux messages qui sont transmis par le choix du personnel embauché, par le style de gestion, par le type de contrat de travail qui a été négocié et par tout le reste, car tout cela doit être cohérent, en harmonie.

Dans la perspective particulière de ce troisième univers de la communication, tous ces éléments et bien d'autres parlent du stratège et de l'organisation, et souvent bien plus clairement que les explications ou les justifications offertes verbalement par les dirigeants. La cohérence de cet ensemble de messages disponibles a des effets sur le climat général qui prévaut dans l'organisation, et l'ignorer ne ferait qu'augmenter les risques de déséquilibre. À cet égard, les exemples ne manquent pas. Ainsi, introduire dans une convention des règles régissant la santé et la sécurité au travail, ou encore le maintien d'un bon climat, alors que ces questions se sont discutées dans un contexte de confrontation, voire de conflit, risque de demeurer sans suite puisque la relation entre les partenaires contredit les bonnes intentions affirmées par l'entente intervenue. Ce n'est pas sans raison que certains lendemains de négociations sont parfois empreints d'un climat de méfiance… Somme toute, la cohérence s'impose, depuis la philosophie de gestion jusqu'au style de direction, en passant par les relations interpersonnelles quotidiennes. Nous voilà bien loin des performances et des questions que suggéraient les univers de la communication antérieurs; nous sommes propulsés dans la pragmatique du phénomène.

Le défi devient douloureusement clair pour les prétendants aux nouvelles philosophies de gestion lancées par ces prophètes modernes qui les proposent en guise de solution à la montée vertigineuse de la concurrence. Cette analyse du discours organisationnel global, « au-delà des paroles » jusqu'à travers les actes quotidiens, s'impose au stratège. La bonne volonté ne suffit pas. Le discours et le comportement doivent répandre le même message et celui-ci ne peut être équivoque. Pour le comprendre pleinement, il suffit de s'arrêter et de réfléchir à la véritable signification et aux exigences des expressions « sacrées » de ces nouvelles stratégies de gestion des ressources humaines. *Participation, collaboration, mobilisation de l'intelligence, appartenance, respect mutuel, confiance, engagement véritable…* Les mots frappent de plein fouet !

LA COMMUNICATION STRATÉGIQUE : DU RÊVE À LA RÉALITÉ

> *Bien souvent, les grandes découvertes*
> *soulèvent plus de questions*
> *qu'elles n'apportent de réponses.*

Ce survol en quatrième vitesse des univers de la communication a souvent pour effet de provoquer des sentiments mitigés chez les stratèges. Ainsi, consacrer une bonne partie de son temps à négocier une réalité partagée finit par avoir un caractère rassurant pour le gestionnaire. Celui-ci se perçoit moins comme un « mauvais communicateur » puisqu'il constate la complexité du phénomène. En définitive, il a le sentiment que, de toute façon, sans avoir les mots pour le dire ou l'habileté pour le traduire en une image évocatrice, il savait déjà beaucoup de ces choses par intuition. En contre-partie, la question fondamentale du stratège demeure en suspens : comment jouer sa partition pour que l'orchestre soit à l'unisson ? En quelque sorte, comprendre mieux la complexité de la communication organisationnelle n'empêche pas de ressentir le besoin d'exceller à ce niveau, surtout quand on constate à quel point les ressources humaines peuvent faire la différence entre le succès et l'échec. Pour cette raison, et aussi parce que le souci du stratège demeure l'action qui porte fruits, le réflexe est de réclamer quelques lignes directrices. Dans ce contexte, les quatre dimensions de la communication organisationnelle dont nous avons fait mention au début de ce chapitre prennent toute leur importance, car elles indiquent comment établir la dynamique d'une gestion stratégique de cet aspect. Au fil du pro-chain chapitre, nous tenterons de tirer avantage de ces quatre dimensions en clarifiant leur contribution à la prise en charge de la négociation d'une vision partagée de l'organisation qui prend pour acteur principal le stratège. Toutefois, la prudence s'impose, et il serait perspicace de retenir quelques éléments fondamentaux avant d'y plonger rempli d'espoir…

Retracer les grands temps de l'évolution de modèles théoriques utilisés pour représenter la communication interpersonnelle invite le stratège pers-picace à retenir une nuance. Nous la formulons comme suit : il y a un monde de différences entre le fait de poser le problème de la transmission intégrale de l'information d'un point vers un autre, en espérant qu'une réponse de qualité nous parvienne, et le fait de s'interroger sur la place de la communication dans l'organisation et sur ses effets sur le comportement. Au risque de simplifier outrageusement le débat, nous pourrions affirmer qu'aujourd'hui le problème du transport de l'information est en grande partie réglé. Les recherches en ce domaine portent surtout maintenant sur la façon d'accélérer le processus et de le rendre interactif au sens large du terme. Cependant, pour ce qui est de la place de la communication dans les rapports humains, beaucoup d'aspects demeurent obscurs, justement parce qu'on attend d'elle qu'elle produise des effets sur le comportement, et pas n'importe lesquels. En quelque sorte, l'intérêt pour la communication organisationnelle tient au fait que les stratèges la perçoivent comme un véhicule par lequel ils auront une influence sur leurs partenaires, une attente qu'ils ont longtemps espéré satisfaire par l'amélioration de leur style de leadership.

Dans le domaine des sciences humaines, il est reconnu que les habiletés en communication interpersonnelle peuvent se développer, qu'on peut apprendre des techniques et déployer des stratégies qui donnent des résultats parfois surprenants. Ainsi, certains étudiants peuvent passer des années à s'exercer à la relation d'aide en vue de développer une expertise d'écoute et d'intervention menant à des professions telles que la psychothérapie, l'animation de groupes, le journalisme ou l'animation médiatique. Nous croyons que des habiletés similaires peuvent être développées dans le domaine de la gestion des organisations et qu'elles peuvent rendre moins onéreuses ces obligations du stratège qu'on dissimule sous les concepts de leadership, de motivation et de visionnaire. Pour cette raison, nous croyons pertinent d'attirer l'attention sur une approche qui s'inspire des nouvelles hypothèses à partir desquelles s'étudie aujourd'hui la communication humaine. Nous espérons ainsi intéresser les stratèges à des résultats de recherches qui présentent un intérêt certain pour eux, justement parce qu'ils concernent la dimension pragmatique de la communication, c'est-à-dire ses effets sur le comportement.

L'avantage majeur du modèle de la communication organisationnelle dont nous abordons la présentation est qu'il s'inspire du vécu des stratèges, des attentes qu'ils entretiennent à l'égard de la communication, et, surtout, qu'il porte à l'avant-plan les questions auxquelles s'attaquent la plupart des dirigeants d'entreprises. Nous résumerions ainsi les éléments qui devaient rendre cette approche nouvelle séduisante.

D'abord, tout stratège recherche une représentation simple du phénomène qui parvient à traduire ses préoccupations. Notre modèle répondra à cette première attente en proposant quatre dimensions de la communication qui, par la relation qui s'établit entre elles, traceront la route de la vision stratégique au projet partagé qui débouche sur des façons de faire et sur une mobilisation des troupes qu'on reconnaît de plus en plus comme nécessaires à la fidélisation de la clientèle.

Par la suite, ce modèle sera accompagné d'une stratégie de diagnostic relativement simple permettant de cibler les difficultés rapidement. De la sorte, le stratège pourra savoir quand un problème se pose s'il est de l'ordre de la vision stratégique, de celui du projet partagé, de celui des façons de faire ou encore de celui de la mobilisation des troupes ou des effets attendus quant à la fidélisation de la clientèle. À cette stratégie nous ajouterons des tactiques d'intervention destinées à faciliter les ajustements souhaités par le stratège, quelle que soit la dimension de la communication mise en cause.

Finalement, nous expliciterons la relation qui s'établit entre les quatre dimensions du modèle proposé tout en situant celui-ci dans le contexte des plus récentes tendances de la gestion des organisations. Cette façon de procéder rendra plus évidente la cohérence qui doit exister entre des thèmes tels que vision stratégique, projet partagé, réingénierie des processus, mobilisation et fidélisation. À cet égard, le modèle décrit au chapitre qui suit facilitera la tâche des stratèges qui souhaiteraient prendre du recul face à des tendances nouvelles en gestion dans le but d'en saisir l'essentiel et d'en tirer avantage sans s'y soumettre comme à des modes incontournables. Nous croyons que chaque organisation doit trouver sa propre voie dans cet environnement en mutation et nous jugeons essentiel d'offrir aux stratèges une occasion et une façon d'y parvenir avec leurs partenaires.

CHAPITRE 2

NÉGOCIER L'INVENTION DE L'ORGANISATION

> *Au-delà des impressions, créer une entre-*
> *prise ne s'achève pas au moment où on par-*
> *vient à la lancer. Au contraire, il est*
> *beaucoup plus ardu de la réinventer chaque*
> *jour, de la faire s'adapter aux changements*
> *qui interviennent dans l'environnement*
> *et d'en assurer la pérennité.*

Quand on les interroge sur leur cheminement, la majorité des stratèges qui ont lancé leur propre entreprise nous le relatent en évoquant un phénomène qui leur semble particulier au point qu'ils s'estiment souvent les seuls à l'avoir ainsi vécu. Et en parallèle avec nos propos, quand nous abordons l'idée de négocier l'invention de l'organisation, ils se replongent dans ce temps mythique où ils se plaisaient à imaginer leur entreprise, dans ce rêve éveillé durant lequel ils façonnaient leur projet. Puis, ils en revivent le lancement, tout en se remémorant avec nostalgie l'excitation qui accompagne ces grands moments. Alors surgit ce phénomène qui les intrigue. Ils se rappellent comment, progressivement, la croissance de leur organisation a été marquée par le sentiment qu'elle leur échappait, pour finalement leur devenir en partie étrangère, en venir à les contraindre, comme si tout à coup elle devenait en mesure de leur dicter des obligations, à la manière d'une invention qui aurait acquis une forme d'autonomie.

Pour les gestionnaires qui se sont intégrés à une organisation existante, ce même phénomène de distanciation se présente sous une forme différente. Il leur revient à l'esprit ces premiers moments de leur arrivée en poste, ces instants qui furent marqués par des périodes d'intense réflexion et par de fréquents échanges avec leurs proches collaborateurs. Par la suite surgit une étape dominée par le sentiment d'être maître de la situation, de jouer pleinement son rôle. Mais progressivement, au fil du temps et des événements, ils constatent eux aussi l'apparition de cette impression que le terrain s'effrite sous leurs pieds, que l'organisation domine tout pour dicter ses exigences. Bref, à titre d'entrepreneurs ou de gestionnaires, la plupart des stratèges finissent par éprouver un malaise et ils en donnent pour explication que l'organisation a acquis une autonomie, pour finalement dicter ses propres règles du jeu.

Quand nous nous penchons avec eux sur cette évolution, le moment est propice et nous abordons résolument et avec force détails la dynamique qui prévaut entre les quatre dimensions de la communication organisationnelle (voir la figure 2.1). Nous les discutons toutefois sous un jour particulier, dans l'intention de mettre en perspective les grands messages qui se dégagent de l'évolution de la pensée en management, sans pour autant verser dans toutes ces subtilités qui ouvrent la voie de la progression de ce domaine d'expertise. Si cette approche risque de paraître réductionniste aux yeux des théoriciens, elle s'accompagne cependant de l'avantage de créer des moments de vérité pour les stratèges. Elle les invite à prendre du recul, à regarder leur organisation sous un nouvel angle, pour par la suite les conduire à l'analyser à partir de quatre perspectives inhabituelles mais fort révélatrices.

FIGURE 2.1 – Les dimensions de la communication organisationnelle

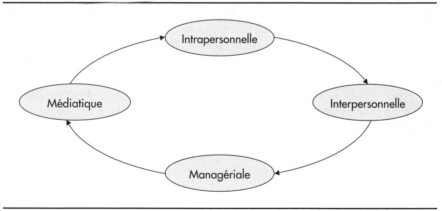

Nous inspirant d'une logique de la métaphore, nous proposons aux stratèges d'aborder l'étude de leur organisation à partir de quatre questions élémentaires dont la portée ne devient évidente qu'au fur et à mesure que se dessinent les relations qui s'établissent entre ces dimensions et l'évolution des courants de pensée en management. Pour donner un premier aperçu de l'intérêt d'une telle approche, nous campons chaque dimension dans le contexte d'une préoccupation clé du stratège, en lui associant les propos d'un auteur ayant marqué l'actualité récente en management.

La dimension intrapersonnelle : Mintzberg

Pour les chercheurs en management, à qui on reproche avec humour d'enseigner en raison de leur incapacité de gérer une véritable entreprise, il est amusant de constater en contrepartie combien certaines de leurs réflexions théoriques les plus fondamentales rejoignent les préoccupations intimes des stratèges et cela, en dépit de la distance qu'engendre l'utilisation d'un jargon disciplinaire. Ainsi, le stratège, que l'on pense au gestionnaire ou à l'entrepreneur, comprend fort bien l'importance d'être à la fois visionnaire autant que terre à terre, c'est-à-dire très au fait du quotidien de son organisation et de son environnement. Cette double nécessité, Henry Mintzberg en a fait le trait distinctif du véritable stratège et le pivot d'une critique sévère de ces pseudo-experts qui réduisent la réflexion stratégique au simple fait d'élaborer un plan stratégique. Pour Mintzberg, la première ne peut être assimilée au second. La définition de l'univers intérieur auquel nous associons la dimension intrapersonnelle plaide justement en faveur de cette nuance. Cette dimension concerne la vision du futur, elle est le produit d'une réflexion stratégique qui s'inspire d'une analyse sérieuse et constante des relations qui s'établissent entre des informations provenant de deux sources très distinctes : l'environnement économique d'une part et le vécu quotidien de l'organisation d'autre part.

Cette vision que le stratège nourrit des résultats de ses analyses complexes le porte à imaginer l'avenir de son organisation et l'invite nécessairement à jeter un regard critique sur son état actuel. En des termes simples, voyant les résultats auxquels parvient son organisation, il rêve d'une progression de sa performance et, de ce fait, il envisage comment elle pourrait se transformer pour concrétiser ce futur rempli de promesses. Il découvre ainsi par le biais de cette réflexion des écarts de toutes sortes qui peuvent concerner autant la capacité financière, technologique ou humaine de son organisation. Quoi de plus naturel en fait que de jongler avec de telles préoccupations quand notre travail principal consiste à diriger la destinée d'une entreprise ?

Quoi qu'il en soit, ces profondes réflexions auxquelles s'adonnent la plupart des stratèges, souvent sans trop s'attarder à en consigner les résultats, les placent en position d'anticipation, dans un état d'esprit où s'établissent naturellement des relations entre des écarts de performance et des mesures correctrices, des changements requis. On pourrait conclure d'une telle description que la dimension intrapersonnelle ne cause aucune difficulté aux stratèges, si ce n'est à ceux qui pèchent par omission, en évacuant cette réflexion fondamentale qui leur rendrait l'avenir de l'organisation plus évident. Or, tel n'est pas le cas, car leurs partenaires font à leur manière un cheminement en partie similaire que vient teinter leur position dans l'organisation. Plus encore, et c'est là l'origine de bien des incompréhensions qui surgissent entre les employés et les cadres, même ceux qui se retrouvent en première ligne entretiennent des hypothèses sur l'évolution de l'organisation et sur sa situation actuelle ! Ainsi chaque membre de l'organisation en a-t-il une vision plus ou moins sophistiquée. Qu'il s'agisse de sa raison d'être, de sa performance ou de son avenir, tous se font une opinion sur l'entreprise, d'où l'affirmation selon laquelle différentes versions de l'entreprise coexistent. Malheureusement, peu de stratèges consacrent vraiment une attention soutenue à cette question de l'existence de plusieurs versions de l'organisation, même s'ils tiennent le discours du projet partagé.

Pour les stratèges qui conçoivent pleinement les conséquences pouvant résulter du fait que l'organisation prend plusieurs identités distinctes, il ne fait aucun doute qu'une intervention s'impose en vue de gérer ce phénomène, et dès lors, la dynamique entre les dimensions de la communication organisationnelle les intéresse soudainement davantage. Cette prise de conscience des impacts possibles de la présence de ces multiples versions de l'organisation leur livre par ailleurs la raison pour laquelle nous introduisons la dimension interpersonnelle : il y a lieu de promouvoir la convergence des perceptions de l'identité de l'organisation, sans quoi, les partenaires donneront des significations différentes aux événements et aux actions entreprises. Cette dimension de la communication organisationnelle prend donc énormément d'importance à leurs yeux puisqu'elle se présente comme la toile de fond à partir de laquelle se créent ces images qui conduisent à donner une signification particulière au vécu dans l'organisation.

LA DIMENSION INTERPERSONNELLE : SÉRIEYX

Dès sa parution, *L'entreprise du troisième type* a connu un vif succès, et le thème de la qualité a été porté à l'avant-plan des débats sur la concurrence. Bien avant que les discours actuels sur la mondialisation et sur la saturation des marchés viennent ébranler le point de vue des stratèges sur la concurrence, Sérieyx soulignait que nous n'étions pas confrontés à une crise qui se résorberait mais plutôt placés devant une mutation de l'économie mondiale, devant de nouvelles règles du jeu. En guise de solution, il insistait sur la poursuite de la qualité, démontrant à grands traits les coûts énormes de la non-qualité. Il invitait les stratèges à mettre en route des projets de qualité, élevant ainsi le client au rang de roi et maître. À titre de moyen privilégié, il présentait le concept de projet d'entreprise, un projet dont la portée ultime devait être de rassembler tous les employés, patrons y compris, dans une seule et même mission, soit celle d'offrir toujours ce qui convient le mieux au client, pour le séduire en dépassant ses attentes.

Il n'en fallait pas davantage pour que surgisse la tentation de mettre de l'avant des stratégies de fidélisation basées sur l'amélioration continue de la qualité. Pourtant, Sérieyx ajouta très rapidement au tableau la question du pilotage de l'entreprise. Suivant en cela les traces de Mintzberg, en dépit d'une terminologie différente, il lança *Pilotes du 3ᵉ type*, un ouvrage qui propulsait les gestionnaires au rang de porte-étendards, de premiers responsables de la qualité totale et du projet d'entreprise. Nous voyons dans cette parenté de cheminement les signes d'une même conviction quant à la nécessité pour le gestionnaire de jouer son rôle d'une manière différente, et surtout une invitation à placer l'accent sur la convergence des opinions quant à l'identité de l'entreprise.

Toutes ces préoccupations, qui gravitent autour du rôle clé du stratège dans la promotion d'un projet d'entreprise rassembleur et destiné à donner la qualité totale au client roi, cadrent avec le défi souligné par la dimension interpersonnelle de la communication organisationnelle. Dans cette dimension, il revient au stratège de promouvoir une vision de l'organisation qui serait partagée par tous et il convient de placer ainsi le client au cœur des préoccupations de chacun, quel que soit son poste. Voilà pourquoi cette dimension concerne au premier chef la négociation de l'identité de l'organisation avec les partenaires. Le succès du stratège à cet égard ouvre la voie à la concertation, à la collaboration, à cette complicité préalable à la bonne marche d'un projet. Il est de la responsabilité du stratège de s'investir dans la promotion d'une vision de l'organisation qui deviendra la réalité partagée à partir de laquelle les événements prendront un sens. Mais là n'est pas la seule obligation que lui dicte cette dimension.

La promotion d'une vision partagée n'est que le point de départ d'une vaste opération de concertation. Non seulement revient-il au stratège de négocier l'identité de l'organisation, mais encore il est de sa responsabilité de faire valoir des choix de priorités, de présenter les objectifs à atteindre et d'établir les valeurs à respecter au quotidien. Cependant, pour que l'organisation devienne ce qu'il propose, ce n'est pas tant le libre accord de tous qui compte, mais plutôt l'acceptation de règles du jeu, l'adhésion à un projet directeur dont les limites sont connues et acceptées. Notons-le au passage, on a bien souvent assimilé l'idée de projet partagé à celle de projet commun. Or, dans un projet commun, les gens partagent les mêmes valeurs et les mêmes horizons. Ils sont au départ sur la même longueur d'onde. Ils retrouvent dans le projet des éléments qui leur conviennent à titre individuel. Mais dans un projet partagé, les valeurs et l'horizon sont définis par la nature de l'organisation et par l'orientation que lui donnent les stratèges. On attend alors des individus qu'ils y adhèrent, qu'ils se plient à ces grandes lignes directrices, une nuance qui fait toute la différence.

À la limite, dans un projet partagé, l'individu partage des visées dont il accepte les caractéristiques sans qu'elles soient nécessairement le reflet de ses convictions personnelles, de ses valeurs ou encore de ses aspirations. Ainsi, se greffer à un projet d'entreprise consiste à accepter de jouer le jeu dans le respect du cadre établi, sans pour autant mettre pour condition que les règles soient celles qu'on y aurait soi-même définies. Voilà pourquoi l'enjeu de la dimension interpersonnelle séduit les stratèges : ils comprennent que négocier un projet partagé ne signifie pas qu'on se plie à faire de la place aux attentes de tous ceux qui y adhéreront, mais plutôt qu'on décrit explicitement ce à quoi on propose d'adhérer.

Cette nuance fait du projet partagé un appel au partenariat dont les termes sont clairs et explicites, et la négociation porte alors sur les conditions qui accompagnent l'adhésion. Trop longtemps a-t-on laissé planer implicitement l'idée selon laquelle le leadership du stratège se résume à sa capacité de convaincre son entourage d'adhérer à ses opinions. Au contraire, dans un projet partagé, le leadership du stratège repose sur sa capacité de proposer des règles du jeu claires et d'en assurer le respect. Il est justement de sa responsabilité de protéger l'identité de l'organisation et de traduire dans une juste définition du partage des rôles le prolongement de cette vision dont il est le promoteur. En ce sens, la dimension interpersonnelle suppose la négociation d'une vision partagée de l'organisation qui n'est pas un simple jeu de compromis, mais plutôt un exercice d'influence dont le résultat serait de créer un cadre de référence commun pour l'action. Elle est, de ce point de vue, un exercice destiné à assurer la mise en place des conditions de succès requises par le développement de l'organisation, une occasion d'expliquer la contribution essentielle que chacun doit apporter.

Cette perspective peut surprendre et même paraître s'inscrire à contre-courant, en raison du contexte participatif évoqué par les ténors du management moderne. Pourtant, elle va de soi dès que la vision stratégique de l'organisation est en cause. En appeler à la participation à la gestion de l'organisation n'est pas synonyme de laisser ses troupes vivre dans un climat de laisser-faire, ou encore de ne leur imposer aucune contrainte quant au travail à effectuer. Il serait de l'ordre de l'utopie de croire que l'organisation moderne et participative suppose l'autonomie totale pour les employés !

Certes, elle requiert qu'ils aient plus d'initiative, une autonomie plus grande, qu'ils soient responsables et qu'ils soient en mesure de prendre le client en charge. Toutefois, dans cette nouvelle organisation du XXIe siècle, le client interne ne peut légitimer ses demandes qu'à partir des besoins et des attentes du client externe, c'est-à-dire de celui qui dicte les paramètres de la qualité. À cet égard, il revient au stratège de cerner les exigences du client externe et d'assujettir l'organisation, tout le personnel, lui-même y compris, aux lignes directrices qui en découlent, et cela vaut également pour ce qui est du rôle, des responsabilités et des tâches qui seront confiés à chacun. Ainsi, promouvoir un projet d'entreprise, une vision de l'organisation, demande que l'on clarifie la place de chacun, sa contribution, et sur ce point, l'individu ne peut revendiquer qu'on l'entende si les intérêts qu'il défend sont les siens et non ceux du client. Dans ce contexte, négocier un projet partagé équivaut à offrir aux membres de l'organisation l'occasion d'adhérer à une vision de l'organisation et de son devenir, tout en étant au fait du rôle qu'on les invite à y jouer.

LA DIMENSION MANAGÉRIALE : HAMMER ET CHAMPY

Nouveaux gourous des années 1990, Hammer et Champy ont popularisé le thème de la réingénierie des processus. Leur arrivée sur l'échiquier du management n'est cependant pas une surprise. Elle s'explique par le sens commun. Après avoir précisé où l'on va, soit la vision ou le projet d'entreprise, après avoir négocié la contribution et la place de chacun, c'est-à-dire le partage du projet par la voie d'une structure organisationnelle en tant que moyen servant à réaliser des ambitions, il est normal qu'apparaisse la question du comment, celle des processus. Or, bien que les entrepreneurs et les gestionnaires considèrent comme très familier ce volet de la gestion, ils sont régulièrement décontenancés par ce qu'ils découvrent sous la dimension managériale de la communication.

Comme le soulignaient à juste titre Hammer et Champy, nos organisations actuelles reposent sur des modes de fonctionnement qui ont fait leur succès au XXe siècle. Mais ce sont justement ces modes de fonctionnement qui les rendent maintenant vulnérables, parce qu'ils ne répondent plus aux exigences dictées par une économie radicalement transformée. Fortement hiérarchisées et conçues dans le respect des principes qui conduisent au morcellement des tâches caractérisant l'organisation de l'ère industrielle, nos organisations sont confrontées à une mutation de l'environnement économique mondial qui a rendu caducs les anciens modes d'organisation du travail. Et toute cette problématique qui accompagne la question de la reconfiguration des processus organisationnels recoupe des préoccupations reliées à la dimension managériale de la communication organisationnelle. Cette dimension recouvre tout ce qui a trait à la mise en place des processus, depuis ceux qui sont reliés à la gestion de l'information jusqu'à ceux qui ont trait à la prise de décision, en passant par ceux qui concernent plus directement les modes d'opération ou de production des biens, des produits et des services.

Dans cette perspective, où la dimension managériale englobe toute question relative aux façons de faire, la dynamique entre cette dimension et les deux précédentes s'établit dans une logique incontournable. La mise en place d'un projet partagé qui concrétise la vision du stratège dans un partage des rôles et des responsabilités doit s'exprimer de manière cohérente sur le plan de l'action. En quelque sorte, les gestes posés en vue de réaliser le projet ne peuvent être en contradiction avec les énoncés servant à décrire la vision mise de l'avant. Il en va de la cohérence entre la parole et le geste. Le stratège doit harmoniser les façons de faire avec les credos du projet d'entreprise. Ainsi, il serait d'une incohérence criante qu'on prône de placer le client au cœur des préoccupations de tous alors que les processus de prise de décision reflètent les strictes préférences du stratège, ou encore une hiérarchie dont les effets seraient d'écarter de la décision ceux qui sont justement en première ligne de la relation d'affaires. Toutefois, l'importance de la cohérence n'est pas le point qui retient le plus l'attention des stratèges. Ils sont plutôt pris de court par l'existence d'un message managérial. Ils sont surpris de découvrir que la façon de faire les choses contribue à passer un message dans l'organisation. Ils constatent l'ampleur du risque d'introduire de la dissonance : si on ne prend pas la peine de remettre en question la pertinence des processus au regard du projet, l'action risque fort de contredire le discours.

La discussion de cette dimension engendre d'autres moments de vérité pour les stratèges. Il est fréquent qu'ils découvrent par la suite une foule de situations où les façons de faire se présentent en contradiction avec le discours portant sur le projet d'entreprise. Les anecdotes vedettes dont ils font état se concentrent la plupart du temps sur ces situations où l'organisation s'est trouvée propulsée dans une nouvelle mode de la gestion, alors que pour leur part les cadres se réfugiaient dans leur rôle d'autorité pour en limiter les effets sur leurs subalternes, conservant ainsi toute leur liberté de maintenir intacts leurs habitudes et leurs travers, pendant que leurs collaborateurs vivaient la pression du changement. La justesse de leur diagnostic quant au manque d'engagement des cadres nous est démontrée par l'ensemble de ces projets d'entreprise ou de ces changements amorcés en grande pompe qui ont marqué les débuts des années 1990, pour être par la suite rapidement relégués aux oubliettes, une fois passée l'effervescence initiale. À la vérité, pour plusieurs stratèges, la discussion de cette dimension devient l'occasion d'un *mea culpa*, même si, par la suite, ils se rendent compte que la confession de telles fautes n'équivaut pas à un gage de rédemption, le repentir ne suffisant pas à remettre l'organisation en équilibre.

S'il est juste de souligner que les processus seront négociés, au même titre que l'adhésion au projet partagé, il demeure tout de même nécessaire de préciser que cette négociation porte sur la traduction des conséquences d'une vision. Il ne s'agit donc pas de décider, par la voie d'une vaste opération de concertation, de la façon dont se feront les choses, mais plutôt de s'entendre sur une façon de les accomplir qui cadrera avec le projet partagé et qui collera aux objectifs stratégiques mis de l'avant. Le stratège a pour responsabilité d'établir comment le fonctionnement quotidien de l'organisation sera aligné sur des principes directeurs qui sont en harmonie avec les buts poursuivis.

À titre d'exemple, quand Wal-Mart reconfigura son service des achats pour confier la plus grande partie de sa gestion à ses fournisseurs, les stratèges visaient à faire en sorte que le produit recherché par le client fût disponible en permanence et en quantité suffisante, sans pour autant que le fournisseur ne l'envahît par le maintien d'un stock excessif. Ce problème fut contourné par la négociation d'un mode de paiement et de prise de commandes directement relié à la consommation du client. Ainsi, pour le fournisseur, il y aurait paiement immédiat de ce qui serait consommé, mais, pour Wal-Mart, il n'y aurait plus de stock à contrôler, celui-ci étant à la charge du fournisseur, ni de gestion des achats. Si la marchandise venait à cesser de se vendre, le fournisseur devrait la reprendre ; si elle n'était pas livrée à temps ou en quantité suffisante, un autre fournisseur prendrait alors la relève.

Cette reconfiguration de la relation client/fournisseur est de l'ordre de la mise en place des façons de faire appropriées ; elle appartient au domaine de la dimension managériale. Ce sont des aspects de cette nature que nous relions à la question de la cohérence nécessaire entre la vision, le projet partagé et les processus organisationnels. La négociation évoquée ne souffre donc pas des frontières physiques de l'organisation, elle peut même engendrer des modifications radicales à son design.

LA DIMENSION MÉDIATIQUE : DE MORGAN À LANGLOIS ET TOCQUER

Cette dimension n'a pas encore reçu toute l'attention qu'elle mérite dans les ouvrages qui sont mis à la disposition des stratèges. Nous associons cette déficience à une tendance marquée de la littérature en gestion qui conduit à faire des questions relatives à la mobilisation des troupes et de celles reliées à la qualité du service deux domaines d'expertises distincts. Or, pour le stratège, ces deux problématiques sont intimement reliées, elles vont de pair. En effet, il lui est nécessaire de parvenir à une mobilisation de ses troupes dans le projet d'entreprise pour atteindre cette qualité de service qui lui assure la fidélité de sa clientèle. De ce point de vue, il est aussi soucieux de la fidélité de ses troupes au projet que de la fidélité de son client à l'entreprise, l'une étant préalable à la présence de l'autre. Pour cette raison, une vision partagée de l'identité de l'organisation et la mise en place de processus de fonctionnement qui cadrent avec le projet d'entreprise se révèlent rapidement insuffisantes aux yeux des stratèges ; les deux aspects couverts par la dimension médiatique attirent son attention sur le rôle clé des ressources humaines.

Sous un premier aspect, l'image médiatique renvoie à l'identité de l'organisation par le biais de l'opinion que s'en font les troupes, que s'en donnent les personnes qui créent l'organisation. De ce point de vue, la dimension médiatique interne exprime le résultat auquel parvient le stratège au fil des efforts qu'il déploie dans le but de donner une identité à l'organisation. À ce titre, elle équivaut au consensus qui se dégage de l'ensemble des opinions de ses partenaires. Pour reprendre les propos de Morgan, sous ce volet interne, la métaphore que les membres de l'organisation utilisent pour la décrire nous la révèle dans l'impression qu'elle laisse à ceux qui la façonnent au quotidien.

Pour cerner les contours de cette image médiatique interne, certains consultants proposent de s'enquérir auprès d'un groupe représentatif d'employés de la vision qui leur paraît le mieux décrire leur organisation. Cet exercice d'audit fort original donne parfois des résultats percutants. Tour de Babel, pieuvre dont les tentacules s'étendent dans toutes les directions, presse-citron, locomotive filant à toute vapeur ou encore éléphant à la démarche lente mais puissante, ces images qui émergent sont parfois déconcertantes pour les stratèges. Elles n'en demeurent pas moins révélatrices quand on questionne ceux qui les tiennent pour justes sur les raisons qui motivent leur description. Pour les stratèges, elles ont une utilité pragmatique : elles révèlent indirectement la portée des stratégies de mobilisation mises de l'avant et surtout le résultat auquel ils parviennent par les efforts qu'ils déploient en vue de donner une identité à leur organisation.

Sous son second aspect, cette dimension s'attarde à l'image externe de l'organisation. Elle fait porter l'attention sur la manière dont elle est perçue par sa clientèle externe, son autre public. Les stratèges y trouvent par conséquent un intérêt, puisqu'ils ont le souci de produire la meilleure impression possible auprès de leur clientèle ; les efforts déployés en matière de relations publiques et de publicité témoignent de ce fait. Leur intérêt s'accroît toutefois quand nous la décrivons en des termes qui s'appuient sur la problématique de la qualité totale.

De nos jours, on comprend de mieux en mieux comment cette image externe dépend en grande partie de la qualité du contact qui s'établit entre les employés de première ligne et la clientèle, de la qualité du service au sens large du terme. On trouve les traces de cette démonstration dans les affirmations des chercheurs selon qui l'avantage concurrentiel de l'avenir sera la qualité des ressources humaines dont dispose une organisation, ou encore dans les propositions plus spécifiques de Fessard sur le temps du service. L'auteur démontre fort habilement et avec humour à quel point les employés de première ligne sont intensément engagés dans les moments de vérité qui surviennent entre le client et l'entreprise, au fil du déroulement de la relation d'affaires. Toutefois, ce volet de la dimension médiatique est demeuré longtemps associé au domaine du marketing. Ce n'est qu'avec l'apparition des normes ISO, de paramètres de qualité internationalement reconnus, qu'on sera parvenu à fournir des repères concrets aux stratèges. Et ces normes, elles sont le produit d'une importation des piliers du marketing dans la discipline du management, une évolution de ce champ disciplinaire provoquée par les propos de Sérieyx sur la qualité totale.

Avec du recul, il est juste de déduire de nos propos sur la dimension médiatique qu'elle englobe finalement les résultats produits par les discours et les gestes des stratèges visant à donner une identité, une personnalité distinctive à leur organisation. Or, à cet égard, les stratèges vivent le même dilemme dans cet exercice de promotion d'une image de l'organisation que celui vécu par tout individu à propos de son identité, de sa personnalité. Chacun le comprend au fil de ses expériences, ce que nous sommes ne dépend pas uniquement de nous. Nous sommes en partie également le reflet de l'idée que les autres se font de nous. Il en va ainsi pour l'organisation, elle n'est pas uniquement ce que les stratèges en disent, elle est aussi ce qu'en pensent les clients internes et externes, les employés et le consommateur. Sa personnalité distinctive est le produit de l'ensemble de ces opinions, et cela explique en partie pourquoi la promotion d'une vision de l'organisation est une tâche toujours inachevée, un enjeu stratégique. Pour cette raison, nous soulignons avec force que l'apparition d'un écart entre la vision de l'organisation mise de l'avant par les stratèges et l'image médiatique interne ou externe révèle la présence d'un problème de l'ordre de la communication organisationnelle, et plus précisément que se pose un problème de mobilisation ou de qualité du service.

De cette dimension médiatique les stratèges retiendront surtout son caractère informatif, le fait qu'elle concerne des résultats atteints par divers moyens. Les employés sont-ils mobilisés, ont-ils le souci du client et une image positive de leur entreprise ? Tels sont les principaux enjeux regroupés sous le volet médiatique interne. Défini en ces termes, ce volet touche les stratèges qui le perçoivent comme complémentaire des préoccupations qui se retrouvent sous le parapluie de l'image médiatique externe, qui, pour sa part, gravite autour du thème de la satisfaction de la clientèle, de l'impression qu'elle garde de son contact avec l'entreprise, de sa perception de la qualité du service. Les stratèges apprécient également la relation qui s'établit entre la fidélité des troupes au projet et celle de la clientèle à l'entreprise. Pour plusieurs d'entre eux, cette dimension fournit un cadre de référence pour traiter de ces liens qu'ils voudraient voir se créer dans l'esprit de tous leurs partenaires entre les gestes quotidiens de chacun et la performance de l'organisation.

DES SIGNES D'UNE ÉVOLUTION DE LA PENSÉE EN MANAGEMENT

Nos propos sur les quatre dimensions de la communication organisationnelle mettent en relation des éléments marquants d'une évolution de la pensée en management survenue au cours des dernières décennies. Cette évolution recoupe les questions fondamentales auxquelles tout stratège se trouve confronté régulièrement ; nous les formulons ici dans les termes les plus évocateurs qui soient. En premier lieu, qui sommes-nous et où allons-nous, c'est-à-dire quelle vision de l'organisation proposons-nous ? Ces questions concernent la dimension intrapersonnelle et elles évoquent le regard porté par le stratège sur son organisation et sur son avenir. En cela, nous associons cette dimension de la communication organisationnelle au concept de vision développé par Mintzberg.

En second lieu, la vision de l'organisation et de son avenir est-elle partagée par tout le personnel, chacun comprend-il l'importance de sa contribution, de même que sa position sur l'échiquier ? Telles sont les préoccupations qui se profilent sous la dimension interpersonnelle. Le centre d'attention est alors le souci du stratège de parvenir à une concertation suffisante, permettant la convergence des interprétations de l'organisation, dans l'espoir qu'une cohérence interne s'établisse, que tous travaillent au même projet dans un climat de collaboration. En cela, cette dimension est directement associée au concept de projet partagé évoqué par Sérieyx.

En troisième lieu, nos façons de faire cadrent-elles avec le projet d'entreprise mis de l'avant et sont-elles dictées par le souci constant d'offrir au client externe une relation d'affaires de haute qualité ? Voilà les thèmes clés que l'on doit associer à la dimension managériale de la communication organisationnelle. Les points saillants sont alors pour le stratège de parvenir à des modes de fonctionnement qui répondent aux impératifs de la relation d'affaires et d'obtenir que tous y adhèrent, dans le but justement de bien servir le client, en dépit de la complexité de la tâche pouvant en découler. Ainsi la dimension managériale rejoint-elle le concept de réingénierie évoqué par Hammer et Champy, mais en intégrant les visées de la qualité totale, d'où l'idée d'une réingénierie continue.

En dernier lieu, d'une part, les discours et les gestes posés en vue d'implanter un projet partagé et des façons de faire qui favorisent la qualité de la relation d'affaires produisent-ils les résultats escomptés, nos clients internes se rangent-ils derrière le porte-étendard et font-ils eux-mêmes la promotion de cette organisation rêvée ? D'autre part, nos clients externes nous sont-ils fidèles, sont-ils satisfaits, voire séduits par ce que nous leur offrons ? Ainsi vont les préoccupations associées à la dimension médiatique. Pour le stratège, l'attention se porte alors sur les résultats atteints, et il s'agit d'un moment de vérité. Si la clientèle interne est satisfaite et engagée fermement dans le projet proposé, le climat sera positif et le souci du client constant. Si la clientèle externe est séduite, l'organisation progressera, car on est en affaires uniquement parce qu'on parvient à conserver ses clients, la prospérité de l'organisation dépend en tout premier lieu de la gestion de cet actif stratégique qui n'apparaît pas au bilan. Sous ses deux volets, la dimension médiatique rejoint ainsi les concepts plus généraux de mobilisation et de qualité de service, l'enjeu étant la fidélisation des troupes et de la clientèle.

FIGURE 2.2 – Les thèmes associés aux dimensions de la communication organisationnelle

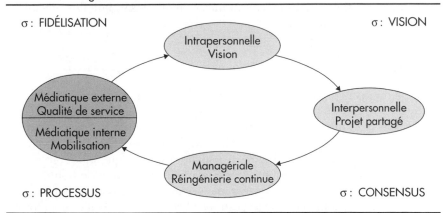

Pour traduire la signification de chacune de ces dimensions, nous reprenons la figure 2.1 dans la figure 2.2 (p. 43), mais en l'enrichissant des thèmes qui nous les rendent plus évocatrices.

On remarquera, dans cette version enrichie par l'ajout de thèmes d'actualité, l'apparition du symbole « σ ». Ce symbole attire l'attention sur la présence possible d'écarts que nous associons aux thèmes évoqués et il laisse entendre que nous aborderons le diagnostic de l'état de la communication organisationnelle sous un angle particulier. Ces ajouts méritent donc quelques explications, car ils permettent de préciser la marche à suivre dès l'instant où l'on se place dans la position de commande du stratège.

LA NOTION D'ÉCART ET LE DIAGNOSTIC

Nous en avons prévenu les stratèges : nous leur proposons d'analyser l'organisation sous quatre angles qui ne leur sont pas familiers au départ. En amorçant cette exploration, retenons que ces quatre dimensions de la communication attirent leur attention sur des questions fondamentales du management des organisations, certes, mais que cette démarche demeurerait stérile si nous n'y introduisions pas la notion d'écart tout en précisant les cibles du diagnostic qu'ils auront à effectuer. Ces cibles nous sont révélées par les thèmes associés aux dimensions.

Le but ultime du stratège est de développer et de fidéliser une clientèle qui assurera la prospérité de son organisation. Or, les recherches autant que le vécu des stratèges le laissent clairement entrevoir, pour atteindre ce but ultime, le stratège se doit de relever les défis proposés par cette approche de la communication organisationnelle. Nous exprimons ces défis par le biais de quatre préoccupations majeures dont le stratège doit se soucier pour que ses interventions en communication organisationnelle deviennent des leviers de premier plan.

L'écart de vision

Poser la nécessité de développer une vision de l'organisation et de son devenir équivaut à lancer un premier défi au stratège. Dans nos discussions avec des groupes de gestionnaires ou d'entrepreneurs, ce défi soulève régulièrement le débat entre les tenants de l'intuition, du sens des affaires, dira-t-on, et ceux de la rationalité, que nous qualifierons d'analytiques. Mais quel que soit le style auquel s'identifie plus volontiers le stratège, chacun admet de bonne grâce qu'il est illusoire de prétendre diriger une organisation sans avoir au préalable une idée relativement claire de sa destinée. Aussi s'avère-t-il anodin pour eux de reconnaître cette nécessité. Ce n'est qu'au moment où surgit l'obligation d'exprimer cette destinée sous le chapeau d'une mission, d'objectifs stratégiques, de priorités et de politiques que plusieurs sont forcés de reconsidérer leur impression d'y être bien préparés.

La difficulté de la tâche les conduit à admettre en définitive qu'il se trouve probablement beaucoup plus de stratèges dans le clan des intuitifs que dans celui des analytiques… Ce constat facilite la mise en évidence du tout premier écart pouvant apparaître au niveau des dimensions de la communication organisationnelle : l'écart de vision.

Heureusement, il n'y a pas de honte à confesser que, dans le feu de l'action, il devient parfois difficile de coucher sa vision de l'organisation sur papier ou même de parvenir à l'exprimer en des termes explicites et évocateurs. En période de turbulence, il est compréhensible d'éprouver de l'incertitude. Si le réflexe de certains stratèges est de s'excuser de leurs défaillances en soulevant l'argument du manque de temps, ou celui de l'urgence d'agir, nous refusons de verser dans la confrontation. Il est maintenant évident que la décision de se défiler devant la complexité, de se soustraire à l'exercice, entraîne davantage de temps perdu et de contraintes que d'accepter de s'y astreindre. Pour le stratège, c'est le prix à payer dès qu'il aspire à la mise en place d'un projet partagé. Toute omission de sa part contribue à l'apparition de versions multiples de l'organisation, dont nous avons déjà cerné les conséquences. Il y a donc un premier diagnostic à effectuer au regard de la dimension intrapersonnelle, et il est en partie un exercice d'autocritique pour certains. Pour en décrire brièvement les composantes, nous nous en remettrons à quelques questions clés qui concourent à la vérification de l'état de raffinement de la vision du stratège.

Questions associées à la dimension intrapersonnelle

1. Suis-je au fait de l'évolution de l'économie mondiale ?
2. Suis-je au fait de l'évolution du secteur d'affaires dont fait partie mon organisation ?
3. Sommes-nous confrontés à des tendances lourdes, ou simplement à des conjonctures particulières ?
4. Suis-je en mesure de décrire notre position concurrentielle ?
5. Est-ce qu'il se présente des débouchés dont mon organisation pourrait tirer avantage dans l'avenir ?

Questions associées à la dimension intrapersonnelle (suite)

6. Ai-je une idée claire de la stratégie à adopter et des objectifs à poursuivre pour assurer l'avenir de l'organisation ?
7. Suis-je en mesure de consigner cette vision dans un plan d'affaires articulé ?

Le stratège qui serait incapable de répondre à ces questions doit en conclure qu'il n'est pas en mesure de proposer un projet d'entreprise clair à ses partenaires et qu'à ce titre, en matière de communication organisationnelle, le premier écart concerne sa vision actuelle de l'organisation et de son devenir. Celui qui ignore sa destination ne peut prétendre tracer la route et entraîner les autres dans son sillage. De plus, il est en mauvaise posture quant à la négociation d'un projet partagé avec ses partenaires.

Quelques instants de réflexion consacrés à ces questions clés suffisent pour entrevoir qu'il serait possible de raffiner ces quelques indicateurs qui dessinent à grands traits à quel point le stratège peut prétendre à la clarté. Nous pourrions enrichir cette liste d'aspects relatifs au quotidien de l'organisation, inviter par exemple le stratège à ajouter à ces éléments de vision une compréhension approfondie de la capacité technologique et humaine de son entreprise. Toutefois, nous voulons surtout pour l'instant signaler que les premiers écarts peuvent se situer sur le plan de la vision du stratège, tout en soulignant la conclusion à tirer des résultats de l'exercice : le stratège qui ne s'est pas donné une vision claire de son organisation et de son devenir, ou qui se satisfait d'en avoir une idée plutôt floue, risque d'être le premier responsable des incompréhensions dont il déplorera par la suite la présence dans l'esprit de ses partenaires.

Décrit en ces termes, l'écart de vision qui peut se présenter sur le plan de la dimension intrapersonnelle est «associable» à l'un des rôles clés du stratège et plus spécifiquement aux responsabilités qui incombent à un porte-étendard. Il concerne le rôle de visionnaire, de leader proactif, un rôle dont on souligne de plus en plus l'importance dans les publications destinées aux gestionnaires. Une interprétation juste de la nature de cet écart donne une signification lourde de sens à cette pression énorme qui s'exerce actuellement sur ceux qui dirigent des entreprises, à cette invitation pressante qui leur est lancée pour qu'ils passent du rôle de patron à celui de stratège ou, si vous préférez, à celui de pilote de l'organisation.

L'écart de consensus

Le second écart qui risque d'apparaître par la voie du diagnostic de l'état de la communication organisationnelle, sous sa dimension interpersonnelle, concerne le degré auquel s'établit le partage d'une vision commune de l'organisation. Il est à ce titre la contrepartie du premier dont nous avons fait mention et il renvoie à ces constats des stratèges quant à l'existence de multiples versions de l'identité de l'organisation. Nous l'avons souligné, lorsqu'ils sont abandonnés à eux-mêmes, les employés se construisent une image de l'organisation bien à eux. Ils inventent l'organisation. Cette image influe en retour sur leur lecture des événements, y compris ceux qui ont trait aux comportements de la direction, aux décisions qu'elle prend ou aux discours qu'elle tient. Il est primordial d'accorder une attention particulière à ce diagnostic, qui s'attarde aux écarts de consensus, puisqu'il en va du succès de l'implantation d'un projet partagé.

Encore là, nos discussions avec les stratèges débouchent régulièrement sur des moments de vérité. Si pour certains le choc avive le sentiment selon lequel leur organisation leur échappe en partie, pour d'autres il constitue une occasion inespérée de cibler des thèmes à privilégier lors de leurs échanges avec leurs partenaires dans l'espoir de ramener tout le monde sur la même longueur d'onde. En toute honnêteté, nous trouvons important de le souligner, plusieurs stratèges sautent sur l'occasion d'agir, et cette réaction contribue à écarter certains préjugés de sens commun.

Il n'est pas rare qu'on sous-entende dans les rapports de recherches menées auprès d'entreprises où des projets d'envergure ont été entrepris, ou encore dans des rapports d'enquêtes portant sur la gestion du climat organisationnel, que les stratèges seraient peu soucieux de la communication organisationnelle, en dehors des occasions où ils ont à passer des messages qui leur importent. Or, nos interventions auprès des gestionnaires et des entrepreneurs font surgir une interprétation différente de certains comportements qu'on leur reproche. Placés devant la nécessité de devoir communiquer davantage avec leurs partenaires, les stratèges soulèvent un problème de taille : accroître la communication avec nos partenaires, certes ; mais que faut-il leur dire ? Cette réaction démontre que les stratèges n'établissent pas automatiquement de liens entre la vision de l'organisation qu'ils nourrissent et le fait de créer cette organisation par la voie d'une présentation explicite de cette vision à leurs partenaires internes. En fait, ils sont souvent même surpris d'entendre que, en raison de leurs attentes à propos d'une vision partagée qui favorise l'adhésion à un projet d'entreprise, le sujet de l'échange avec leurs partenaires serait nécessairement leur rêve éveillé, leur vision de l'avenir. Plus encore, plusieurs l'avouent ouvertement, sans cette analyse effectuée sous l'angle de la communication organisationnelle, il ne leur viendrait pas à l'esprit qu'on puisse trouver avantage à consigner cette vision dans un plan d'affaires, pour par la suite utiliser ce plan à titre de cadre de référence qui met en contexte les contributions attendues de chacun. Cette tactique ouvre cependant sur la nécessité de réaliser un second diagnostic, de relever un autre défi.

Nul ne s'opposant à la vertu, l'idée de poursuivre l'objectif d'instaurer un projet partagé en séduit plus d'un. Toutefois, ce défi s'accompagne d'une obligation : le stratège doit être en mesure de cerner la vision de l'organisation de ses partenaires, de découvrir l'image de l'organisation qui semble traduire le consensus sur l'identité de l'entreprise. Le diagnostic de la dimension interpersonnelle remplit cette fonction. Par son intermédiaire, les stratèges parviennent à cerner les sujets devant faire l'objet de discussions, puisqu'ils obtiennent de l'information à propos des écarts qui existent entre leur vision et celle de leurs partenaires, et cela, par simple voie de comparaison. Dans cette perspective, ce diagnostic place l'accent sur des aspects précis, mais en prenant pour centre d'attention les avis des partenaires.

Questions associées à la dimension interpersonnelle

1. Quelle lecture mes partenaires font-ils de l'évolution de l'économie mondiale et de ses impacts sur notre secteur d'affaires ?

2. Quelle lecture mes partenaires font-ils de notre position concurrentielle, de nos forces et de nos faiblesses ?

3. À quel point mes partenaires sont-ils au fait de la mission de notre organisation, des stratégies que nous mettons de l'avant, des objectifs que nous poursuivons, des priorités qui nous guident, etc.

4. Quelle vision se font mes partenaires de notre structure organisationnelle, du partage des rôles, des responsabilités et des tâches et de leur rapport aux objectifs stratégiques que nous nous sommes donnés ?

L'exploration de ces aspects (d'autres pourraient s'ajouter) informe le stratège sur la manière dont ses partenaires lisent et comprennent leur organisation. De plus, ce balayage de leurs perceptions présente l'avantage de mettre en évidence à quels égards leur vision de l'entreprise diverge de la sienne. Non seulement une telle analyse conduit-elle à clarifier ce sur quoi les efforts de communication devraient porter en vue de promouvoir une vision partagée, mais encore elle ouvre sur la possibilité de comprendre pourquoi certains gestes ou certaines décisions en arrivent parfois à produire des effets inattendus. À cet égard, le stratège qui se lance dans ce diagnostic s'attaque à la face cachée de son organisation pour entrer progressivement dans l'univers de ceux qui y vivent et qui la créent. En acceptant d'explorer l'univers organisationnel tel qu'il est perçu par ses partenaires, le stratège se place en excellente position au moment d'aborder les cinq volets stratégiques de l'implantation d'un projet partagé. Ces volets contribuent à un approfondissement du diagnostic de l'état de la dimension interpersonnelle.

Des nuances nécessaires

Pour qu'un projet partagé prenne forme dans l'organisation, il est d'abord nécessaire qu'il soit connu. Vérité de La Palice, diront certains, mais combien négligée, devons-nous constater! Certes, dès l'instant où nous abordons le sujet, en toute honnêteté, la majorité des stratèges ont la profonde conviction de bien faire connaître leur projet. Or, cette conviction masque un phénomène ; ils perdent régulièrement de vue une évidence : il leur a fallu du temps pour se construire une représentation claire de leur projet et surtout pour en percevoir le potentiel, les conséquences et les liens avec la situation actuelle de l'organisation. Ce temps d'incubation les conduit en définitive à une impression d'évidence. Leur projet en vient à leur paraître comme allant de soi, comme la seule direction à prendre. Pour briser cette impression, nous raffinons le diagnostic de cette dimension par l'introduction de cinq questions qui gouvernent le passage de l'univers intrapersonnel à celui de l'auditoire, c'est-à-dire à celui qui est défini par l'univers interpersonnel. Ces questions s'inspirent de nos propos antérieurs sur les espoirs qu'entretiennent les stratèges quant aux effets magiques de la communication.

Puisque la communication n'est pas réductible à une simple opération de transmission de l'information et, surtout, parce que les stratèges aspirent à influencer leur auditoire en provoquant une compréhension de l'organisation qui serait équivalente d'un individu à l'autre, il s'ensuit que la performance des stratèges en ce domaine ne s'évalue pas à partir des intentions qu'ils poursuivent, mais bien à partir des effets qu'ils obtiennent. Dans cette ligne de pensée, leur performance lors de la présentation d'un projet s'évalue à partir de questions qui nient l'hypothèse d'évidence.

Pour débattre de l'importance de ces questions sans en réduire la portée au seul cas de la présentation d'un projet, il nous faut les discuter dans un contexte élargi, en nous inspirant de la remise en cause de l'hypothèse d'évidence. De la sorte, il apparaîtra progressivement que le cadre de référence suggéré s'étend à une large diversité de thèmes sans que nous abandonnions pour autant nos réflexions en cours sur le projet d'entreprise.

Questions reliées au passage
de l'intrapersonnel à l'interpersonnel

1.   Le projet est-il connu ?
2.   Le projet est-il compris ?
3.   Le projet est-il accepté ?
4.   Le projet est-il respecté dans les gestes quotidiens ?
5.   Le projet produit-il l'effet désiré ?

L'impression d'évidence naît chez les stratèges qui perdent de vue à quel point leur position privilégiée de pilote les porte à anticiper. Ils oublient alors qu'ils ne la retrouveront pas automatiquement chez ceux à qui ils font part de leurs intentions pour la première fois ! À la vérité, pour leur auditoire, ce qui est familier aux stratèges risque fort d'apparaître comme radicalement nouveau ! Confrontés à l'obstacle, la plupart des stratèges reconnaissent sous-estimer cette distance qu'ils prennent nécessairement par rapport à leurs partenaires au moment où ils cristallisent leurs réflexions dans un projet qui l'exprime. Pour cette raison, la mise en place d'un projet partagé ne saurait se passer du diagnostic de la dimension interpersonnelle. Il est incontournable de cerner la position de l'auditoire auquel on s'adresse afin de cadrer le message et d'être en mesure de mettre l'accent sur ce qui compte pour ce public particulier. Si la mise en contexte du projet est boiteuse, il serait de l'ordre de l'illusion d'imaginer que le projet soit par la suite connu et il s'ensuit qu'il devient périlleux d'espérer atteindre une compréhension commune. C'est là la difficulté majeure que rencontrent la plupart des stratèges dans leurs efforts de communication : ils se lancent souvent à l'assaut sans au préalable cerner leur auditoire.

Confrontés aux écarts de perception qui surgissent après la présentation du projet d'entreprise, bien des stratèges ont pour réflexe d'en conclure que la question se révèle hors de portée pour certains de leurs partenaires. Mais ceux qui s'en tiennent à cette opinion sont rapidement aux prises avec des interprétations divergentes dont les répercussions se ressentent dans l'action : l'incohérence s'installe. Pourtant, en dépit de ces mésaventures, lorsqu'on les questionne sur ces écarts de connaissance et de compréhension qu'ils déplorent, tous les stratèges reconnaissent qu'ils se lançaient dans cette opération de communication auprès de leurs partenaires justement dans le but d'être mieux compris et dans l'espoir d'atteindre une cohérence interne, une synergie. Ce n'est qu'après un débat systématique que la confrontation porte fruits : ils admettent que de renoncer à poursuivre l'entreprise de bien faire connaître le projet conduit, tôt ou tard, à des manœuvres encore plus coûteuses que celles qu'entraîne un plus grand investissement dans sa présentation. Admettre ce fait invite à une attitude plus pragmatique[1].

Une attitude plus pragmatique suppose que le stratège se concentre sur les effets recherchés auprès de l'auditoire, sur les résultats qu'il obtient. De ce point de vue, si minimes soient les effets de l'opération, il est clair que les deux premières questions dominent l'univers des partenaires et sont préalables à l'objectif de l'adhésion. Et même si on constatait une connaissance et une compréhension communes, il resterait encore à s'assurer de l'engagement de l'auditoire. C'est là la troisième question fondamentale soulevée l'implantation d'un projet partagé, et elle se révèle également de nature pragmatique.

La littérature relative au projet d'entreprise insiste considérablement sur l'importance d'un engagement ferme et soutenu des dirigeants de l'organisation. Rarement voit-on évoqué celui des troupes aussi explicitement. La chose se comprend : le thème passe inaperçu, car il est traité sous l'angle de la motivation et de la mobilisation, des expressions marquées par l'usure du temps. Or, l'engagement s'étend à tous ceux qui participent au projet. Celui des troupes s'avère aussi important que celui des stratèges. Pour cette raison, au moment d'évaluer la performance de l'opération de communication, le stratège accordera une attention particulière aux diverses manifestations qui révèlent le degré d'acceptation du projet par ses partenaires, car il en va de la mesure de leur engagement !

L'invitation à mesurer l'acceptation du projet frappe l'imagination des stratèges avec qui nous en débattons. Elle sème également un brin de déception. Ils nous interrogent sur la valeur de la nuance, comme s'ils souhaitaient nous entendre les rassurer par une affirmation suivant laquelle la connaissance et la compréhension du projet entraîneraient une adhésion automatique... Mais le sens de notre propos sur l'engagement des troupes se colore d'évidence dès qu'ils se replongent dans les événements quotidiens qui ponctuent leur vécu. Ils découvrent s'être butés à l'obstacle très concrètement. Plus encore, après un certain temps, les exemples deviennent légion et c'est

---

1. Nous utilisons le terme pragmatique pour souligner que le stratège doit gérer ses interventions en fonction des effets qu'elles produisent, donc à partir des réactions de l'auditoire, et non pas en fonction de ses seules intentions.

dans les comportements qu'ils se rappellent avoir observés chez leurs partenaires, après la présentation d'un projet, qu'ils en découvrent les traces les plus évidentes.

Les manifestations d'un engagement mitigé des partenaires se présentent sous diverses formes. Par exemple, certains stratèges nous rapportent que, après une discussion très explicite d'un changement annonçant les nouvelles priorités de l'organisation, ils ont été forcés d'admettre que leurs partenaires avaient tôt fait de reprendre la routine. Bref, en dépit d'apparences laissant croire à la présence d'un consensus, leurs partenaires continuaient de travailler en fonction de ce qu'ils considéraient comme essentiel, sans égard aux changements proposés. Les gestes ne suivaient pas la parole, bien qu'on s'entendît en apparence sur l'observation des propos de chacun. Encore là, l'hypothèse d'évidence est remise en cause, car l'impression d'une acceptation du projet était une interprétation erronée du stratège. Exprimées en ces termes, les difficultés éprouvées par les stratèges dans l'évaluation de l'adhésion conduisent à nuancer la manière de soupeser l'engagement.

L'analyse de l'engagement des partenaires requiert de la prudence. Deux types de problèmes distincts attendent les stratèges lors de la négociation d'un projet partagé. En effet, un monde de différence sépare les situations où les partenaires adhèrent au projet sans concevoir comment le traduire dans leurs gestes et leurs comportements, de celles où, n'étant pas d'accord, ils font volontairement obstacle au changement. Nous distinguons ainsi d'une part l'acceptation du changement et d'autre part le respect de ses implications. Cette nuance suppose une approche différente selon l'écart en cause.

On dira de l'engagement, sous le volet de l'acceptation, qu'il met en cause la bonne volonté des partenaires quant aux exigences du projet d'entreprise. Ainsi, quand un partenaire refuse de changer ses attitudes, ses comportements ou ses façons de faire parce qu'il ne partage pas ce qui est proposé, par le fait même, il refuse de s'engager. Il ne manifeste pas de la sorte une difficulté à traduire sa bonne volonté dans l'action quotidienne, mais plutôt un refus de se plier au changement. Toutefois, il survient aussi des situations où il convient davantage de conclure à une difficulté à respecter l'engagement consenti de bonne foi ; en dépit de la bonne volonté du partenaire, le manque de compétence, d'habileté, de présence d'esprit ou d'imagination peut intervenir comme obstacle. Cela étant dit, nous invitions le stratège à comprendre que l'engagement des partenaires s'évalue alors sous deux aspects distincts : celui de la volonté, qui relève du domaine de l'adhésion, et celui du respect, qui renvoie pour sa part à la capacité des partenaires.

Dans cette perspective, le diagnostic de la dimension interpersonnelle doit préciser si on se trouve confronté à un problème d'engagement lié à la bonne volonté ou plutôt à des difficultés liées à l'habileté à transposer un engagement sincère dans les gestes quotidiens. Cette lecture nuancée de l'engagement suggère que le diagnostic de la dimension interpersonnelle arrive à son terme quand se ferme la boucle sur la vérification des effets constatés, quand, après un certain temps, on parvient à un niveau de cohésion et d'avancement dans l'implantation de ce projet qui donne la possibilité de vérifier les effets du changement introduit. Nous représentons cette dynamique dans la figure 2.3 sous la forme de domaines de préoccupation de niveaux différents qui s'imbriquent telles des poupées russes.

FIGURE 2.3 – Cibler la nature du problème

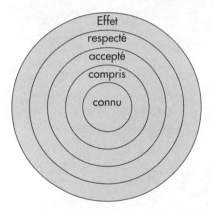

Par l'exploration de ces cinq domaines de préoccupation qui raffinent le diagnostic de la dimension interpersonnelle, le stratège est en mesure de nuancer son évaluation de la pénétration de sa vision dans l'univers de celle de ses partenaires. Le projet est-il connu, compris, accepté, respecté dans les gestes quotidiens, et finalement entraîne-t-il les résultats escomptés ? Cette connotation pragmatique du diagnostic, en dépit de ses liens avec le vécu quotidien du stratège, fait cependant surgir des questions quant à l'utilité de nuancer à ce point l'analyse de la situation.

Ce n'est qu'au moment où la notion de stratégie intervient que les avantages apparaissent. Pour traduire ces avantages en des termes simples, nous associons une tactique d'intervention particulière à chaque domaine de préoccupation (voir la figure 2.4, p. 54) ; cette approche demande que l'on cible

FIGURE 2.4 – Cibler le type d'action requis

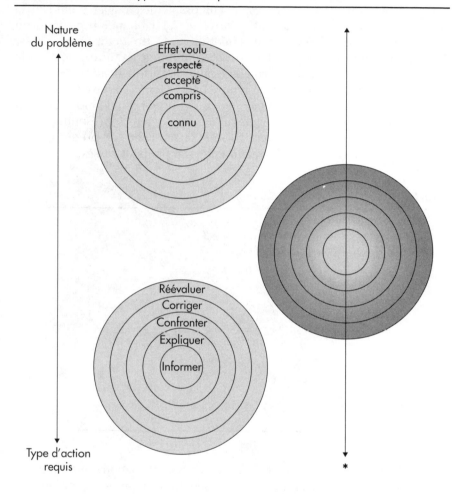

* Il faut ajuster l'action à la nature du problème diagnostiqué ; plus on s'éloigne du centre, plus la réflexion stratégique doit être approfondie.

la nature du problème de communication qui est porté à l'avant-plan par le diagnostic effectué au regard de la dimension interpersonnelle.

La décision de s'attarder à des catégories aussi élémentaires que celles évoquées par les termes « connu, compris, accepté, respecté, effet voulu » tient à la nécessité de mettre en contexte l'opération de communication lancée par le stratège, à l'importance d'en conserver le rôle sans équivoque. Nous l'avons souligné, le stratège et ses partenaires n'ont pas automatiquement la même vision de l'organisation. Aussi, quand vient le temps d'agir sur les écarts de perception mis en évidence par la voie du diagnostic, les nuances ainsi introduites permettent de cibler la nature du problème et nous indiquent par suite comment on pourra les aborder. L'utilisation des cinq domaines de préoccupation permet de nuancer l'analyse de l'écart et d'en apprécier la complexité avant de choisir une tactique en vue de le surmonter.

Domaines de préoccupation et tactiques associées

Le premier domaine de préoccupation attire l'attention sur le type d'écart le plus simple : le stratège peut se trouver face à un auditoire composé de personnes qui ignorent certaines choses, qui ne disposent pas de toute l'information requise pour saisir le projet annoncé. Il s'agit alors d'un problème de l'ordre du partage de l'information qui nous ramène aux questions qui concernent le premier univers de la communication[2]. Il convient dans ce cas d'aborder la situation dans une perspective où la transmission systématique des informations appropriées est le centre d'attention. Pour cette raison, nous associons à cette première catégorie un type particulier de solution, soit informer. Si élémentaire soit-elle, cette catégorie n'est pas à négliger. Le stratège qui omet de vérifier si ses partenaires disposent de l'information requise pour aborder une situation risquerait d'interpréter comme un signe de mauvaise volonté de leur part des comportements qui n'ont rien à voir avec un refus quelconque de collaborer, ou encore d'imaginer que ces personnes résistent à son expertise, alors qu'au contraire elles n'en saisissent pas la pertinence parce que, justement, elles ignorent des choses importantes.

Le second type d'écart auquel un stratège peut être confronté concerne la compréhension, un problème qui appartient à l'univers de l'interprétation. Les interlocuteurs comprennent-ils l'information disponible, l'interprètent-ils correctement ? Si la réponse à cette question s'avère négative, alors l'ajout d'information de même nature se révélera souvent inefficace. Les problèmes de compréhension renvoient en effet au cadre de référence des partenaires et non à l'information qu'on leur demande de traiter ! Aussi, pour faire disparaître des écarts de cette nature, il sera préférable d'insister sur la clarification du cadre de référence à partir duquel doit être analysée

---

2. Nous avons fait état des univers de la communication au chapitre 1.

l'information fournie, de s'efforcer d'enrichir le cadre de référence de l'interlocuteur. En d'autres termes, il convient d'encadrer l'interprétation par des indications sur les relations qui s'établissent entre les différentes informations fournies à l'auditoire.

Les problèmes de cette nature ont pris de court plus d'un stratège, et il est sage d'être aux aguets. On en découvre la trace quand, par exemple, l'ajout d'information ne change rien au point de vue des partenaires, ou encore quand surgissent des arguments et des débats qui laissent l'impression de tourner en rond. Pour cette raison, on associera aux écarts de compréhension un type de solution particulier, expliquer, c'est-à-dire expliciter comment s'établissent les liens entre les informations rendues disponibles. Il vaut mieux réduire à l'essentiel l'opération, plutôt qu'ajouter de l'information qui risquerait d'accroître la confusion.

Les écarts qui se révèlent de l'ordre de l'acceptation du projet sont plus complexes à gérer et à diagnostiquer, car ils appartiennent à l'univers des stratégies d'influence. Le stratège peut se trouver face à un refus, parfois très explicite, devant lequel il ne saura comment réagir puisqu'il se trouve engagé dans la promotion d'une vision, dans une relation de négociation de l'avenir de l'organisation. De peur d'accentuer la résistance, certains vont même jusqu'à reculer. Cette option doit être écartée ; aux écarts de telle nature, il importe de réagir par une approche qui suppose du doigté : la confrontation. Toutefois, la confrontation ne doit pas devenir synonyme de conflit.

Il ne convient pas dans ces cas d'ouvrir une guerre d'arguments. Il vaut mieux placer explicitement les partenaires devant leurs choix, évoquer leurs comportements ou encore souligner les contradictions. Par exemple, si les partenaires sollicitent de l'aide, mais refusent toutes les avenues qu'on leur propose, ou encore s'ils se disent dès le départ opposés à toute solution qui supposerait des gestes précis, il est clair qu'on nage dans le refus d'engagement et qu'on ne peut laisser passer la chose. On rencontre souvent ce type de problème dans le domaine de la gestion des relations du travail. Ainsi, un cadre pourrait affirmer du même coup vouloir régler une question de discipline, mais s'opposer à l'idée de tenir un dossier de la situation concernant l'employé, ou encore refuser de poser un geste parce qu'il le perçoit comme une sanction disciplinaire, un comportement qui le rebute. La confrontation est alors le type de solution requise, car le partenaire impose de cette manière des règles du jeu qui nuisent à l'organisation. Il en va de même quand, entre autres, les cadres cherchent à limiter les conséquences du changement à leurs subalternes puisqu'ils neutralisent de la sorte les efforts effectués pour transformer une situation.

La confrontation suppose, on le comprend d'entrée de jeu, qu'on ne ménage pas la chèvre et le chou. Il s'impose de préciser clairement les enjeux, les conséquences des choix et de souligner explicitement que le refus de s'inscrire dans la ligne de conduite prescrite contribuerait à garder le problème entier. La confrontation sied donc à ces situations où le refus est très explicite et où les résultats du diagnostic mettent en perspective des comportements spécifiques. Que le refus tire son origine de l'existence de valeurs différentes ou d'une divergence de points de vue quant à la philosophie de gestion, la solution demeure pertinente. Ainsi peut-on interpréter nos affirmations comme une invitation lancée aux stratèges à jouer cartes sur table, à ne pas hésiter à confronter leurs partenaires. En dépit du tact requis, ces problèmes doivent être abordés de front.

Les écarts qui sont de l'ordre de la capacité, c'est-à-dire de celui du respect du projet dans les gestes quotidiens, peuvent facilement être confondus avec ceux qui sont associés au refus d'engagement. Toutefois, ils s'en distinguent par leur caractère accidentel, par le fait qu'ils sont souvent bien involontaires. Par exemple, un partenaire peut se rallier à un principe, mais du même coup en oublier l'application dans certains cas. Il suffira alors de souligner l'omission pour que, de bonne foi, il corrige de lui-même la situation tout en reconnaissant le fait. Toutefois, il sera sage de demeurer prudent, car il arrive que le non-respect traduise un refus non avoué. Il serait illusoire d'écarter cette possibilité, car il arrive parfois qu'on recommande quelque chose et que les partenaires déclarent l'accepter, sans pour autant tenir parole. Certains tentent ainsi de masquer leur refus de s'engager. Retenons alors que la solution doit se situer au niveau de la confrontation puisque l'incapacité de donner suite à l'engagement n'est alors que symptôme, elle dissimule une résistance plus profonde. En contrepartie, s'il est clair qu'il s'agit d'un écart de capacité, la tactique appropriée devient le soutien, c'est-à-dire la mise en évidence des gestes qui permettent de corriger la situation.

Les écarts dont nous avons fait état jusqu'ici précisent la portée du diagnostic de la dimension interpersonnelle. Ces nuances ont pour utilité d'attirer l'attention du stratège sur des tactiques qui gouvernent le passage de son univers à celui de son auditoire. Toutefois, il sied dès maintenant de souligner l'importance de prendre du recul dans cette approche qui associe des tactiques aux résultats du diagnostic. Il peut survenir des circonstances où le projet lui-même est en cause, où il ne rapporte pas les fruits escomptés. Bien que nous introduisions cette nuance immédiatement, nous reconnaissons qu'elle est d'une nature différente des précédentes ; mais sa saveur d'autocritique nous autorise à l'inclure dans le contexte de la négociation d'une vision partagée.

Les écarts qui se révèlent de l'ordre des effets attendus du projet sont assurément les plus difficiles à traiter. Ils montrent que les actions entreprises ou que les gestes posés n'entraînent pas ce qu'on en espérait. En quelque sorte, ils placent le stratège dans des circonstances où ses hypothèses sont remises en cause. Le constat de tels écarts demande une réévaluation globale de la situation puisqu'il signale au stratège qu'il y a peut-être lieu de revoir sa stratégie ! Ainsi, le stratège peut avoir transmis de l'information spécialisée à ses partenaires en espérant qu'elle leur facilite les choses, alors qu'au contraire cette information engendre de la confusion. Dans un tel cas, il devient inévitable de reconsidérer la stratégie. Parfois, la remise en cause pourra même s'étendre jusqu'à la teneur du projet lui-même.

L'exploration des cinq dimensions qui complètent le diagnostic de la dimension interpersonnelle souligne que le passage de l'univers du stratège à celui de son auditoire demande un traitement pragmatique des effets de l'opération de communication. Au-delà de sa relative simplicité, cette approche, qui associe un type de solution à la nature particulière d'un écart, présente un avantage : elle offre des balises qui orientent l'action. Chacune des préoccupations soulevées débouche sur des choix quant à la poursuite de l'interaction avec les partenaires. Et toutes ces nuances dont nous avons fait état précisent le sens de l'affirmation voulant que le stratège possède une expertise en communication. Il lui revient de diriger l'orchestre ! Ses partenaires sont-ils sur la même longueur d'onde ? Partagent-ils la même vision de l'organisation, des gestes à poser et des objectifs à poursuivre ? Si tel n'est pas le cas, les écarts relevés sont-ils de l'ordre des connaissances, de la compréhension, de l'acceptation, du respect, des effets attendus ? Suivant la réponse qu'il apporte à ces questions, le stratège raffine son diagnostic de la situation, et son intervention se nuance nécessairement. L'utilité de cette analyse réside donc dans la possibilité qu'elle ouvre au stratège de mieux cibler les éléments à souligner dans le suivi des effets de sa négociation d'un projet partagé.

L'écart de processus

Le diagnostic de la dimension managériale de la communication organisationnelle révèle souvent des écarts qui concernent les façons de faire, leur cohérence au regard de la philosophie du projet d'entreprise qui est mis de l'avant. Pour cerner la présence de ces écarts, l'analyse s'attarde aux gestes, aux comportements quotidiens, ou encore, dans une perspective plus large, à l'action en tant que message. Nous l'avons souligné antérieurement, l'association de cette dimension à la montée de la réingénierie indique que l'attention se porte sur les processus, sur la manière de faire les choses en vue de réaliser le projet d'entreprise. Ce volet du diagnostic de la communication organisationnelle désarçonne parfois les stratèges en raison de la nature des constatations auxquelles il conduit. Il révèle en effet des éléments qui mettent en évidence l'existence de contradictions flagrantes dans l'organisation, plus particulièrement quand prévaut un contexte de changement. De telles découvertes n'ont pas l'heur de plaire aux stratèges bien qu'ils en reconnaissent l'importance, surtout qu'elles se font plus nombreuses maintenant que s'exerce la pression de l'amélioration continue de la qualité.

Le thème de la qualité totale peut difficilement être exclu du débat quand le centre d'attention devient la gestion de l'organisation et ses aléas. Dans la plupart des groupes où nous abordons ce thème, l'analyse de l'organisation sous l'angle du diagnostic de la dimension managériale provoque des remous considérables et des moments de vérité au cours desquels les stratèges passent de la surprise au malaise ; parfois même, ils vont jusqu'à remettre en cause leur compétence. Ces remous découlent habituellement de la relation qui s'établit entre la poursuite de la qualité, l'appréciation du rendement, la rémunération et le design de l'organisation. Pour rendre compte de cet aspect, nous regroupons l'essentiel des phénomènes que nous rapportent les stratèges sous la forme d'une anecdote.

Dans une entreprise du secteur des services, les stratèges avaient résolument entrepris le virage de la qualité. Ils étaient fort conscients que la concurrence pouvait facilement offrir des services identiques à ceux offerts par leur entreprise, d'où leur souci de se distinguer plutôt par la façon de les proposer. Évoquée à grands traits, leur orientation stipulait que la fidélisation de la clientèle dépendait de la qualité du service offert, de la capacité de l'organisation de gérer ses relations d'affaires en plaçant le client au cœur des préoccupations de chacun. Le projet n'avait soulevé aucune objection auprès de l'ensemble des employés, et les cadres se ralliaient ; ainsi, tout semblait baigner dans l'huile. Or, les surprises ne se firent point attendre.

Après un exercice d'audit de la qualité du service, les stratèges eurent tôt fait de constater que leurs critères d'évaluation de la performance des employés s'écartaient radicalement de ceux à partir desquels leur clientèle jugeait l'organisation. Plus encore, alors que l'organisation s'appuyait sur une approche par produit, le client revendiquait un service sur mesure. Pendant que l'organisation misait sur l'atteinte d'objectifs de vente pour évaluer ses employés, le client, pour sa part, jugeait de leur performance à partir du degré auquel le service correspondait à ses meilleurs intérêts. Finalement, alors que les stratèges avaient mis en place un système de rémunération incitative gouverné par le volume d'affaires réalisé par chacun, les employés se trouvaient coincés entre vendre et servir, entre la collaboration avec les collègues et le risque de voir porter à leur fiche les bénéfices d'une vente qu'ils avaient amorcée et dont ils avaient réglé la plupart des aspects en dehors de la livraison. Il va sans dire que la situation devint rapidement intenable. La concurrence interne s'accrut au point que le cloisonnement déploré initialement s'accentua. On assista à des contestations du mode de rémunération et certains employés refusèrent même de donner accès à leurs fichiers clients, de peur de se les faire souffler. À la vérité, le projet de qualité devenait le boulet au pied, du moins en apparence.

Ces situations où la machine s'emballe laissent les stratèges perplexes. Leur premier réflexe est souvent d'en attribuer la responsabilité aux employés, de considérer qu'ils refusent d'aborder leur travail dans une nouvelle perspective, en laissant de côté leur individualisme. Certes, les événements paraissent leur donner raison. Mais l'individualisme démontré est un résultat bien plus qu'une explication. Du point de vue de la dimension managériale, ces situations révèlent une incohérence de l'ordre des processus, la réaction des employés n'étant qu'un symptôme.

Quand on y regarde de plus près, quelques éléments frappent de plein fouet. Comment peut-on demander aux employés de travailler en équipe, dans les meilleurs intérêts du client, alors qu'on les rémunère sur la base de leur performance individuelle ? Comment est-il possible de concilier la qualité du service et le sur mesure au moment où on définit la performance à partir d'objectifs de vente qui s'expriment par un volume de produits ? À la vérité, l'organisation, en dépit de ses bonnes intentions, place de la sorte les employés en situation de double contrainte[3], dans un cercle vicieux. Le projet de qualité invite les employés à la collaboration alors que le mode de rémunération et d'évaluation les encourage à se livrer à un jeu de concurrence interne. Il y a là quelques contradictions qui rapidement transforment le ciel en enfer !

Cette anecdote attire l'attention sur la possibilité que des messages contradictoires colorent le contexte global de l'organisation. Toutefois, il serait faux d'en déduire que l'écart de processus est réservé aux problématiques d'ensemble uniquement. Il n'en est rien. Il arrive qu'on rencontre ce même type d'écart dans des situations de moindre envergure et même dans la chaîne des gestes quotidiens posés par un cadre. Plus encore, le profil

---

3. Ce concept a été introduit par Bateson (1956), puis repris par Watzlawick (1972) pour qualifier ces situations où, quoi qu'on fasse, on se retrouve dans l'impasse sans même avoir la possibilité de remettre en cause les règles de l'interaction.

d'expertise de la force de main-d'œuvre peut à lui seul se révéler un contexte propice à l'éclosion de telles contradictions.

L'expérience fournit l'occasion de le constater, la présence d'une diversité de spécialistes dans une même organisation donne lieu à une foule de difficultés de fonctionnement. Certaines de ces difficultés se classent à juste titre dans la catégorie des écarts de processus. Ainsi, on reconnaît facilement qu'il est naturel pour un directeur de la production de lire l'organisation en des termes propres à son expertise, alors que le responsable du service des finances l'aborde tout autrement. Ces univers spécialisés ont leurs propres règles d'interprétation des phénomènes organisationnels, force est de le constater. Toutefois, si la négociation d'un projet partagé peut contribuer à leur rapprochement dans les meilleurs intérêts de l'organisation, rien n'assure que les façons de faire de chacun s'ajusteront automatiquement de manière à se situer en parfaite harmonie avec le projet.

Dans une institution financière, un directeur de service persistait à commander la production de rapports de contrôle interne à ses employés alors que les résultats lui étaient directement accessibles dans le système informatique, un changement auquel il n'avait pu s'adapter. Ce comportement était perçu par son entourage comme un désaveu de l'orientation adoptée par les dirigeants, avec pour conséquence que les employés perdaient un temps fou à produire ces rapports selon le mode antérieur. On comprendra à partir de cette anecdote que les façons de faire d'un cadre peuvent contribuer à créer un message organisationnel contradictoire aux yeux des employés, et cela, au point que ceux-ci entravent le changement proposé. Ainsi, malgré les pressions du directeur du service informatique, les employés relevant du directeur récalcitrant maintenaient l'ancien système en vigueur.

De la même manière, un gestionnaire qui concentre la décision sous sa gouverne alors qu'il tient un langage de participation provoque de la dissonance chez ses employés justement parce que ses façons de faire vont directement à l'encontre de son discours. Ces incohérences, et bien d'autres de même nature, contribuent à dresser des obstacles sur la route du stratège qui cherche à implanter un projet partagé. Quand les gestes contredisent apparemment le discours, l'anarchie s'installe ; la crédibilité des stratèges est remise en cause et, rapidement, le projet marque le pas. Le moment est alors critique, car le risque de tirer des conclusions hâtives guette le stratège. Serait-il juste d'attribuer ces difficultés à la bonne volonté de ses partenaires ? Rien n'est moins certain. Pour cette raison, un diagnostic attentif de l'état de la communication organisationnelle, de la dimension managériale, se présente comme une démarche préventive. Retenons à ce sujet que le stratège classera dans la catégorie des écarts de processus toutes ces situations où les façons de faire, les gestes ou les comportements s'écartent du discours portant sur le projet d'entreprise mis de l'avant.

Ce survol de la diversité des écarts qui se regroupent sous la dimension managériale révèle que celle-ci est plus difficile à cerner que les dimensions précédentes. Toutefois, en dépit de cette diversité, la dimension managériale demeure un site de diagnostic à explorer quand l'objectif ultime est de préserver la cohérence de l'organisation. Pour évoquer quelques lignes directrices, il est possible d'amorcer le diagnostic de cette dimension en cernant des zones critiques où se manifestent le plus fréquemment des écarts révélateurs.

Questions associées à la dimension managériale

1. Nos modes de fonctionnement sont-ils en harmonie avec l'esprit du projet d'entreprise, sont-ils en contradiction les uns par rapport aux autres ?

2. Nos gestes quotidiens contribuent-ils à renforcer le projet d'entreprise mis de l'avant ou reflètent-ils des habitudes qui vont à l'encontre des positions prises par la direction ?

3. Notre structure organisationnelle reflète-t-elle la vision de l'organisation proposée aux partenaires ou s'inscrit-elle dans un double discours ?

Il va de soi qu'un raffinement de l'étude de cette dimension en conduira quelques-uns à considérer l'état de mécanismes plus spécifiques tels que la manière d'animer les réunions, la façon de déterminer les sujets qui y seront discutés, le sérieux manifesté dans l'obligation de donner suite aux décisions prises en comité de travail ou d'autres aspects du même ordre. Toutefois, agir de la sorte s'avère utile pour autant qu'on garde à l'esprit l'essentiel : la dimension managériale suppose un diagnostic qui conduit à une analyse du degré de cohérence entre le discours et l'action. Nous le soulignons avec force, la réflexion sur cette dimension gravite autour d'un thème névralgique : la cohérence organisationnelle.

L'importance que nous accordons à cette question tient au fait que les stratèges avouent bien volontiers ne pas s'y attarder sous l'angle que nous proposons. Ils en reconnaissent toutefois la nécessité dès qu'ils constatent à quel point la présence de contradictions entre le discours et l'action peut expliquer certaines de leurs difficultés à implanter un projet partagé. Plusieurs en viennent même à penser que la baisse de la motivation et de l'intérêt qui suit parfois les changements annoncés en grande pompe y trouve son explication : les partenaires décrochent parce qu'ils ne sentent pas de transformation concrète des façons de faire, ce qui a pour effet d'assimiler le changement annoncé à du maquillage, à de la poudre aux yeux. Cet argument n'est pas sans fondement, dès l'instant où on le place dans une perspective voulant que les partenaires inventent l'organisation.

Dans la perspective d'une organisation dont l'identité est négociée, il est juste de croire que les partenaires imagineront également comment devrait se traduire en action le discours de la direction, ce que devraient en être les conséquences. Ils iront même jusqu'à se représenter comment devrait se manifester le changement dans des actions et dans des façons de faire renouvelées. L'hypothèse de l'existence d'une telle dynamique cadre bien avec l'invitation des experts quant à la nécessité d'un engagement ferme de la direction au regard du projet d'entreprise. Cependant, elle affirme que le passage de l'univers du stratège à celui de l'auditoire pose des problèmes de traduction.

Dans la littérature récente, on ne trouve aucune trace d'avertissements indiquant qu'un engagement supposerait de traduire concrètement comment les gestes qui seront posés après l'annonce d'un changement s'harmoniseront avec le projet. Certes, on souligne avec force l'importance des gestes qui expriment cet engagement. Mais jamais encore nous n'avons constaté d'avertissement explicite quant à la nécessité de vérifier leur signification aux yeux des partenaires. Cette lacune tient à l'auditoire auquel s'adresse cette littérature.

La plupart des écrits qui portent sur l'implantation d'un projet d'entreprise sont rédigés uniquement à l'intention des stratèges. Cette approche du sujet contribue à masquer le défi du stratège au regard de son auditoire et, par suite, à laisser planer l'impression que ses actions seront bien interprétées ou, pire encore, toujours à point. Cette lacune, le diagnostic de la dimension managériale permet de la combler par l'importance accordée au fait de s'enquérir du sens que prennent les gestes de la direction et même de leur à-propos. Ceux qui se sont donné la peine de pousser à fond leur analyse ont souvent pu éviter quelques surprises. Ils ont eu l'occasion de le constater, ce qui était évident à leurs yeux n'allait pas de soi aux yeux de leurs partenaires. Plus encore, certains ont même découvert que leurs partenaires pouvaient leur apporter des idées ayant parfois plus d'à-propos que les leurs… du moins en ce qui touche la manière de faire les choses, les processus.

L'écart médiatique interne et l'écart médiatique externe : mobilisation et fidélisation

La mobilisation

La dimension médiatique interne est probablement celle dont les stratèges sont le plus soucieux puisque leur vécu la ramène régulièrement au cœur de leurs préoccupations. Cette récurrence ne signifie toutefois pas qu'ils se tirent toujours très bien d'affaire à cet égard, car, en contrepartie, la problématique de cette dimension les indispose en raison de l'imprévisibilité qui leur paraît la caractériser. Trêve de mystère, cette dimension a pour centre névralgique le thème de la mobilisation des ressources humaines, ces ressources qu'on perçoit souvent comme un coût et dont les stratèges déplorent la susceptibilité… Les stratèges le reconnaissent très ouvertement, ils souhaitent ardemment que leur personnel soit mobilisé, qu'il se défonce pour réaliser ce rêve éveillé qu'ils proposent en guise de projet partagé. Mais la bête paraît indomptable, ou à tout le moins dotée d'un caractère ombrageux. Et il arrive qu'ils y perdent leur latin.

Sous le signe de l'humour, ou sur un ton mi-figue, mi-raisin, plusieurs stratèges soulignent qu'ils n'ont pas besoin de se plonger dans un diagnostic de cette dimension puisque le syndicat s'en charge, ou encore parce que les mécontents ne tardent jamais à leur lancer les fleurs, le pot et l'arrosoir… Mais attention, le diagnostic de l'état de la mobilisation ne saurait être réduit aux sautes d'humeur ou aux soubresauts qui se manifestent dans les rapports interpersonnels ou dans les relations de travail. Il importe ici de cerner le sens de la mobilisation d'un point de vue plus pragmatique : les gens font-ils ce qu'ils sont censés faire, et si tel est le cas, le font-ils de la manière requise et en adoptant l'attitude souhaitée, en respectant l'esprit du geste ? Bref, leurs comportements traduisent-ils une intégration du projet partagé et sont-ils le reflet du consensus intervenu quant aux processus mis de l'avant par l'organisation ?

La discussion de ce thème ramène parfois à la surface un passé douloureux, et nous remarquons que les stratèges déplorent souvent l'attitude de leurs employés. Ils leur reprochent de se conduire en « ayants droit ». À leurs yeux, après un certain temps, les employés en viennent à se conduire comme si l'organisation leur devait quelque chose, comme s'ils étaient en droit d'espérer de la gratitude qu'elle tarde indûment à manifester. C'est là un symptôme lourd d'un état de démobilisation devant lequel les stratèges éprouvent un sentiment qui frôle la révolte. Ils se sentent démunis, et souvent même dépassés. Leur embarras se comprend, car la plupart des stratèges abordent la question de la mobilisation en entretenant en secret un rêve qui tient de l'utopie. Ils souhaiteraient régler cette question une fois pour toutes, un peu comme s'il s'agissait strictement de corriger une défectuosité technique. Ainsi, même s'ils comprennent que les stratégies de mobilisation s'émoussent avec le temps, qu'elles perdent de leur efficacité, ils souhaiteraient qu'il en soit autrement. Or, quand l'humain est en cause, il n'y a pas de stratégie définitive, on doit constamment revenir à la charge. Le fait est incontournable. L'état de la mobilisation fait partie du défi quotidien du stratège.

La mobilisation des troupes pose un problème complexe justement parce qu'elle est de l'univers de la négociation de la réalité. Elle se présente comme une œuvre toujours inachevée à laquelle le stratège se doit d'apporter constamment des améliorations et des retouches en vue de conserver cette volonté de contribuer à un projet, à une réussite qui dépasse les intérêts individuels. À ce titre, elle se caractérise par l'obligation de trouver comment chacun des partenaires peut satisfaire à la fois ses intérêts et ceux de l'entreprise, sans pour autant briser ce fragile équilibre qui doit s'établir entre l'organisation et ceux qui la font.

La complexité de cette question nous appelle à l'humilité. Et sans prétendre en couvrir toutes les subtilités par nos propos sur le diagnostic de cette dimension, nous offrons aux stratèges quelques repères dont l'utilité tient à leur association aux préoccupations les plus marquées de leur quotidien. Dans cette ligne de pensée, nous nous attarderons aux questions qui paraissent dominer les réflexions des stratèges pour préciser l'orientation du diagnostic, sans prétendre qu'ils y trouveront la voie menant à une approche sans failles. Nous prenons pour point de départ que le lancement d'un projet partagé est une invitation à jouer son rôle d'une manière particulière, un angle d'attaque qui porte quatre questions à l'avant-plan.

Questions associées à la dimension médiatique : volet mobilisation

1. L'individu, pris isolément, est-il motivé, c'est-à-dire s'intéresse-t-il à son travail ?
2. L'individu est-il mobilisé, c'est-à-dire collabore-t-il avec les autres en vue de réaliser ce qui est attendu ?
3. L'individu montre-t-il dans ses comportements et dans ses gestes qu'il adhère au projet d'entreprise ?
4. L'individu manifeste-t-il le souci de la qualité que nous désirons offrir au client et, par suite, le souci de maintenir ses compétences à jour en vue d'atteindre une telle performance ?

Ces questions s'inscrivent dans le prolongement de ce reproche que les stratèges adressent à leurs employés en les accusant de se comporter en ayants droit, telles des personnes envers qui l'organisation aurait une dette. Comme les stratèges posent la question de la mobilisation en ces termes, à partir des problèmes qu'ils rencontrent, il est naturel que les questions associées à la dimension médiatique éveillent leur intérêt. Mais ce n'est là qu'artifice. Au-delà de l'information obtenue par un diagnostic de ces aspects, une nuance est nécessaire, sans quoi nous exposerions le stratège à confondre deux problèmes d'ordre plus général. Nous l'avons constaté, plusieurs stratèges tiennent pour synonymes les termes motivation et mobilisation. Il ne leur vient pas à l'esprit que la mobilisation pourrait ne pas être une conséquence de la motivation. Aussi sont-ils peu nombreux à se demander si la motivation des employés est véritablement une responsabilité qui leur revient…

Nul ne peut faire preuve de volonté pour un autre, la motivation ne s'impose pas ! Tout au plus, il est permis d'espérer fournir un environne-ment favorable à son éclosion – la motivation est une responsabilité indivi-duelle incontournable. De ce point de vue, nous reconnaissons ouvertement que la motivation des troupes est un problème auquel le stratège se voit confronté, mais, en contrepartie, nous précisons qu'il ne lui revient pas de la prendre en charge seul. Certes, la mobilisation est sans contredit en partie la responsabilité du stratège. Il lui revient de mettre en place des conditions favorables à son expression et surtout de s'assurer que l'organisation ne dresse pas elle-même, à son insu, des obstacles à la volonté d'engagement manifestée par ses troupes. Nous aurons d'ailleurs l'occasion de débattre de ce point dans un chapitre ultérieur[4]. Retenons uniquement pour l'instant qu'il appartient au stratège de lever les barrières, quelle qu'en soit l'origine ; il lui incombe de superviser les conditions dans lesquelles ses partenaires sont placés, de voir à ce qu'elles rendent possible l'accomplissement de ce qui est demandé. Nous limitons donc en partie le diagnostic effectué à une réflexion qui gravite autour de l'état de la mobilisation, pour reporter la question de la motivation à une étape ultérieure.

La fidélisation

Le souci de fidéliser la clientèle colore le second volet de la dimension médiatique. Les stratèges l'auront remarqué, les invitations à utiliser des méthodes d'audits de la qualité se font de plus en plus pressantes, et nous

---

4. Le chapitre 4 offrira au lecteur une réflexion sur les barrières que l'organisation dresse parfois contre ses employés en négligeant de clarifier le rôle du stratège au regard de la protection du changement.

tenons à souligner l'importance de ces enquêtes qui nourrissent en information stratégique les entrepreneurs et les gestionnaires qui les utilisent. Toutefois, nous désirons de plus attirer l'attention sur d'autres aspects qui leur sont complémentaires, car si les stratèges peuvent, d'une part, surveiller l'opinion de la clientèle externe, ils peuvent, d'autre part, analyser plus systématiquement ce volet. Cette voie s'ouvre à eux dès qu'interviennent ces tactiques qui concernent l'art d'offrir des moments de qualité à la clientèle, en s'attardant aux effets produits par la manière dont l'organisation gère ses relations d'affaires.

Ils sont rares les stratèges qui peuvent se targuer de savoir exactement comment leurs clients vivent leur relation d'affaires avec leur organisation. Encore plus rares sont ceux qui se sont penchés un jour sur les résultats d'une analyse systématique inspirée par la différence qui s'établit entre la chaîne de production d'un service et celle de sa consommation. Nous le reconnaissons volontiers, chaque fois que nous avons proposé cet exercice à des gestionnaires ou à des entrepreneurs, leur réaction fut la perplexité, ou tout simplement la surprise. Cet aspect de la dimension médiatique, de l'image produite par leur organisation auprès de sa clientèle leur reste en grande partie étranger. La chose se comprend, peu de stratèges ont l'occasion de vivre un contact à titre de client avec leur propre organisation. Plus encore, ceux qui l'expérimentent profitent à coup sûr d'une levée de barrières et de la disparition de quelques rituels, car l'entourage perçoit l'impératif de leur simplifier l'existence… À la vérité, bien que ce ne soit pas là leur souhait, l'empressement démontré contribue à leur masquer l'essentiel.

La difficulté de se faire une juste idée de la qualité de la relation d'affaires offerte à la clientèle vient du fait que le stratège vit ce contact à titre de producteur plutôt qu'à titre de consommateur. Il ne lui en reste ainsi qu'une impression vague, une image partielle. Pour cette raison, il lui est possible de décrire avec précision les étapes de la production d'un bien ou d'un service, mais il se révèle ardu de cerner comment le client vit la consommation de ce même bien ou de ce même service. Ce surplomb n'est toutefois pas hors de portée. Les travaux de Fessard offrent une perspective intéressante à qui veut se pencher sur le temps du service. Nous devons à cet auteur la clarification d'un ensemble d'indicateurs qui révèlent beaucoup de choses sur la qualité du temps du service et sur la qualité des moments vécus par le client qui entre en contact direct avec l'organisation[5].

Jusqu'à tout récemment, cette question de la qualité de la relation d'affaires était demeurée floue dans la littérature destinée aux stratèges. Il en va

---

5. Ces indicateurs sont présentés plus loin dans ce chapitre (p. 74).

parfois ainsi quand l'évidence échappe à l'attention. On cherche à solutionner certaines questions, mais le problème étant mal posé au départ, on piétine. Au cours de cette longue période où existaient des marchés à conquérir et où la concurrence ne poussait pas les plus combatifs au pied du mur, le client n'était pas une denrée rare… Aujourd'hui, tout a changé et l'intérêt pour la fidélisation de la clientèle est en voie de devenir le pivot des réflexions stratégiques. Il est donc pertinent d'aborder le diagnostic de la dimension médiatique externe en précisant comment cerner cette évaluation de la qualité de la relation d'affaires et surtout en portant à l'avant-plan le point de vue du client.

Si évidente soit-elle, l'idée d'amorcer l'exploration en prenant pour origine le client demeure inhabituelle pour bien des stratèges, bien qu'elle leur paraisse aller de soi, du point de vue logique. Les stratèges qui visent la fidélisation de leur clientèle, mais qui doivent se distinguer de leurs concurrents par la manière d'offrir leurs produits et leurs services, sont encore plus préoccupés par cette question. En raison de la facilité avec laquelle leur offre peut être reproduite, le diagnostic de la dimension médiatique prend pour eux une importance stratégique marquée. Ce phénomène est rapidement mis en évidence par une réflexion qui va de la chaîne de production à la chaîne de consommation des services.

Au moment où s'amorce le diagnostic de la dimension médiatique externe, la chaîne de production présente un intérêt parce qu'elle décrit comment l'organisation franchit différentes étapes pour livrer au client ce qu'il demande. Le stratège qui s'efforce de décrire cette chaîne constate, dans un premier temps, qu'elle a été construite en fonction des besoins de l'organisation. De ce point de vue, son déroulement s'avère logique, car elle est dessinée en vue de réduire les coûts de production. Tant que domine cette perspective, il demeure à propos de la juger suivant des critères d'efficacité et d'efficience. Cette logique vacille toutefois quand la description de l'acte de consommation est en cause. À partir de leur expérience, les stratèges constatent aussitôt que leurs clients vivent la consommation de ce qu'ils offrent en passant par des étapes différentes et dont certaines échappaient à leur attention jusque-là ! L'écart devient évident. La comparaison des chaînes de consommation et de production fournit une information révélatrice qui conduit par suite à soulever plusieurs questions portant sur la manière dont l'organisation traite ses clients. Pour bien des stratèges il s'agit d'un moment de vérité, et nous avons recueilli dans le cadre de cet exercice de comparaison quelques anecdotes savoureuses pour illustrer la portée du diagnostic.

Dans les institutions financières, il semble aller de soi qu'on fournisse une montagne d'informations de nature technique au client qui souhaite effectuer un emprunt hypothécaire. Pourtant, lors d'un audit de la qualité portant sur son service-conseil, le plus grand reproche que reçut une institution fut de ne point prévoir de boisson pour le client. Intrigué, on poussa l'enquête plus loin. On découvrit alors à quel point les clients vivent l'organisation d'un tout autre point de vue. L'institution apprit par ce biais qu'un client qui contracte un emprunt de 150 000 $ pour la première fois de sa vie ne peut qu'être impressionné par le geste, au point d'en avoir parfois la gorge sèche… Pour les conseillers financiers de l'institution, l'acte hypothécaire était devenu si anodin qu'ils perdaient de vue comment ce geste était perçu et surtout vécu par leur client.

Dans les grands marchés d'alimentation, la concurrence est si vive que les marchands en sont venus à proposer des pièces de viandes à prix réduit, en prenant soin de les barder de gras pour en augmenter le poids. De la sorte, ils parviennent à vendre, à un prix intéressant, des coupes de bœuf particulières et ils réussissent à attirer le consommateur. Jusque-là, l'astuce paraît porter fruits. Or, un jour, un client demanda à son boucher de lui préparer l'une de ces pièces, mais en doublant son poids par rapport à celles qui étaient offertes dans les présentoirs. Le client ajouta : « S'il vous plaît, ne la bardez pas de gras. De toute façon, je l'enlève toujours. » Surpris et mal à l'aise, le boucher dut avouer qu'il lui était interdit d'accéder à cette demande : le prix était bas justement parce qu'on ajoutait le gras. Ce fut le choc… Il ne s'agissait pas d'une véritable aubaine, mais bien d'un subterfuge permettant d'annoncer le produit à un prix séduisant.

Ces anecdotes révélatrices portent, certes, les stratèges à rire et, parfois, à confesser être eux-mêmes passés par ces chemins tortueux pour donner à leur entreprise une image concurrentielle avantageuse. Or, ces tactiques attirent l'attention sur un point : l'organisation qui joue du coude avec ses concurrents en vient parfois à négliger l'essentiel, le client. On perd de vue l'expérience vécue par le client au cours de la relation d'affaires parce que le centre d'attention devient le concurrent. Pour ramener l'attention sur les aspects centraux de la dimension médiatique, ces anecdotes ne sont toutefois qu'une entrée en matière.

Nous puisons, certes, dans les constatations des stratèges quant aux critères de qualité en vigueur dans leurs entreprises et dans leurs constats quant à la qualité du temps du service. Mais l'intention est de porter à l'avant-plan une règle d'or : ce qui compte pour le client, c'est l'expérience qu'il vit lorsqu'il s'engage dans une relation d'affaires avec l'organisation. De ce point de vue, tous les efforts déployés pour le satisfaire, pour le séduire, pour combler ou pour devancer ses attentes devraient s'inspirer de ce qu'il pense de la qualité du service qui lui est offert et non de ce que nous estimons convenable pour lui. Sur cet aspect, les stratèges en conviennent, le repli sur soi de l'organisation conduit à des stratégies improductives, dont l'effet est au mieux de très courte durée.

Les événements que nous relatons servent de mise en contexte à la présentation d'une règle qui gouverne la conduite du diagnostic de l'état de la communication, sous sa dimension médiatique externe. Tous les efforts déployés par l'organisation pour séduire sa clientèle, pour la fidéliser et, si possible, pour l'accroître trouvent leur valeur dans les résultats obtenus quant à cet objectif ultime. En d'autres termes, ce diagnostic est un « test de réalité » ; à sa façon, il est le moment de vérité de l'organisation face à sa clientèle. Voilà pourquoi le stratège doit consacrer autant d'attention à l'étude des informations qu'il obtiendra par ce test. Il y trouve une évaluation de la qualité perçue par le client autant qu'un jugement sur la manière de le servir. Dans cette ligne de pensée, le directeur d'une entreprise du secteur de la construction résidentielle nous rapportait avoir eu beaucoup de succès en introduisant une stratégie de service après-vente dans l'intention de traiter encore mieux tous ses acheteurs.

Ce directeur détestait recevoir des appels au sujet d'une porte mal ajustée, d'un robinet qui fuyait ou d'une fenêtre aux glissières défectueuses. Pour libérer ses contremaîtres de ces retours constants sur le chantier qui, somme toute, étaient occasionnés par des ajustements bien normaux à ses yeux, il affecta un employé à un processus de visites systématiques des lieux qui s'effectuait un mois après la prise de possession. L'employé téléphonait au client, s'informait de sa satisfaction, lui fixait un rendez-vous en vue de l'inspection et, par la suite, exécutait tous les petits ajustements requis à la plus grande satisfaction du client. Le directeur ne réalisa qu'après coup combien cette tactique non seulement éliminait l'irritation des clients, mais encore produisait une image de qualité qui lui attira beaucoup d'autres acheteurs. En effet, ses clients se chargeaient de promouvoir l'entreprise auprès de leurs proches, dès que ceux-ci manifestaient l'intention de se construire une résidence. Ils vantaient la qualité du service offert par l'entreprise et, surtout, ils soulignaient son empressement à s'assurer de la totale satisfaction de son client.

Pour le directeur, ces événements prenaient une signification stratégique. Si les études qu'il demandait à des spécialistes du marketing lui permettaient de proposer des produits concurrentiels, l'information obtenue directement du client, par son système de service après-vente, lui procurait par contre un avantage concurrentiel majeur. Ces propos vont exactement dans le sens de ceux de Fessard quant à l'importance stratégique d'offrir des moments de qualité aux clients. Le diagnostic de la dimension médiatique externe porte donc sur tous ces éléments qui entourent la relation d'affaires, car ils révèlent comment le client vit son expérience avec l'organisation.

Un retour sur l'essentiel de ces anecdotes attire l'attention sur deux aspects importants du diagnostic de la dimension médiatique externe. En premier lieu, on comprend d'entrée de jeu qu'il concerne l'appréciation de la qualité du produit ou du service par le client. En second lieu, on saisit qu'il demande de se pencher sur la qualité de la relation d'affaires, une dimension radicalement distincte de celle qui touche la qualité du produit ou du service lui-même. Dans cette perspective, un tel diagnostic invite à s'enquérir de l'opinion de la clientèle non seulement pour ce qui est de la qualité du produit lui-même, mais encore pour tout ce qui a trait à la satis- faction de la clientèle quant à la manière dont elle est traitée, du début à la fin du processus qui constitue la relation d'affaires. Les propos de Fessard sont fort révélateurs à cet égard. Toutefois, avant d'aborder ce sujet, que l'auteur traite avec humour en évoquant les sept calamités de la relation d'affaires, il importe d'ouvrir une parenthèse sur la notion de qualité puisqu'elle connote tous les propos que nous tiendrons par la suite.

À propos de la qualité…

Au cours des vingt dernières années, il s'est écrit plus de choses sur la qua- lité que depuis les débuts du siècle ! La montée du thème a été fulgurante. Dans ce contexte, pour en cerner l'importance, nous pourrions tout bonne- ment nous limiter à en retracer les grands moments pour conclure en propo- sant une synonymie du terme avec d'autres plus anciens. En effet, les concepts d'efficacité et d'efficience ne sont-ils pas assimilables à l'art de faire la «bonne chose» de la «bonne façon», avec en sous-entendu que l'on doit y arriver du premier coup et à chaque coup ? Pourtant, cette discussion serait tout à fait sté- rile, car la définition de la qualité d'un bien, d'un produit ou d'un service ne révèle pas l'aspect le plus central de la question. À la vérité, la question clé, quand il s'agit de la qualité, ne manque pas de surprendre : qui décide en définitive de la qualité d'un produit ou de la qualité de la relation d'affaires ?

Tous les stratèges acceptent de bonne grâce l'idée voulant qu'il existe plu- sieurs façons de définir la qualité. Ils soulignent toutefois en contrepartie que la majorité de ces définitions ne conviennent pas dès que la question de la fidélisation du client entre en jeu. Dans ce cas, la seule définition qui compte à leurs yeux se résume à l'opinion du client. Les stratèges tirent cette conclu- sion par la voie du constat d'une évidence : quelle que soit l'opinion qu'on entretient à propos de la qualité, ou aura beau faire tout ce qui est essentiel à nos yeux, si le client n'est pas satisfait par notre offre, ou par la manière dont nous nous comportons à son endroit, nous péricliterons. Et cela, quelle que soit la valeur objective de notre produit… Ils éprouvent par contre beaucoup de difficulté à traduire quotidiennement les impacts de ce constat.

Les stratèges déplorent que, en dépit de l'évidence, ils n'ont point à fouiller en profondeur pour découvrir que le naturel revient au galop. Leur tendance à gérer la relation d'affaires sans tenir compte de cette nuance les rend mal à l'aise. Leurs commentaires sur ce point montrent que beaucoup d'entreprises évaluent encore aujourd'hui leurs employés à partir de critères inspirés strictement des descriptions de postes ou à partir de normes internes de productivité, des modes d'évaluation qui s'inscrivent dans une vision d'entreprise repliée sur elle-même. À la vérité, elles se révèlent très peu nombreuses les organisations qui parviennent à s'appuyer sur des critères dictés par le client pour juger de la performance de leurs employés… L'anecdote qui suit rend compte des contrecoups de cette difficulté.

Dans une organisation du secteur des services qui était plongée dans un profond exercice de réingénierie, les cadres revendiquaient du siège social une révision complète du protocole d'évaluation du rendement des employés. En réponse à cette pression exercée par les cadres, des spécialistes furent invités à développer un nouveau protocole. Or, ceux-ci n'avaient que peu de contacts avec la clientèle. Aussi proposèrent-ils une grille d'évaluation qui comportait des quotas de vente de produits et de services financiers pendant que le projet d'entreprise mettait de l'avant l'idée de créer une relation de confiance avec le client. Ils privilégièrent l'intérêt économique plutôt que l'intention générale du projet qui s'appuyait sur une offre de service personnalisée. Résultat : le protocole tomba aux oubliettes, les cadres considérant qu'il était sans relation avec le projet d'entreprise…

Force est de remarquer que la discussion de la dimension médiatique externe provoque un éclatement de l'approche classique de la qualité et, surtout, un renversement de la perspective quand vient le temps d'évaluer la qualité de la relation d'affaires. Le fait d'affirmer que la règle fondamentale du diagnostic de cette dimension est de prendre pour repère le point de vue du client remet en cause l'ordre naturel de l'organisation. En raison de la nouveauté introduite par ce renversement, il nous paraît nécessaire d'expliciter comment le virage proposé s'appuie sur une dimension oubliée de la relation d'affaires, un aspect qui donne une saveur particulière aux indicateurs dont nous préciserons l'essentiel avant de les associer aux questions qui guideront le diagnostic de cette dimension.

Selon Fessard, le temps peut devenir un avantage concurrentiel majeur dans cette nouvelle économie dominée par l'autoroute de l'information. L'auteur souligne avec beaucoup d'humour que sept calamités peuvent ternir la relation d'affaires qui s'établit entre une organisation et ses clients. Toutefois, une large partie de la logique qui sous-tend son approche échappe au lecteur qui demeure insensible à une dimension oubliée de la relation d'affaires que l'auteur semble tenir pour évidente.

La dimension oubliée de la relation d'affaires

Dans un marché où il y avait de la place pour tous, où la consommation semblait ne devoir jamais cesser de croître, les dirigeants d'entreprises pouvaient se satisfaire de modes de pensée qui se révèlent aujourd'hui tout à fait inappropriés puisque nous sommes enfermés dans un vaste *huis clos* créé par la saturation des marchés. Parmi ces modes déficients, le plus critique est certainement leur approche unidirectionnelle de la relation d'affaires : ils vont de l'organisation vers le client. Et comme cette lecture leur paraît aller de soi, il leur semble très à propos de décrire cette relation d'affaires selon le mode illustré dans la figure suivante :

Organisation ——▶ Produit/service ——▶ Marché ——▶ Segment ——▶ Clientèle ——▶ Client

---

Si logique soit-elle, cette représentation est arbitraire. Plus encore, elle ne décrit en fait qu'une version de la réalité. Il en existe une seconde tout aussi pertinente (voir la figure ci-dessous). À l'opposé de la première, elle trace la relation du client vers l'organisation, concrétisant ainsi le renversement de perspective auquel nous avons fait allusion antérieurement.

Client ——▶ Marché ——▶ Segment ——▶ Fournisseurs ——▶ Organisation ——▶ Produit/
            des organisations approprié   potentiels   ciblée   service

---

La prise de conscience de cette inversion progressive des règles du jeu pousse certains analystes à affirmer que le client est tombé sur la tête ! Ils soulignent en ces termes que le client s'impose de plus en plus à l'organisation, qu'il lui dicte ses règles du jeu à propos de ce qu'il veut (quoi ? quand ? comment ? et à quel prix ?). Ils associent ce phénomène à l'arrivée de la qualité et surtout au fait qu'elle a transformé le client en lui permettant de comprendre que l'organisation a besoin de lui… Nous voyons dans leurs propos une façon originale de souligner que les clients nous font ressentir les effets de la nature bidirectionnelle de la relation d'affaires.

Pour le client, il existe de plus en plus un « marché des organisations ». Il dispose du pouvoir de choisir, non seulement le prix, mais tout élément entourant le produit ou le service. Voilà pourquoi on peut affirmer que, dans un marché de consommation de masse en croissance, il était possible de s'en sortir en ne s'appuyant que sur la première représentation de la relation d'affaires. Cependant, dans un marché saturé, où la croissance n'est plus qu'un souvenir, la bataille de la concurrence affirme l'obligation de porter son attention sur la seconde version de la relation. Il devient critique de séduire le client, de le fidéliser, de satisfaire non seulement ses besoins et ses attentes, mais aussi ses souhaits. Bref, on en est réduit à courtiser le client, et la liste des prétendants est longue… Mais que veut au juste ce nouveau client ? Voilà la question à laquelle Fessard tente de répondre par l'introduction de nouveaux indicateurs de performance.

a)   D'abord, du sur mesure

Fort des effets de la surabondance des produits, des services et des fournisseurs, le client d'aujourd'hui exprime non seulement ses besoins, mais aussi ses attentes et ses souhaits. Il ne veut plus de ces produits ou de ces services sans nuances, qui ne cadrent pas avec ce qu'il recherche et qui s'adressent à tout le monde, donc à personne. Le client s'affirme, il revendique qu'on l'aborde comme quelqu'un de particulier. Il exige d'être lui, et qu'on le serve dans le cadre d'une relation personnalisée. À cet égard, il impose à l'organisation un effort supplémentaire important : qu'elle l'aborde en tant que personne et non comme un consommateur sans visage. Cette exigence accrue s'inscrit en droite ligne dans le battage des tenants de la qualité totale. Depuis plus de dix ans maintenant passe le message du droit à une relation personnalisée, du droit du client à un service de qualité et de l'engagement de l'organisation à agir en respectant ces principes. Alors, le client en est venu à y croire – et plus encore, il l'exige de plus en plus. Ce qui se présentait comme une stratégie réservée aux tenants de la qualité devient progressivement un préalable à l'instauration d'une relation d'affaires stable. L'infidélité de la clientèle devient le lot de ceux qui tentent encore de s'y soustraire.

b)   Ensuite, du sur mesure au moment désiré !

Pressés par une concurrence qui ne cesse de s'aviver, certains se sont efforcés de trouver d'autres moyens dans le but de se distinguer davantage de leurs rivaux. Ainsi, certaines organisations ont mis l'accent sur la rapidité, sur le fameux zéro délai, mais en l'appliquant à la relation d'affaires. On s'est ainsi pris au jeu d'ajouter que la qualité du service demande de répondre le plus rapidement possible. Et comme plusieurs entreprises y parviennent, la norme s'impose progressivement : l'organisation doit être « immédiate », c'est-à-dire qu'elle doit fonctionner au rythme du temps du client. On constate très facilement que la tendance s'accentue, et cela, même dans le domaine des produits et des services financiers. Le client ne veut plus attendre que l'organisation se satisfasse, il veut d'abord qu'on lui réponde, qu'on le satisfasse. Il veut le crédit au moment où il en a besoin et non quand toute la liste des contrôles sera complète ! Tout se passe comme si le client disait à l'institution : « Si vous me connaissez vraiment, vous devriez être en mesure de répondre tout de suite à ma demande ! » De ce point de vue, le temps du client domine maintenant le temps de l'organisation.

c)   Du sur mesure au moment désiré et sur un mode simple !

Voilà quelques années à peine, la règle était que le client subît l'organisation. Quand il demandait quelque chose, il attendait et cela était normal ! Il fallait bien qu'on enregistre et qu'on traite sa demande, qu'on l'évalue et qu'on l'approuve. La réponse viendrait au moment opportun. Pour le client, tout cela était fort fastidieux, souvent même un peu ésotérique, puisqu'on le tenait pour étranger au cheminement prévu par les processus organisationnels. Plus encore, il allait de soi que l'interlocuteur changeât d'une étape à l'autre. Aujourd'hui, le client réagit très négativement à ce mode de relation. Il n'accepte plus d'être en dehors du coup. Il veut connaître les étapes à franchir et savoir où en est sa demande, avoir un interlocuteur permanent. Cette exigence révèle une autre tendance qui se dessine progressivement.

À la parcellisation des tâches qui supposait de nombreux passages de jalons se substituent maintenant des modes de relation selon lesquels le client est pris en charge par une personne ou par une équipe. Plus encore, on s'efforce même de simplifier la tâche du client, d'ajuster l'organisation, voire ses processus, afin d'agir en suivant autant que possible un ordre de déroulement naturel aux yeux du client. Que ce soit par l'innovation technologique ou par la réingénierie des processus, on se colle au client et on vise l'entreprise immédiate, en temps réel. Et comme le client exige d'être tenu au fait constamment, on recherche des modes de relation simples, qui en définitive provoquent l'éclatement de l'organisation du travail.

d)   Et en plus, tout cela au meilleur prix !

Le secret est éventé : le client est de plus en plus et de mieux en mieux informé. On ne peut plus courir le risque qu'il découvre un meilleur prix, on doit le lui offrir dès le départ et même y ajouter une qualité de service hors pair ! Le prix n'est plus le prix, c'est le « prix plus »... Comme le suggère la qualité, on doit faire mieux et plus, à un meilleur prix. Certes, il arrive que le client accepte de payer un peu plus, si le service et tout ce qui l'entoure le satisfait. Mais cette exception ne fait que confirmer la règle, le prix n'est plus seulement le prix, mais aussi le prix psychologique !

Ces quatre revendications du client provoquent une mutation de la relation d'affaires. Une nouvelle hiérarchie se dessine, qui place le client en position de commande :

1) une relation personnalisée ;
2) une réponse au moment désiré ;
3) sur la base d'un processus d'affaires simple ;
4) à un prix acceptable aux yeux du client.

À la lumière de ces transformations, on est forcé d'admettre que les stratégies mises de l'avant pour affronter la concurrence ont modifié le comportement du client, et par suite l'angle d'attaque de la relation d'affaires. Ainsi se trouve remise à l'avant-plan la dimension oubliée de cette relation. Le client choisit ses fournisseurs, conscient qu'il existe pour lui un marché des fournisseurs ! Cette inversion de la relation d'affaires place les stratèges dans une position où la prise en compte du client, pour ne pas dire l'orientation client, devient un préalable. Pour cette raison, les éléments dont nous venons de faire état joueront un rôle clé dans le diagnostic de la dimension médiatique externe.

Les sept calamités du temps

Dans cette ligne de pensée qui veut qu'on accorde une importance marquée à la dimension oubliée de la relation d'affaires, Fessard[6] résume en des termes très explicites comment il est possible d'établir si une organisation est aux prises avec les calamités du temps. La plupart de ses propos recoupent des préoccupations qui s'inscrivent en ligne directe dans l'idée d'une organisation immédiate, alors que l'ensemble de son discours insiste sur l'importance du sur mesure, de modes simplifiés ou encore du prix psychologique. À ce titre, il présente des repères originaux aux stratèges qui souhaitent transformer le temps du service en avantage concurrentiel. La figure 2.5 traduit l'esprit des sept calamités qui peuvent affliger le temps concurrentiel d'une organisation.

---

6. Voir Fessard, J.-L. et Meert, P., *Le temps du service : relever le défi du temps dans les activités de services,* Paris, Éditions Dunod, 1993, p. 20.

FIGURE 2.5 – Les sept calamités du temps vécues par le client

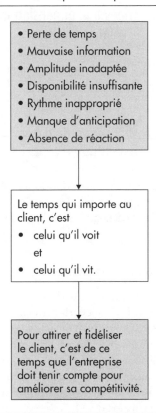

De tels propos cadrent bien avec la nature du diagnostic portant sur le volet fidélisation de la dimension médiatique. On constatera facilement que ces calamités ne sont pas réservées uniquement au secteur des services ; il est facile d'en étendre la portée aux entreprises du secteur public, qu'il s'agisse du domaine de la santé, de l'éducation ou encore du revenu. On a rapidement l'intuition du sens que prennent ces calamités, et chacun pourrait extraire de son vécu des anecdotes précises et fort significatives.

Cependant, nous reconnaissons que le diagnostic de la situation d'une organisation se révèle plus délicat, bien qu'il apparaisse nécessaire de le mener à terme. Pour offrir un tour d'horizon du volet fidélisation, nous associons quatre questions d'ordre général au diagnostic de la dimension médiatique externe. Ces questions présentent l'avantage d'inclure un regard critique sur la situation de l'organisation en matière de temps concurrentiel.

Questions associées à la dimension médiatique : volet fidélisation

1. Notre public externe a-t-il une image positive de notre organisation, sommes-nous perçus comme une entité offrant une relation personnalisée, au moment désiré, sur un mode simple et à un « prix plus » ?

2. Sommes-nous perçus par nos concurrents et par nos clients comme une organisation qui offre une valeur ajoutée distinctive ?

3. Nos employés traduisent-ils aux yeux de ceux qui font affaire avec nous ce souci d'offrir des moments de qualité aux clients ?

4. Notre performance globale démontre-t-elle que nous atteignons nos objectifs stratégiques et que, par conséquent, les changements que nous apportons et les gestes que nous posons s'avèrent les bons ?

LA DYNAMIQUE ENTRE LES DIMENSIONS

Au fil de nos propos sur les dimensions de la communication organisationnelle et sur l'attention qu'il faut accorder au diagnostic associé à chacune d'elles, nous avons progressivement tracé les bases d'une logique qui les relie. Ainsi, le lecteur peut avoir l'impression que les résultats qui se manifestent sur le plan de la dimension médiatique trouvent leur origine dans les dimensions précédentes, alors que ces mêmes résultats sont pour le stratège l'occasion de soupeser la justesse de la vision qu'il nourrit. Cette impression est juste et elle rejoint les propos de Mintzberg, qui affirme l'importance de maintenir un équilibre dans la réflexion stratégique en s'inspirant autant du vécu quotidien de l'organisation que des résultats obtenus par une analyse systématique de données plus objectives.

La nécessité d'un tel équilibre vaut pour toute réflexion portant sur l'organisation, y compris pour celles qui s'inspireraient d'une orientation suggérée par nos propos sur la communication organisationnelle. Faut-il le rappeler, les experts du domaine de la finance affirment régulièrement que beaucoup de phénomènes observables et, surtout, à saveur objective s'expliquent par une perte de confiance du consommateur envers le marché, par le fait qu'il est soudainement devenu inquiet. Ce sont là des arguments fort subjectifs... Ces experts ajoutent même parfois que l'État devrait poser un geste pour rassurer les investisseurs... pour leur redonner confiance. Sous ces propos tenus par des experts reconnus pour leur approche analytique et dont on met rarement en doute l'approche scientifique parce qu'elle se décore de chiffres et de pourcentages, la dynamique de notre approche se révèle.

Le consommateur a perdu confiance (médiatique externe), l'État doit poser des gestes qui rassurent les investisseurs (managérial), pour que consommateurs et investisseurs retrouvent leur optimisme (interpersonnel), car les affaires dépendent du climat de confiance qui règne (intrapersonnel) à leurs yeux. Permettons-nous de constater avec amusement que l'analyse du discours de ces experts, une fois mis de côté les éléments statistiques qui leur servent de preuve, présente une cohérence dont l'explication devient évidente dans le contexte d'une approche qu'on aurait tendance à réserver au domaine de la gestion de la communication organisationnelle. Nous le soulignons en conclusion, ce modèle, que les stratèges de nos groupes de travail baptisent avec un brin d'humour « les quatre bulles » de la communication, se prête facilement à l'étude d'un large éventail de phénomènes. Il est encore plus intéressant d'en saisir l'utilité au regard des rôles de négociateur et d'agent de changement qui contribuent à rendre la profession de stratège plus palpitante encore.

CHAPITRE 3

PRINCIPES ET OBJETS DE LA NÉGOCIATION

*La négociation est une des obligations
de la profession de manager,
elle peut être, quelquefois, routinière
mais ne peut être en aucun cas esquivée.*
(Mintzberg, 1990, p. 41)

Les dés sont jetés. Les stratèges sont immergés dans la communication, un état auquel ils ne peuvent se soustraire. Plus encore, l'organisation tout entière, par le biais des individus qui y vivent, se présente comme un lieu de négociation continue où se joue l'identité de l'entreprise. Dans ce cadre, le défi majeur du stratège devient l'instauration d'une vision partagée de la réalité qui donne un sens aux activités quotidiennes de même qu'aux rapports interpersonnels qui, en retour, créent l'organisation. Cette dynamique perpétuelle, qui va des personnes aux gestes et des gestes aux personnes, le stratège doit apprendre à la «domestiquer», à ne surtout plus l'abandonner aux fruits du hasard. Il lui revient de prendre le gouvernail.

Le pilotage de l'entreprise s'élève au rang d'obligation stratégique. Mais des principes fondamentaux peuvent guider le stratège qui recherche une influence sur la création de cette réalité qui est le fruit d'une négociation qui échappe à la stricte volonté et que nous faisons même synonyme de l'expression «communication organisationnelle». Voilà, le défi est lancé : gérer, c'est négocier l'invention de l'organisation, négocier son identité, quotidiennement, avec ses partenaires.

La situation n'est pas sans issue. Si nous laissons entendre en introduction que l'un des rôles clés du stratège consiste à négocier l'identité de son entreprise, nous laissons aussi miroiter l'espoir que des principes fondamentaux sauront guider son action. Ces principes, nous les puisons dans le troisième univers de la communication, nous en avons évoqué brièvement les propriétés particulières au chapitre 1, et nous en traduirons progressivement la portée explicite par une reformulation du processus de gestion stratégique. Nous atteindrons cet objectif dans le cadre du chapitre 4, au moment où nous traiterons plus spécifiquement de l'intervention. Les principes évoqués jouent donc un rôle charnière. Nous les abordons par l'introduction d'axiomes et de corollaires, car c'est là l'approche en usage quand on s'attarde à la communication sous son volet pragmatique.

AXIOMES, COROLLAIRES ET PRINCIPES

Un axiome est une proposition dont l'évidence s'impose absolument. En quelque sorte, il s'agit d'une proposition non démontrée, dont on ne peut cependant contester la valeur sans verser dans l'absurde. Tous ceux qui se sont frottés un jour avec plaisir à la géométrie euclidienne sont naturellement familiers avec l'approche par axiomes, tout comme ils le sont avec les corollaires qui en découlent. On s'attend toutefois moins à trouver de telles propositions dans le domaine des sciences humaines. Paul Watzlawick fut le premier à les introduire par la formulation de ses désormais célèbres axiomes de métacommunication. Ses propositions ont révolutionné le champ d'étude. En les passant en revue, nous énoncerons les corollaires qu'elles nous inspirent tout en reconnaissant qu'elles forment la colonne vertébrale de notre approche de la négociation de l'organisation. Nous les offrons aux stratèges à titre de principes fondamentaux qui président à la création de l'organisation inventée, de cette organisation qu'ils aspirent à construire avec leurs partenaires.

En suivant cette voie, qui nous ramène aux dimensions de la communication organisationnelle, nous présentons simultanément les principes de navigation qui permettent aux stratèges de passer de l'intrapersonnel à l'interpersonnel et au managérial, tout en plaçant le médiatique dans le rôle de miroir des effets. Le médiatique, rappelons-le, est le test ultime auquel nous soumettons l'intervention stratégique visant à créer une vision partagée, mobilisante et fidélisante. Ce rôle particulier lui vient du fait que le stratège poursuit essentiellement deux objectifs généraux : mobiliser ses troupes et séduire sa clientèle afin de la conserver, voire même afin de l'accroître.

Ces premiers messages sur les principes de négociation de l'organisation en pousseront certains à de profonds soupirs… Ces réactions ne nous sont pas étrangères. Dans nos groupes de travail, il est fréquent que des mains se lèvent, ou encore qu'un participant souligne avec humour qu'il s'attendait bien à voir l'ésotérisme universitaire refaire surface. Il est vrai que le langage utilisé est aride au départ. Nous sommes parfois dans l'obligation de nous chamailler quelque peu pour l'utiliser librement. Nous nous plions au rituel de bonne grâce, nous ne sommes point à l'abri de la négociation avec nos groupes. Quelques-uns y trouvent même une douce revanche… Cependant, ce langage produit un effet déstabilisant qui facilite ultérieurement les débats[1]. Quand par la suite nous reprenons chaque élément un à un, il est alors plus facile de saisir comment chaque principe s'associe aux autres. C'est là le lot d'une approche déductive de la négociation. Lorsqu'on suit ce cheminement logique, le vécu resurgit et les exemples sont légion ; ils facilitent la mise en évidence des principes qui guident la démarche du stratège.

Axiome 1 : on ne peut pas ne pas communiquer

Nous l'avons souligné au chapitre 1, aborder la communication comme un état dans lequel nous sommes plongés transforme radicalement notre point de vue sur le phénomène. Chaque stratège le reconnaît volontiers, on ne peut pas ne pas avoir de comportement. Même ne rien faire à nos yeux est un comportement à ceux des autres ; il n'existe pas de «non-comportement». Le comportement n'a pas d'inverse ! Nous sommes message pour les autres, disponibles à leur interprétation, tout comme l'homme assis sur un banc public, dans un parc, signifie pour les passants que la place est occupée. Il n'est aucunement nécessaire pour lui de le répéter à chacun, et celui qui agirait autrement risquerait d'être perçu comme anormal… À cet égard, la communication n'est pas un acte volontaire.

Affirmer qu'il n'y a pas de choix, que le stratège est un message pour ses partenaires rebute au départ. Pourtant, il suffit parfois qu'un gestionnaire longe un couloir sans saluer, le regard préoccupé, pour que des employés en déduisent que quelque chose cloche, ou encore que ça va chauffer. Ces propos le rappellent, la communication se joue sur le plan du comportement global et non pas uniquement sur celui de l'étroite bande du langage parlé. Une image vaut mille mots. L'idée voulant que la communication soit un état dans lequel nous sommes continuellement plongés sans pouvoir nous y soustraire n'est au fond qu'une évidence, une vérité fondamentale dont nous oublions trop souvent l'existence et surtout les conséquences. Aussi, puisque nous ne pouvons nous soustraire au phénomène, mieux vaut prendre le temps d'expliciter notre message avant que nos partenaires ne le créent en s'inspirant de nos silences…

Corollaire 1 : on ne peut pas ne pas négocier

L'incapacité de se soustraire au phénomène a pour effet que, bon gré mal gré, on participe au grand cirque des interactions qui façonnent la

---

1. Cette stratégie, qui consiste à utiliser le langage pour stimuler la pensée symbolique, le cerveau droit, fut introduite par Milton Erickson.

réalité de l'organisation. Aussi est-il juste d'en déduire en corollaire qu'on ne peut pas ne pas négocier, ne pas être partie prenante au jeu de l'invention de l'organisation. Nos comportements s'intègrent à ceux des autres et nous sommes en négociation continue. Nous en prenons pour démonstration ces nombreuses occasions où des stratèges nous ont rapporté que leur absence bien involontaire lors d'une réunion avait provoqué un remous et qu'ils avaient dû par la suite fournir des explications sur leur absence, justement parce qu'elle avait été perçue comme une objection théâtrale à la tenue de la rencontre. Voilà un phénomène dont les stratèges souhaiteraient bien se protéger : leur entourage donne un sens à ce qu'ils font et cela, sans qu'ils aient voix au chapitre.

Ce phénomène d'interprétation, contre lequel s'élève le stratège, condamne celui-ci à la négociation de l'organisation, et il s'avère incontournable. Et comme on ne peut pas ne pas négocier, le premier principe à suivre est de jouer ce rôle actif de négociateur, de saisir le gouvernail et de promouvoir un projet partagé donnant une signification à nos comportements. Refuser l'invitation équivaut à consentir à devenir la première victime de l'interprétation que les autres se donneront à partir de leur propre conception de l'organisation.

Premier principe
Prendre en charge la négociation.

Axiome 2 : toute communication présente deux aspects, soit le contenu et la relation, tels que l'un et l'autre s'englobent et, par suite, sont des métacommunications[2]

On dit des gens qui se connaissent depuis longtemps qu'ils n'ont guère besoin de se parler pour se comprendre. À l'inverse, on peut aussi souligner que, si un quiproquo survient entre ces mêmes personnes, il sera plus long à clarifier que celui survenant entre deux personnes se connaissant moins, ou depuis peu de temps. Ces éléments du quotidien traduisent bien la signification accordée au deuxième axiome et ils attirent l'attention sur une nuance importante. Si la relation qui s'établit entre deux individus colore le

---

2. Le terme *métacommunication* signifie « communication sur la communication ». Watzlawick, Beavin et Jackson l'ont introduit en 1972 pour pallier l'absence d'un langage portant sur les phénomènes de la communication. Nous avons cependant modifié leur énoncé du deuxième axiome, les auteurs ayant reconnu le caractère limitatif de leur formulation.

sens de leurs échanges, il est tout aussi vrai d'affirmer en contrepartie que cette même relation s'est construite au fil de leurs interactions antérieures, leur laissant en héritage un cadre de référence plus ou moins partagé, une grille de lecture ou, si vous préférez, un arrière-plan, à partir duquel ils interprètent ce qui survient entre eux. Ils ont en ce sens une entente qui porte sur la manière de lire les événements.

De tels cadres de référence existent également dans l'organisation. Par exemple, quand un porte-parole fait allusion à l'histoire des relations du travail dans l'entreprise, il démontre justement à quel point ce qui a été vécu vient en retour donner un sens particulier aux comportements des parties en présence. Le deuxième axiome oriente l'attention des stratèges sur deux points particuliers. Prendre en charge la négociation ne se limite pas à s'efforcer de faire passer un message spécifique, mais implique aussi de négocier une relation qui viendra chapeauter les échanges, leur donner un sens. Les débats sur cette question sont souvent délicats parce qu'ils laissent apparaître à bien des stratèges qu'ils saisissent mal leur rôle ! Plusieurs confondent en effet leurs valeurs avec celles de l'entreprise, ce qui les conduit à gérer en «bons pères de famille» plutôt qu'en stratèges… Nous aurons l'occasion de revenir sur ce point. Restons-en pour l'instant à l'énoncé du corollaire associé à cet axiome, car il évoque le vécu quotidien auquel le stratège est confronté.

Corollaire 2 : toute négociation vise la mise en place d'une relation qui sert de cadre d'interprétation des comportements

Considérant l'aveu des stratèges quant au fait qu'ils sont souvent pris au dépourvu par l'interprétation de leurs comportements par leurs partenaires, nous en déduisons que la relation qui préside à leurs échanges pèche par imprécision. La question est alors de savoir quel type de relation les stratèges doivent établir s'ils aspirent à implanter un projet partagé. Cette question se pose justement parce que les stratèges portent naturellement leur attention sur le contenu du message qu'ils souhaiteraient passer, oubliant du même coup qu'ils attendent de ce message qu'il produise un effet sur leurs partenaires. En fait, ils attendent de leurs partenaires qu'ils réagissent d'une manière précise à leur message, que des comportements s'ensuivent. De ce point de vue, ils cherchent à induire un comportement et non seulement à transmettre une information. Ils désirent influencer la vision de leurs partenaires. Cette recherche d'influence évoque incontournablement le troisième univers de la communication. Et en nous attardant à l'effort des stratèges, nous découvrons quatre autres corollaires qui jouent un rôle clé dans la prise en charge de la négociation, dans l'instauration d'un leadership.

Ces corollaires sont associés au principe de négociation qui suit et ils en engendrent quelques autres dont nous ferons état à titre de conséquences.

> **Deuxième principe**
> **Prendre en charge la promotion**
> **d'une vision de l'organisation en vue**
> **d'implanter un leadership,**
> **une relation d'influence.**

Corollaire 3 : toute communication est à la fois descriptive et prescriptive

Quand on s'attarde au discours qu'un gestionnaire tient à propos de son organisation, on constate qu'il peut s'analyser sous deux angles différents. En premier lieu, ce discours révèle une vision de l'organisation. En second lieu, bien que cet aspect soit moins évident pour certains, il exprime des attentes. Il est un appel à se conformer aux sous-entendus de cette vision. Or, cet appel demeure, dans la plupart des cas, implicite quant au message, le stratège tenant parfois pour acquis qu'il va de soi… Un jour que nous débattions de cet aspect, un cadre de la fonction publique nous rapporta l'anecdote suivante.

Quand un ministère implanta le «budget base zéro[3]», l'intention était de faire comprendre à tous ses partenaires qu'il ne fallait pas tenir pour acquises les sommes allouées dans les années antérieures et surtout que le ministère voulait les inciter à mieux contrôler l'utilisation des deniers publics. Ce fut un flop monumental! Cet aspect du message demeura implicite, ou à quelques exceptions près un élément mineur, et chacun exagéra ses demandes, suivant l'hypothèse que le ministère allait négocier à la baisse. À ce ministère, plus le budget est élevé, plus on est perçu comme important, et personne ne tenait à voir son importance diminuée. Le contexte n'était pas favorable au succès de l'opération.

Cette anecdote révèle la présence d'une vision de l'organisation qui guide l'analyse de la situation présentée par ce haut fonctionnaire. Toutefois, sous son volet prescriptif, elle évoque également des attentes qui concernent les façons de faire appropriées à l'introduction du changement. Le message implicite attire l'attention sur deux règles à suivre. La première

---

3. Nous sommes restés fidèles à l'expression utilisée.

affirme que celui qui tire profit de cette expérience saura qu'il vaut mieux préparer le contexte. La seconde nous met en garde : il est interdit de commettre la même erreur une seconde fois. Questionné sur cet aspect, ce cadre confirma notre lecture. Il accordait le droit à l'erreur à ses employés, mais jamais le droit de la répéter ! Cet aveu illustre bien la dimension prescriptive du message et nous conduit à l'énoncé d'un troisième principe.

> *Troisième principe*
> **Prendre en charge la négociation
> d'une vision de l'organisation suppose
> d'en préciser explicitement les effets
> attendus quant aux comportements.**

Corollaire 4 : il n'existe pas de communication sans sujet

Curieux énoncé, disent les stratèges, qui en vérifient habituellement la signification dès sa présentation. Quelle signification attribuez-vous au mot sujet ? Voulez-vous nous souligner qu'on parle toujours de quelque chose ? Il y a un peu de cela, mais plus encore. Certes, la communication porte toujours sur un sujet. Qu'il s'agisse de la pluie ou du beau temps, des enfants ou encore de la durée de vie d'un produit, il y a toujours un sujet de négociation. Toutefois, nous nous servons de ce corollaire flou de prime abord pour attirer l'attention sur un phénomène plus subtil : le sujet de la négociation n'est pas toujours la chose dont on parle explicitement ! Au contraire, le véritable sujet est souvent l'arrière-plan, le cadre de référence prescrit implicitement par le message.

Le troisième corollaire l'évoquait, la communication est prescriptive. Le véritable sujet de la négociation se cache souvent dans les attentes implicites qui accompagnent le message plutôt que dans cet explicite révélé par le volet descriptif. Par exemple, refuser de répondre à une question, garder le silence en dépit de l'insistance de son interlocuteur réaffirme continuellement le désir d'interrompre l'échange, et cela, quelle que soit la nature du sujet de discussion. Cette attitude exprime une attente et même propose une règle du jeu. Maintenir le silence, en dépit de l'insistance de l'autre, manifeste qu'on revendique le droit de mettre fin au jeu de l'interaction. Dès que l'autre renonce, la règle s'établit.

Pour le stratège, cette négociation dont le sujet s'éloigne de ce qu'on pourrait désigner comme le sujet explicite de la discussion correspond à négocier la relation, cela dit au sens de qui décide de quoi on parle, et quand on cesse d'en discuter. Les spécialistes dont le travail consiste à négocier des conventions collectives sont très sensibles à cette nuance. Ils savent fort bien qu'au départ chaque négociateur cherche à affirmer son autorité et qu'il s'ensuit parfois, par exemple, des débats sur l'ordre du jour qui n'ont rien à voir avec le contenu des clauses qui feront l'objet de discussions ultérieures. L'intention est strictement de faire sentir à l'autre qu'il ne mènera pas le jeu. Pour le stratège, cette négociation est de première importance et elle inspire l'énoncé d'un quatrième principe.

> **Quatrième principe**
> **Le sujet central de la négociation**
> **avec les partenaires est l'implantation**
> **de la vision de l'organisation et non**
> **la vision de l'organisation.**

Ce principe met fin à bien des illusions ! On ne négocie pas la vision, on négocie son implantation[4]. Nous l'avons souligné antérieurement, l'existence de plusieurs versions de l'identité de l'organisation contribue à introduire de l'incohérence, non seulement dans l'interprétation de ce qui y survient, mais encore dans le choix des gestes à poser, ou encore dans l'établissement des priorités, et ce phénomène s'étend même aux décisions d'ordre stratégique. Au-delà du discours séduisant de Sérieyx sur le rôle glorifiant de porte-étendard, ou de l'aura qui entoure le leadership, se cache une invitation à peine voilée à « mettre ses culottes » ! Il revient au stratège d'orienter ses troupes, de définir la direction à prendre et de la faire connaître. Même quand il se montre participatif et quand il consulte ses partenaires, le stratège demeure responsable de cette tâche. Dans cette ligne de pensée, s'il est souhaitable qu'il négocie avec eux comment concrétiser cette vision, il ne peut leur abandonner de la définir. C'est là la signification sans équivoque de notre invitation à négocier l'invention de l'organisation, sa création. C'est en négociant la façon de réaliser ce rêve que l'on progresse et non pas en l'abandonnant aux effets du choc des divergences d'opinions.

---

4. Ce qui n'exclut pas qu'on puisse faire appel aux autres pour la cerner sans pour autant leur abandonner de la préciser.

Corollaire 5 : sur tout sujet de communication, les parties ont ou développent un avis

« Je l'avoue, je ne suis pas au fait de toutes les nuances du dossier ; mais ma première impression n'est pas très favorable… » Tous les stratèges se sont butés un jour à une telle réaction, ou encore à sa contrepartie : « En principe, je suis favorable ; cependant, avant toute chose, nous devrons analyser les conséquences de cette proposition… » Pour évacuer les nuances, aussi bien dire convainquez-moi, ou je suis convaincu… jusqu'à nouvel ordre. Quand les individus se sentent concernés par un sujet de discussion, ils prennent position. D'une manière ou d'une autre, même s'il arrive parfois qu'ils suspendent leur jugement durant un moment par honnêteté, ou dans l'espoir de se ménager une sortie, ils prennent position. La chose est vraie du point de vue tant interpersonnel qu'organisationnel. Seules les manifestations du phénomène changent. Ainsi, dans une organisation où régnerait l'habitude de sauter d'un mode de gestion à un autre, on entendrait souvent ses proches dire du stratège : « Soyons patients, cette marotte lui passera. » De la même façon, dans ces circonstances où l'action n'a pas l'habitude de trahir le discours, on entendra plutôt : « Préparez-vous, ça va chauffer… »

Pour le stratège, ce phénomène de prise de position est de première importance. S'il joue la passivité, les avis s'établiront tout de même, l'organisation (voire les personnes) supporte mal le vide de signification. Les gens occupent l'espace qu'on leur abandonne. Ce phénomène suppose qu'un cinquième principe guide le stratège dans la négociation, à partir du moment où il souhaite établir la signification ou la portée de ce qu'il avance. Si l'organisation est en quête d'une signification, il s'impose de lui en offrir une.

> *Cinquième principe*
> **Il revient au stratège d'établir
> et de clarifier la portée du projet partagé
> sur le rôle des partenaires.**

Corollaire 6 : tout avis est une tentative d'influer sur un réel en construction et sur la relation en cours

Ici se ferme la boucle et se situent les raisons pour lesquelles le stratège n'a d'autres choix que de prendre en charge la négociation dans l'organisation. Quand il propose une vision de l'avenir, un projet partagé qui affirme l'identité de l'organisation, il amorce une quête du consensus, il vise le rallie-ment. Les partenaires réagiront à cette invitation et il sera crucial de cons-truire sur du solide. Dans ce contexte, les avis sont à la fois des indicateurs de la façon dont les partenaires perçoivent leur relation avec le stratège et des marges de manœuvre qu'ils se donnent. Et Dieu sait qu'ils se gardent parfois de ces marges qui n'ont pas l'heur de plaire au stratège. Nous en avons fait état au fil des chapitres précédents en insistant sur tous ces comportements qui laissent, à tort, croire à l'adhésion et en attirant l'attention sur ces propos, formulés du bout des lèvres, et qui restent sans lendemain. Non seulement le stratège doit-il traduire explicitement à quel titre la vision mise de l'avant modifie les rôles, mais encore il doit s'assurer que les conséquences de cette vision sont clairement perçues par ses partenaires. Il lui revient de dresser la table à laquelle il convie son entourage.

Évoqués en ces termes, les axiomes et les corollaires associés à la négo-ciation se situent en relation directe avec nos propos sur la communication organisationnelle et sur la promotion d'un projet partagé. Toutefois, l'intérêt tomberait rapidement si nous n'allions pas jusqu'à situer cette relation dans le contexte plus immédiat et plus naturel du stratège : l'organisation. À cet égard, l'énoncé du dernier principe directeur prend une coloration diffé-rente et met un terme aux souffrances de ceux qui s'accommodent mal du langage des axiomes.

> **Sixième principe**
> **Il revient au stratège de jouer explicitement de ces tentatives d'influence qui concourent à la mise en place d'un projet partagé, qui concrétisent sa prise en charge de la négociation de l'organisation inventée.**

NÉGOCIER L'IDENTITÉ DE L'ORGANISATION

Les axiomes, les corollaires et les principes évoqués portent à l'avant-plan l'obligation de prendre le phénomène de négociation en charge. Laissés à eux-mêmes, les partenaires attribueraient de toute façon une identité à l'organisation, d'où l'intérêt pour le stratège de prendre les devants, de pro-fiter de l'établissement d'un projet partagé pour instaurer son leadership. En dépit des apparences, nous ne remettons pas en cause la bonne foi des employés qui s'inventent une organisation dans l'organisation. Nous déplo-rons plutôt l'attitude passive de certains stratèges, ou encore le fait qu'ils sous-estiment l'importance de gérer le cadre de référence de leurs parte-naires, au point parfois de n'en proposer aucun en particulier. Nous croyons essentiel que le stratège agisse systématiquement pour pallier cette lacune, et dans le but avoué d'offrir une alternative, nous débattrons d'abord du rôle que remplit la promotion d'une vision de l'organisation à titre de tremplin qui ouvre sur la possibilité de redresser la situation.

Phénomène déplorable mais bien connu de tous, l'urgence de réaliser une chose qui apparaît essentielle porte souvent à négliger le dialogue. Dans l'espoir de gagner un temps précieux, beaucoup de stratèges empruntent cette voie expéditive. Peut-être croient-ils que la signification juste émer-gera d'elle-même, ou encore qu'ils pourront facilement la camper après coup. Or, écarter le dialogue n'accélère les choses qu'en apparence. À la vérité, cette tactique nous condamne au mieux à perdre un temps tout aussi précieux par la suite, car on se trouve devant un ensemble d'interprétations erronées ou indésirables, justement parce qu'on n'en a pas proposé une plus explicitement. Pourtant, force est de reconnaître que l'expérience des stra-tèges les en prévient.

Dès qu'on réunit autour d'une table des experts ou des spécialistes, on comprend à quel point leur avis sur un sujet présente des nuances, si ce n'est des oppositions. Et comme l'organisation est justement un regroupement de diverses expertises, il devient évident que la lecture de l'entreprise de chacun et l'interprétation de ce qui y survient seront rarement équivalentes d'un expert à l'autre. Cette diversité des compétences, que renforce le fait d'oc-cuper des postes de travail différents, le stratège est responsable de la cana-liser dans une vision partagée qui en affirme le caractère complémentaire. Il ne peut ignorer cette diversité qu'au risque de la voir déboucher sur une absence de cohésion, c'est-à-dire de se trouver aux antipodes de cette situa-tion de complicité qu'il espère obtenir. La règle vaut également pour l'expert qui se coupe de ses partenaires.

Placé devant une hausse des salaires de l'ordre de 10%, le directeur des finances d'une organisation concluait à une perte de la capacité concurren-tielle de l'entreprise, en raison de coûts de main-d'œuvre s'élevant au-dessus de la moyenne de son secteur d'affaires. Pour pallier cette situation, il répliqua par des suppressions de postes à la section recherche et développe-ment, considérant le rendement de l'investissement dans cette section comme insuffisant. Deux années plus tard, la haute direction lui reprocha d'avoir sérieusement handicapé la capacité d'innover de l'entreprise et on le releva de ses fonctions. Les études qui avaient été menées au cours de cette période montraient clairement que la section recherche et développement avait permis à l'entreprise de traverser la crise des années 1980 en assurant le maintien des avantages concurrentiels des produits vedettes de l'organisation. Malheureusement, ce directeur n'avait analysé que les aspects financiers de la question, pour imposer par la suite cette orientation au service des ressources humaines ; cet isolement causa sa perte.

Des exemples de ce type, qui mettent en vedette des cadres bien intentionnés mais isolés dans leur champ d'intérêt, nous pourrions en rapporter des centaines. Il serait inutile de les signaler sans prendre la précaution d'insister sur ce qu'ils révèlent à partir de l'instant où on les appréhende comme un tout : occuper un poste précis conduit à lire l'organisation à partir du cadre de référence propre à une expertise donnée. Le défi du stratège est de mettre les spécialistes au service de l'organisation, d'enrichir leur cadre de référence jusqu'à ce qu'ils réagissent à partir de la situation globale de l'entreprise. En d'autres mots, le stratège est responsable de la multidisciplinarité. Voilà pourquoi l'implantation d'une vision partagée prend une si grande importance ; elle concourt à faire coexister pacifiquement des expertises qui peuvent conduire à des erreurs stratégiques lorsque l'une ou l'autre domine les autres, ou s'en isole.

Ces propos peuvent surprendre, car l'expertise est de nos jours une denrée rare et, surtout, parce qu'elle est perçue comme un signe d'excellence. Pour camper les choses dans une juste perspective, notre intention n'est pas de remettre en cause la valeur ajoutée associée à la maîtrise d'une expertise. Au contraire, nous reconnaissons que l'organisation peut en tirer de grands avantages. Nous déplorons seulement le fait que, trop souvent, les stratèges ne la canalisent pas. Ils se comportent à l'endroit des experts comme si leur spécialisation leur conférait tous les droits, et surtout un jugement infaillible... Ce comportement les place dans une position intenable, à l'image du cavalier qui perd la maîtrise de sa monture.

Pour éviter de perdre la maîtrise de son organisation, le stratège est en droit d'exiger de ceux qui possèdent cette expertise de justement se conduire en experts. Par exemple, tout spécialiste des ressources humaines devrait pouvoir évaluer les impacts financiers de ses propositions ou encore les incidences de ses décisions sur le déploiement de la force de vente et sur la gestion de la qualité du service. Inversement, les spécialistes du domaine de la finance, de la vente, ou de la production devraient, pour leur part, être en mesure de soupeser leurs recommandations à la lumière de cette expertise qui semble réservée aux spécialistes des ressources humaines. Toute décision qui s'écarte de ce principe risque d'entraîner des contre-effets.

On l'aura deviné, nous introduisons par ces anecdotes un débat sur la gestion des écarts de vision qui séparent les experts pour souligner que la capacité de lire et de comprendre l'organisation dans son ensemble, de mettre son expertise en contexte, revêt un caractère crucial. La chose devient encore plus évidente quand s'annoncent des changements importants. Pour cette raison, nous insistons, il importe de saisir le rôle clé du stratège dans la négociation d'un projet qui donne une place à chacun, sans jamais laisser toute la place à l'un ni à l'autre. L'introduction d'une nuance de cette nature est souvent mal interprétée quand elle s'exerce sans le soutien d'une bonne stratégie de communication.

LA NÉGOCIATION DU PARTENARIAT : À LA RECHERCHE DE CINQ CONSENSUS

La vision de l'avenir que nourrit le stratège le place nécessairement dans une perspective de changement. Entre ce qui est et l'idéal vers lequel on tend, il est toujours possible d'imaginer par quelles transformations on pourrait se rapprocher du but. La pensée stratégique est caractérisée par la présence d'ambitions de changements de cette nature. Mais le stratège est bien forcé d'admettre que la réalisation de ses ambitions passe par la contribution de ses partenaires. La concrétisation de son rêve suppose leur mobilisation autour d'un projet partagé qui donne un sens au quotidien et qui oriente l'action de tous. Cette dépendance lui impose une approche de concertation, une négociation avec ses partenaires et, en tout premier lieu, avec ceux qui font partie de l'équipe de direction.

Concertation et partenariat vont de pair, du moins nous le laissons entendre. Dans ce contexte, il est légitime de vouloir savoir sur quoi devrait porter la négociation, quels en seraient les objets. La logique des dimensions de la communication organisationnelle oriente notre réponse puisqu'elle suggère de rassembler tous les partenaires autour d'une même tâche, celle qui consiste à créer une organisation partagée. En effet, c'est là le défi du passage de l'intrapersonnel à l'interpersonnel, de la vision du stratège à une vision partagée s'exprimant dans un projet. Les étapes à franchir pour réaliser cette transition sont liées les unes à la suite des autres par la négociation d'une série de consensus, et ceux-ci forment l'ensemble des objets auxquels nous faisons allusion.

Chacun de ces consensus contribue à une opération de concertation plus vaste qui débouche sur l'action. Avant de les distinguer explicitement, nous le soulignons d'entrée de jeu, le stratège qui évite leur négociation court le risque d'en vivre les conséquences dans l'action, de se trouver seul alors que ses partenaires auront la conviction d'avoir tout tenté et d'être forcés d'admettre que les résultats tardent à venir. Pour éviter l'impasse et orienter ses troupes, le stratège doit d'abord articuler sa vision pour ensuite entreprendre de débattre de son implantation. Cinq éléments, qui sont de l'ordre de la vision du devenir de l'organisation, sont en cause. Qu'il s'agisse de clarifier le cadre de référence du stratège ou d'entreprendre la négociation, ils définissent des jalons incontournables et renvoient à cinq questions :

1. Quelle lecture devons-nous faire de la situation de l'organisation ?

2. Quels changements devrions-nous apporter pour améliorer notre situation ?

3. Par quels gestes pourrions-nous concrétiser les changements voulus ?

4. Comment nous partagerons-nous les rôles, les responsabilités et les tâches associées à l'implantation des changements ?

5. Quels indicateurs de progrès utiliserons-nous pour juger de notre progression au regard de ce que nous désirons réaliser ?

Les thèmes évoqués par ces éléments reflètent le sens que nous accordons à l'expression « négociation du partenariat ». Ils affirment du même coup toute l'importance accordée à la préparation du contexte dans lequel s'inscriront les changements proposés par le stratège. Cette préparation, il convient de l'effectuer par le biais d'une réflexion stratégique, qui s'inspire autant de la logique de la planification stratégique, au sens classique du terme, que de celle du plan d'affaires. Si la première présente l'avantage d'affirmer l'identité actuelle de l'organisation et de porter l'attention sur sa capacité de s'adapter à l'évolution de l'environnement, la seconde invite à la démarche inverse. À partir de l'état de l'environnement, est-il possible d'imaginer une organisation qui pourrait nous concurrencer, nous mener la vie dure ? Le croisement de ces deux perspectives produit souvent des renversements de perspective favorables à l'innovation. Cet exercice d'auto-questionnement est la toute première phase de la démarche du stratège[5]. De ce point de vue, il est juste d'affirmer que la communication organisationnelle joue un rôle de premier plan dans le processus suggéré par notre approche de la négociation d'une vision partagée.

Le premier défi des stratèges est de briser l'isolement. À quoi leur servirait-il en effet d'enfouir au plus profond de leur être des ambitions qu'ils espèrent réaliser avec d'autres ? De cela tous les stratèges peuvent convenir. Mais en définitive, savent-ils vraiment comment à leur insu ils s'enferment

---

5. Les ouvrages qui traitent de ces thèmes sont si nombreux que nous préférons nous limiter à signaler au lecteur que nous en reprenons l'essentiel par le biais des questions qui guident la négociation. Nous évitons ainsi les redondances sans pour autant évacuer les thèmes. Pour le lecteur qui souhaite éviter la consultation d'autres sources, la meilleure stratégie serait d'utiliser les repères proposés au fil de ce chapitre à titre de démarche exploratoire.

dans l'isolement ? À la lumière des expériences dont ils nous font part, nous estimons nécessaire d'attirer leur attention sur une rupture du *continuum* temporel qui se glisse entre eux et leurs partenaires, justement parce qu'ils se livrent à des analyses dont sont coupés leurs collaborateurs clés. D'une certaine façon, les réflexions des stratèges les propulsent en avant dans le temps, dans l'avenir. Or, leurs partenaires ne font pas ce voyage au même moment et les récits du voyageur les prennent à contre-pied.

> *Si tous voyaient le monde de la même manière, nous n'aurions aucunement besoin de communiquer.*

Les ambitions stratégiques sont le résultat d'un processus de réflexion qui conduit les stratèges à cerner la situation actuelle de leur organisation pour la comparer à celle dans laquelle elle pourrait se trouver, à la condition qu'ils acceptent d'apporter certains ajustements. Cette analyse rend évidents des écarts de performance que les stratèges désirent réduire, sinon effacer. Or, dans la plupart des cas, une fois cette analyse achevée, ils ont tendance à ne concentrer leur attention que sur les changements requis, sans considérer la complexité de l'analyse qui les a conduits à ces certitudes. Ils proposent ainsi des virages dont ils sont les seuls à connaître les raisons profondes. Voilà pourquoi ils se retrouvent propulsés dans la position de cavalier solitaire. Ils omettent de prendre en considération comment ils sont parvenus à de telles convictions et surtout ils oublient que, sans ce cheminement, les changements leur paraîtraient moins évidents.

Ce phénomène d'isolement, nos groupes de travail en ont toujours fait état en le déplorant, sans pour autant plonger d'eux-mêmes dans la recherche des stratégies permettant de le rompre. Ainsi, dans la majorité des cas, les stratèges déploraient la vision trop étroite de leurs partenaires, ou encore leur manque de compétence en matière d'analyse globale de l'organisation. Or, quand nous poussions plus loin les débats sur ce point, ils admettaient pourtant tous détenir une information plus complète que celle dont jouissaient leurs partenaires. Pour cette raison, l'isolement ne peut se rompre que si le stratège accepte d'amorcer l'implantation d'une vision partagée à partir de bases de discussion qui s'éloignent, dans un premier temps, des changements auxquels il songe. Nous faisons de ces bases le premier objet de la négociation du stratège avec ses partenaires.

La lecture de la situation de l'organisation

Premier objet : établir une lecture commune de la situation

Nous l'avons mentionné, la vision du stratège reflète les conclusions auxquelles il parvient après avoir analysé la situation actuelle de son organisation et cerné ce qu'elle pourrait être. Il en déduit que des changements sont souhaitables. De ce point de vue, il part avec une longueur d'avance sur ses partenaires, du moins en ce qui concerne la critique prospective. Toutefois, cette avance a pour effet qu'il n'est plus sur la même longueur d'onde qu'eux. Il n'a d'autres choix que d'accepter de revenir en arrière, ou d'attendre que ses partenaires le rejoignent. Cette obligation de reculer pour mieux avancer cerne bien la signification associée au premier objet de la négociation qui se déroule entre le stratège et ses partenaires. Il s'impose de parvenir à une lecture commune de la situation de l'organisation, de son avenir possible, pour par la suite atteindre un consensus à propos des écarts de performance auxquels on devrait s'attaquer. La création d'un arrière-plan commun devient un enjeu, car elle sert à légitimer ces changements que le stratège perçoit comme souhaitables. Sans cet arrière-plan, les partenaires accueilleront les suggestions du stratège dans un cadre de référence inapproprié.

L'invitation à négocier un arrière-plan commun inquiète parfois les stratèges. Certains redoutent surtout que leurs partenaires ne partagent pas leur lecture de la situation, qu'ils contestent certaines de leurs conclusions ou encore qu'ils entrevoient l'adaptation de l'organisation aux défis qu'elle rencontre dans une perspective différente. Le risque existe. Mais en contrepartie, les stratèges savent fort bien qu'ils ne sont pas au fait de tout ce qui se passe quotidiennement dans leur organisation. Pour cette raison, il est possible que certaines de leurs impressions soient erronées. Aussi s'avère-t-il sage de ne pas reculer devant l'obstacle. Le débat en vaut le coup, en raison des avantages qu'on peut tirer de l'exercice, même s'il se limite à une clarification des positions et des opinions initiales de chacun. Agir autrement consisterait à rechercher la sécurité dans l'ignorance au risque d'en faire les frais par la suite.

L'isolement se rompt au prix du risque limité qu'accepte le stratège en s'attaquant aux premiers éléments qui conduisent à clarifier les bases à partir desquelles s'amorce un projet partagé. La négociation d'une lecture commune s'appuie sur une démarche exploratoire qui porte à l'avant-plan des questions qui incitent les partenaires à effectuer ce voyage que seul le stratège avait accompli.

Questions associées au premier objet

1. Comment pouvons-nous décrire la situation actuelle de notre organisation?
2. Comment décrivons-nous ce que nous espérons être dans l'avenir?
3. Quels écarts devons-nous réduire pour accroître nos chances de concrétiser cet avenir dont nous rêvons?

Soulignons-le au passage, pour répondre systématiquement à ces questions, les partenaires doivent effectuer ensemble des réflexions qui s'apparentent aux démarches qui président à l'élaboration d'un plan d'affaires. Conformément au principe de prise en charge de la négociation, le stratège encadrera les discussions de ses partenaires, il invitera ceux-ci à balayer ces mêmes thèmes qui lui ont facilité le développement d'une vision de l'avenir. De la sorte, il se place dans une position favorable à l'exercice d'un leadership qui appuie la quête de signification de ses partenaires. L'essentiel de cette première étape de négociation est résumé dans la figure 3.1.

FIGURE 3.1 – Négociation d'un projet partagé : une lecture commune de la situation

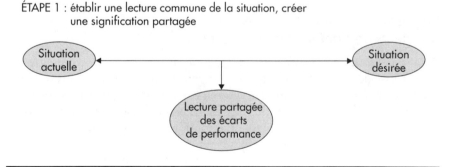

ÉTAPE 1 : établir une lecture commune de la situation, créer
              une signification partagée

Aux maîtres de l'art de l'analyse stratégique les questions évoquées sembleront plus que familières. Il va de soi qu'elles tiennent de l'ABC en cette matière, et nous ne crions pas à l'originalité. Toutefois, puisque nous nous plaçons dans le contexte de la négociation d'un projet partagé, il importe de retenir que nous attribuons une fonction inhabituelle à ces questions : elles servent de prétexte à un dialogue entre les partenaires. Elles offrent l'occasion de rompre cet isolement qui rendait laborieuse la démarche du stratège. Ce recadrage, qui concourt à donner une signification particulière à des pratiques parfois vidées de leur essence, colore toutes nos propositions à venir.

Un consensus à propos des changements

Deuxième objet : établir un consensus quant aux changements à apporter

Quand le stratège et ses partenaires parviennent à une lecture commune de la situation s'amorce une deuxième séance de négociations qui porte cette fois sur les changements qui pourraient être apportés en vue de réaliser cet avenir qui se traduit dans les ambitions associées à l'évolution de l'organisation. Certes, les opinions des partenaires seront parfois au départ très diversifiées et, surtout, teintées par des préoccupations qui vont naturellement de pair avec leur fonction. Aussi faut-il garder à l'esprit les éléments dont nous avons fait mention au regard de la multidisciplinarité. Le moment est venu de «domestiquer» les spécialités, de les mettre au service de l'organisation. Toutefois, la négociation des changements s'inscrit dans une perspective plus globale. Elle doit provoquer une réflexion en profondeur, qui va au-delà de la multidisciplinarité, pour englober trois aspects clés qui ont trait à l'esprit dans lequel s'effectue la discussion des choix : d'une part, l'engagement et la capacité des acteurs et, d'autre part, les conditions de succès.

Engagement, volonté des acteurs et aspects dynamiques du changement

Tout changement suppose un engagement ferme des acteurs. Aussi importe-t-il de mener les discussions qui gravitent autour des choix qui s'offrent à l'équipe en s'efforçant d'évaluer la volonté d'engagement de chacun. Comme le soulignent à juste titre les gourous du changement, nul ne s'oppose à la vertu, mais il y a un monde de différence qui sépare le fait de ne pas s'opposer à quelque chose du fait de s'y engager intensément. De ce point de vue, l'objectif de ce volet de la négociation consiste non seulement à cerner les changements qui sont requis, mais encore à obtenir l'adhésion de chacun au regard des choix effectués parmi un éventail de possibilités. Voilà qui n'est pas sans rappeler que le stratège cherche à induire un comportement particulier chez ses partenaires[6] : l'engagement.

---

6.   À cet égard, le stratège retiendra que nous sommes de ce fait aux prises avec les particularités du troisième univers de la communication dont nous avons décrit l'essentiel au chapitre 1.

La recherche de l'engagement, de l'adhésion des partenaires, suppose une habileté à tenir compte du caractère dynamique du changement et surtout une approche réaliste. Il est sage de reconnaître qu'une organisation négociée est, somme toute, un système de gouvernement, une bête politique… L'engagement des partenaires, entendu au sens de leur volonté réelle de changement, est modulé par ces deux éléments. Le stratège en sent régulièrement les effets, mais les auteurs ont la fâcheuse habitude de les évacuer rapidement après les avoir à peine soulignés. Les stratèges trouveront un avantage indéniable à un approfondissement de leurs réflexions sur ces éléments parce qu'ils offrent un cadre de référence en replaçant la question du changement dans le contexte de ce vécu quotidien qui les préoccupe.

Peu importe l'ouvrage consulté, les définitions du changement et les modèles qui servent à le décrire paraîtront toujours incomplets sous certains aspects. Admettons-le sans crainte, il n'est pas aisé de rendre compte en toute simplicité de ce que provoque sur l'imagination l'utilisation du mot «changement». Il l'est encore moins de cerner la juste définition de ce terme, qui, à la limite, en vient à s'accrocher à une effarante diversité de phénomènes selon le domaine d'expertise de celui qui en traite. Changement de température, changement d'humeur, changement organisationnel, changement historique, bref, le mot se greffe à pratiquement tous les domaines, au point que certains originaux sont allés jusqu'à utiliser l'expression «changer le changement» dans l'espoir de capter l'attention et de saisir l'imagination! Au risque de simplifier à l'excès, d'autres se sont efforcés de limiter les dégâts en affirmant que le changement, c'est ce qui survient lors du passage d'un état d'équilibre à un autre[7]. Il s'en trouve même pour dire que «changement et permanence» sont les côtés opposés d'une même pièce de monnaie, que l'un ne peut se définir sans l'autre. Il y a là matière à décourager les meilleures volontés.

Aborder ce thème dans un contexte approprié tout en évitant le plongeon dans les débats épistémologiques invite à l'associer à notre objet de préoccupation : l'organisation. Nous traiterons donc du changement dans l'organisation ou du changement de l'organisation. Cette approche s'accommode bien de l'existence de questions de divers ordres. Ce choix convient parce que ces deux expressions présentent, sous des angles différents, une situation à laquelle le stratège est régulièrement confronté : l'effet des hommes sur l'organisation et l'effet de l'organisation sur les hommes. Et pour autant qu'on

---

7. Voir Lewin, K., *Field Theory in Social Sciences: Selected Theoretical Papers*, New York, N.Y., Harper and Row, 1951, 346 p. Cité dans Côté, N., Bélanger, L. et Jacques, J., *La dimension humaine des organisations*, Boucherville, Gaëtan Morin éditeur, 1994, p. 358.

accepte l'idée, aussi bien admettre qu'elle englobe également l'effet des hommes sur les hommes, ce qui révèle la présence d'une triade. Toutefois, il deviendrait pénible de débattre du changement en ces termes si on ne s'attardait pas d'abord et avant tout à souligner un fait : peu importe la définition donnée au terme, voilà un phénomène qui est de l'ordre du *vécu* ; plus encore, les seuls à s'en réjouir ou à s'en plaindre, ce sont les hommes…

Le changement organisationnel suscite de l'intérêt surtout parce que les personnes sont les premières concernées. Elles sont le cœur de ce changement… elles se trouvent également au cœur de celui-ci. Aussi, pour mieux cerner le phénomène dans la perspective de la communication organisationnelle, nous nous concentrerons sur la manière dont chacun le vit. L'organisation ne s'oppose jamais au changement, si ce n'est par la voix de ceux qui la composent. De ce point de vue, le problème de la résistance au changement se présente comme un faux problème, à moins qu'on souligne que seuls les hommes sont en cause.

L'affirmation risque d'en surprendre quelques-uns, car la tendance naturelle est de parler du changement comme d'un phénomène extérieur à soi. Certes, comme le proposait Lewin en 1951[8], on peut le décrire comme dicté par des pressions externes ou internes de l'environnement de l'organisation, par des pressions qui engendrent un déséquilibre dans l'ordre établi. De ce point de vue, il s'avère juste d'affirmer que l'entreprise se lance dans des efforts d'adaptation dans sa recherche d'un nouvel équilibre. Une telle approche conduit à la description relativement simple du phénomène illustrée dans la figure 3.2.

Mais présenté en ces termes, le changement apparaît comme totalement désincarné ! Et, bien qu'elle ne soit pas sans utilité, cette façon de décrire le phénomène donne peu d'emprise au stratège. Tout au plus, elle lui fournit trois points de repère pour savoir où en est l'organisation, à un moment particulier de son évolution, au regard du changement. De plus, les comportements de résistance qui se manifestent deviennent à ce moment-là des éléments périphériques alors qu'ils sont centraux pour le stratège ! Quelques ajustements s'imposent afin de protéger le caractère vécu du phénomène, pour ne pas désincarner le changement au point de reléguer les acteurs à un rôle secondaire.

Affirmer que l'organisation est en déséquilibre correspond à un diagnostic sommaire et fort peu instructif. Mais tout devient différent à partir du moment où l'on ajoute qu'il en va ainsi justement parce que les personnes concernées

---

8. Voir Lewin, K., *op. cit.*, p. 358.

FIGURE 3.2 – Modèle de Lewin (1951) : les phases du changement

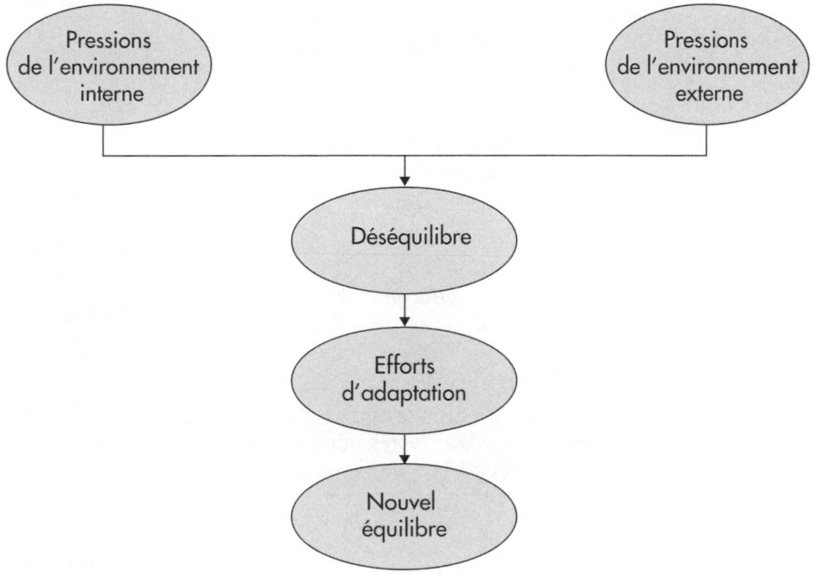

Source : Inspiré de Côté, Bélanger et Jacques (1994)

par le changement sont elles-mêmes en déséquilibre, parce qu'elles éprouvent de la difficulté à s'ajuster à l'évolution de leur quotidien. Dès lors, l'expression «résistance au changement» prend une dimension nouvelle et l'individu devient le centre d'attention. Les résistances évoquées s'avèrent le fait des personnes en cause, elles correspondent à des réactions d'adaptation sur lesquelles il convient d'agir, pour autant que le stratège s'applique à les comprendre.

En plaçant l'individu au cœur de la question, nous espérons également établir aux yeux du stratège que ses actions et ses gestes provoquent des ruptures avec les habitudes. Or, des habitudes, l'organisation n'en a pas ! Ce sont les gens qui les engendrent, qui les maintiennent. Tenter de les rompre déclenche une dynamique dont le stratège doit saisir l'évolution s'il aspire à comprendre l'environnement humain. Nous rendons compte de cette perspective dans la figure 3.3 (p. 102) par une représentation dynamique du phénomène qui s'écarte radicalement du modèle suggéré par Lewin en 1951[9].

9. Voir Lewin, K., *op. cit.*

FIGURE 3.3 – L'individu au cœur du changement

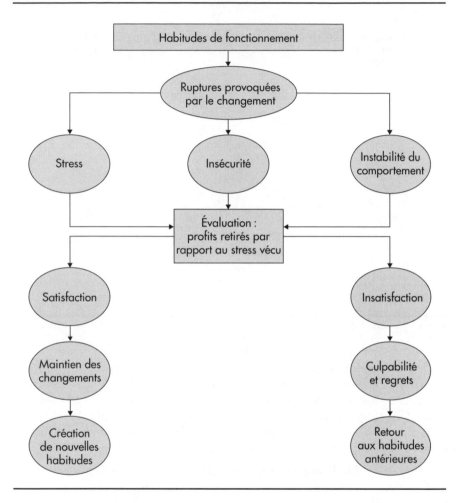

Dans une organisation, avec le temps, les gens agissent principalement à partir d'un ensemble d'habitudes de travail. Celles-ci se créent au fil du temps, au point parfois d'échapper à la conscience. L'annonce d'une rupture avec ces réactions programmées provoque un stress, de l'insécurité et entraîne une instabilité du comportement. L'individu soumis à ce stress se questionne… Comment faudra-t-il se comporter à l'avenir, comment devra-t-on sélectionner les gestes à poser en vue de bien accomplir le travail, aura-t-on autant de succès avec ces nouvelles façons de faire qu'avec les anciennes ou encore est-ce qu'on perdra du temps au point de se trouver surchargé de travail? Toutes ces questions peuvent hanter l'esprit. Elles reflètent la face cachée du changement, son caractère vécu. Or, bien qu'il soit possible de nuancer davantage cet aspect, il suffit au stratège de retenir que le changement est un phénomène vécu, profondément humain, pour comprendre que, au cours de leur expérimentation, les nouvelles façons de faire, de penser et de réagir seront évaluées par ceux à qui on les prescrit... Elles seront mises à l'épreuve, évaluées positivement ou négativement.

Pour traduire l'essentiel du rituel d'évaluation, toute personne à qui on prescrit un changement évalue la pertinence de ce qu'on lui propose en comparant l'importance du stress causé par la rupture avec ses habitudes aux profits que lui rapporte le changement. Si le bilan est positif, la satisfaction s'installera. Le changement sera maintenu et, au fil du temps et de la répétition, une nouvelle habitude sera créée! À l'opposé, si le bilan est négatif, l'individu regrettera l'expérience et, même s'il éprouve quelque culpabilité à le faire, il retournera bien vite à ses habitudes antérieures, convaincu qu'elles sont préférables aux changements proposés. C'est à cette dimension du vécu du changement que le stratège se frotte, et il doit développer une très grande sensibilité à cette dynamique s'il prétend parvenir à la mieux gérer.

Ensuite, puisque le changement est lié au vécu des personnes qui composent l'organisation, le stratège gardera à l'esprit qu'en l'introduisant il perturbe un ordre établi. Heureusement, il se trouve peu de stratèges pour douter du fait que des relations de pouvoir se créent entre les personnes; changer des choses perturbe ces relations. À ce propos, on nous a souvent rapporté en anecdote que l'invitation à partager les services d'une secrétaire entre deux cadres pouvait signifier une diminution de l'importance du rôle de l'un ou l'autre, surtout quand cette double affectation écarte les privilèges d'une situation où régnait l'exclusivité de service. Une telle anecdote montre l'intérêt d'aborder l'organisation en se la représentant comme un système de gouvernement, en traçant la carte politique qui révèle les coulisses du pouvoir.

Aspect politique du changement

Au moment où s'amorce la négociation des changements, il convient de se représenter l'organisation sous son jour politique. Dans cette ligne de pensée, l'utilisation d'une métaphore qui suppose de traiter l'organisation comme si elle était un système de gouvernement révèle la présence d'intérêts divergents qui demandent une approche de conciliation, une prise en charge de ces différences par la consultation et par la négociation. Abordée en ces termes, l'organisation n'est plus assimilable à un terrain «neutre». Elle n'est plus dominée par la «rationalité». Elle devient plutôt la scène de conflits d'intérêts, un lieu où les jeux de pouvoir mettent en cause des objectifs qui ne sont pas nécessairement ceux poursuivis par l'organisation[10].

Pour tirer profit de cette métaphore, il est nécessaire de garder à l'esprit qu'il est juste de concevoir l'organisation comme un système d'activité politique quand on retient deux phénomènes. D'une part, toute personne entretient des intérêts de travail, de carrière et de vie privée qui ne sont pas toujours facilement conciliables. D'autre part, en raison des différences individuelles, il est possible d'imaginer comment les idées et les actions des personnes concernées peuvent alors politiquement coïncider ou, à l'inverse, s'opposer radicalement... À partir de là, il n'y a qu'un pas à faire pour prétendre qu'un conflit survient dès que les intérêts entrent en collision, que cette divergence soit réelle ou perçue comme telle. Puisque chacun regarde l'organisation à partir du poste qu'il occupe, du rôle qu'il joue, des responsabilités et des objectifs de son groupe de travail, ou de son secteur, tout cela est matière à l'apparition de quelques contradictions même si, en principe, tous travaillent ensemble, pour la même cause, du moins en apparence (voir la figure 3.4).

FIGURE 3.4 – Le conflit d'intérêts

Au niveau de l'individu

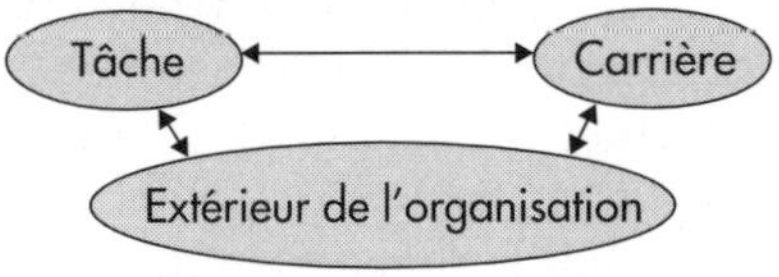

L'emploi qu'on a ne correspond pas nécessairement à nos ambitions de carrière ou à notre style de vie...

Au niveau de l'organisation

Le conflit d'intérêts prend forme quand un individu ou un groupe d'individus poursuit des intérêts qui s'opposent à ceux d'autres individus dans un contexte d'interdépendance.

Illustration

En relations du travail, patrons et employés poursuivent des intérêts différents (profits par rapport aux conditions de travail) dans un contexte d'interdépendance. (L'organisation doit survivre pour que chacun atteigne ses objectifs.)

---

10. Pour un approfondissement de cette approche qui s'appuie sur des métaphores, voir Morgan, G., 1989.

Pour le stratège, l'hypothèse d'une organisation qui se dessine à l'image des relations tissées entre des gens dont les intérêts ne convergent pas nécessairement affirme l'importance d'analyser les relations de pouvoir. Or, on dit du pouvoir qu'il exerce une influence sur qui obtient quelque chose, sur la façon dont il y parvient et sur le moment où cela survient. Sans considérer explicitement toutes les sources du pouvoir, il est juste d'en déduire qu'il joue un rôle central dans la genèse et dans la résolution des «conflits d'intérêts». Et comme le changement rompt les habitudes autant qu'il perturbe l'ordre établi, le stratège ne peut éviter la question : en quoi le changement transforme-t-il l'équilibre actuel des relations du pouvoir ?

Cette question attire l'attention sur une lecture particulière de la situation de l'organisation qui requiert de déterminer qui détient du pouvoir. On parvient à cerner l'essentiel de la répartition du pouvoir en traçant la carte politique de l'organisation, un exercice qui met en évidence comment la direction se trouve au centre d'une toile de relations. En évaluant à quel point chaque acteur exerce une influence sur les autres, à partir du point de vue et des intérêts qui sont les siens, le stratège mesure l'ampleur du défi de la coexistence pacifique. Cette lecture politique sert à établir le poids relatif de ces partenaires aux intérêts divergents qui nagent dans une organisation qui poursuit elle-même des objectifs distincts des leurs, mais qui ne saurait les atteindre sans leur collaboration. Par la voie de ce diagnostic du partage du pouvoir, le stratège peut identifier des alliés, des sources d'opposition, des coalitions critiques et bien d'autres éléments qui teinteront de réalisme ses ambitions. Pour en rendre compte par un exemple, nous illustrons dans l'encadré suivant à quels égards une entreprise coopérative prend une coloration particulière quand on l'aborde à partir de la métaphore du «système de gouvernement», comme un enchevêtrement de facteurs où le pouvoir joue un rôle clé…

Principes directeurs d'une coopérative

1. L'assemblée générale est souveraine. À ce titre, ses décisions sont incontournables.
2. Le conseil d'administration est responsable de voir à ce qu'on donne suite aux recommandations de l'assemblée générale.
3. Le directeur général est soumis à l'assemblée générale, à ses décisions, et il rend compte de sa gestion au conseil d'administration.

Ces trois principes de gouvernement d'une entreprise coopérative évoquent comment sont censées se dérouler les choses. Or, bien que la description soit fidèle à l'aspect juridique, le stratège qui administre une telle entreprise est fort conscient du fait que tout ne se joue pas toujours dans le respect du pouvoir formel des instances décisionnelles évoquées... En effet, il suffit de souligner que le premier à transmettre de l'information à l'assemblée générale et au conseil d'administration, c'est le directeur général, pour que la situation se colore. Ce rôle stratégique expose l'organisation à une lecture des faits particulière. Quand on ajoute à cela le fait que, normalement, le président du conseil d'administration ne peut intervenir directement dans la gestion de la coopérative, la distance s'accroît. Plus encore, dans ce système de gouvernement, un employé peut contourner son directeur général pour tenter d'influencer l'assemblée générale, ou encore le conseil d'administration et cela, en raison du pouvoir dont il disposerait en qualité de membre et d'employé ! Bref, le pouvoir informel peut transformer la façon dont le jeu se joue, et le pouvoir formel n'est pas aussi compartimenté qu'il y paraît. Les stratèges qui ont travaillé dans ce type d'organisation savent fort bien que nous évoquons par ces questions des situations très concrètes du vécu coopératif. Aussi est-il juste d'affirmer que tout ne se passe pas toujours comme le prévoit le découpage formel du pouvoir – il y a action politique.

Notre allusion au phénomène coopératif n'est pas destinée à réduire le jeu du pouvoir à un type de système de gouvernement d'entreprise. Au contraire, nous désirons souligner qu'au moment où il aborde la négociation du changement, en prenant pour toile de fond la notion que l'organisation est un système politique, le stratège obtient une image très différente de la situation. Cette image porte à l'avant-plan la carte politique du territoire dans lequel il s'engage. Pour cerner l'organisation sous cet angle, voire l'analyser du point de vue des relations de pouvoir, il importe d'évaluer dans quelle position se trouvent les acteurs clés du changement (voir la figure 3.5, p. 107). Même une classification sommaire invite à réfléchir sur cet aspect.

Tous les auteurs qui se sont penchés sur la problématique du changement dans les organisations parviennent à cette conclusion ; comme le soulignent Guba et Lincoln[11], d'une manière ou d'une autre, il s'impose de centrer son attention sur les acteurs concernés par le phénomène, de les répartir. La vision la plus simple et la plus évocatrice qui se dégage de la somme faramineuse des travaux effectués sur cet aspect ramène la question

---

11. Voir Guba, E. et Lincoln, Y.S., *Fourth Generation Evaluation*, Newbury Park, Californie, Sage Publications, 1989, 294 p.

au concept de cadre de référence. Au minimum, trois groupes d'acteurs seraient en présence et chacun d'eux réagirait à sa façon au phénomène, quelle qu'en soit l'origine. Le premier temps de la définition de la carte politique est donc pour le stratège l'occasion de répartir les acteurs clés du changement en fonction de ces catégories, car elles soulignent la présence de trois cadres de référence distincts et, par suite, de deux auditoires distincts.

FIGURE 3.5 – Les acteurs du changement

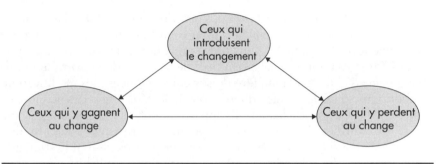

Source : Inspiré de Guba et Lincoln (1989)

Le premier groupe est constitué de ceux qui introduisent le changement. Pour eux, un déséquilibre quelconque existe et il s'ensuit la nécessité d'agir, de transformer les choses. Ils recherchent la correction d'une situation qu'ils estiment être de nature à placer l'organisation en difficulté dans la poursuite de certains de ses objectifs. Ces acteurs peuvent être internes ou externes par rapport à l'organisation, peu importe ; ils appartiennent à un groupe particulier aux yeux des autres, à ce groupe à qui on colle l'étiquette de « responsable » du changement. De ce point de vue, ils se présentent comme les leaders de l'opération, comme les interlocuteurs clés, comme ceux qui posent des gestes en vue de modifier ce qui prévaut. Pour le stratège qui pilote l'entreprise et qui, parfois, prend lui-même en charge le changement avec le soutien de l'équipe de direction, ce groupe a une valeur stratégique : il est message pour un double auditoire, par les gestes qu'il pose et par son discours.

Dans le deuxième groupe, il y a ceux à qui profite le changement, ceux qui en tireront un certain avantage. Ces individus se présentent comme un auditoire favorable ; pour le cerner, le stratège s'attardera à vérifier sous quels aspects ceux qui le composent voient leur situation s'améliorer. En quelque sorte, il s'agit d'établir aux yeux de qui le changement représente une évolution positive de la situation. L'identification de ce groupe revêt également une importance stratégique puisque le stratège est en droit d'espérer y trouver ceux qui appuieront son intention de changement justement parce qu'ils en retirent un profit quelconque. Ce groupe comporte des alliés « intéressés[12] ». En contrepartie, le troisième groupe d'acteurs englobera ceux qui ne voient pas leur situation s'améliorer, qui perçoivent négativement l'évolution de la situation. Il risque de s'y trouver ceux qui manifesteront de la résistance au changement proposé, car ces individus ont le sentiment d'y perdre quelque chose, que cette impression soit fondée ou erronée.

Si simple soit cette répartition des acteurs au regard du changement, elle rappelle immédiatement un fait : il est vécu à une intensité différente et d'une manière distincte par ceux qui n'en sont pas les maîtres d'œuvre. Quand l'organisation est analysée à titre de système de gouvernement, le changement s'aborde à la lumière de ses conséquences, des modifications qu'il entraîne dans le partage du pouvoir. Une répartition des acteurs, en fonction de la catégorie à laquelle ils appartiennent, aidera le stratège à connaître ses sources de soutien et les poches de résistance éventuelles. Omettre de considérer le changement sous ce jour exposerait le stratège à des surprises, à des rebondissements dont les effets sont habituellement de ralentir considérablement son action, si ce n'est de la compromettre.

Malgré l'intérêt indéniable d'une telle analyse, le stratège prudent gardera à l'esprit la teneur subjective de ce diagnostic qui lui permet de classer les acteurs à partir de trois catégories évocatrices. Il serait de bonne guerre de vérifier sa lecture de la situation, si juste qu'elle puisse paraître. À cet effet, il suffit parfois de cibler quelques représentants de ces groupes, de provoquer quelques discussions informelles, pour soupeser la justesse des hypothèses que nous inspirent nos réflexions initiales. Au-delà des surprises qui peuvent résulter de l'utilisation de cette tactique, on trouve l'avantage de mettre à l'épreuve nos hypothèses quant à la réaction anticipée de la part de l'auditoire.

D'autres avantages militent en faveur d'une analyse politique du changement, d'une lecture politique de l'organisation. Une telle lecture concourt à l'identification de leaders potentiels, qu'ils appartiennent au groupe de ceux qui y gagnent, ou encore de ceux qui y perdent. À ce titre, la carte politique clarifie, pour les individus qui introduisent le changement, le choix de ceux vers qui leur attention doit se porter et elle fournit une première évaluation

---

12. Le terme est utilisé dans le sens suggéré par nos propos antérieurs portant sur les intérêts en présence.

des appuis disponibles ou des oppositions en présence. L'identification de ces leaders d'opinion enrichit l'évaluation qu'effectue le stratège au regard de l'engagement manifesté par ses troupes.

Au risque de nous répéter, mais surtout dans l'intention de ramener à l'avant-plan l'intérêt ultime de la carte politique, nous insistons sur le fait que l'évaluation de l'engagement des acteurs suppose deux perspectives. Si la première concerne la volonté des acteurs de rompre avec leurs habitudes et, de ce fait, touche les aspects relatifs à la dynamique du changement vécu, la seconde soulève la question du partage du pouvoir et, de ce fait, concerne directement ces aspects politiques du vécu organisationnel. Les stratèges qui iraient jusqu'à analyser la position de leurs partenaires immédiats à ces égards pourraient même soupeser l'importance des appuis que leur offre l'équipe de direction. Et si la chose est critique au regard de cette équipe, elle compte tout autant pour ce qui est de la relation entre elle et ceux qui réaliseront les changements. Une fois ce fait accepté, on est forcé d'admettre que la crédibilité du stratège tiendra à la manière de mener cette opération de négociation avec ses partenaires et que ses chances de réaliser la fusion des expertises disponibles dépendent de son habileté à briser l'isolement, à dominer le politique…

L'esprit dans lequel s'effectue la négociation des changements avec les partenaires suppose une lecture partagée de l'organisation. De ce point de vue, les propos de Guba[13], qui insiste sur cette approche politique des acteurs du changement, nous mettent en garde contre un phénomène : le fait de préparer le changement en s'isolant des acteurs, sans les y faire participer ou sans prendre en considération leur point de vue, conduit à un cul-de-sac, à un problème de « crédibilité ». Même lorsqu'il est bon en soi, un changement paraîtra non crédible quand le stratège négligera de faire participer les gens concernés à la création d'un consensus. Et comme l'organisation, c'est d'abord et avant tout les personnes, le stratège perdra par le fait même sa crédibilité aux yeux de ses partenaires.

L'aspect politique n'est cependant qu'un des éléments relatifs à la volonté des acteurs. Pour bien traverser cette négociation de l'engagement, il est tout aussi important de comprendre que le changement suppose une certaine capacité d'agir, de l'expertise et des moyens. Plusieurs stratèges confessent qu'ils ont tendance à choisir d'abord, en espérant qu'ils trouveront bien le moyen de se donner l'expertise ultérieurement, si jamais des carences se manifestaient. Or, leur réflexion devrait suivre le cheminement

---

13. Voir Guba, E. et Lincoln, Y.S., *op. cit.*

inverse. La capacité devrait influer sur le choix des changements à apporter, car l'équilibre de l'organisation dépend justement de cette capacité durant la transition vers un nouvel équilibre. De ce point de vue, la vitesse de croisière et les chances de mener le projet à terme sont touchées par cette capacité dont nous soulignons l'importance, et celle-ci ne renvoie pas à la technologie ni à la santé financière de l'organisation, mais bien à l'expertise de la matière grise disponible : la capacité des ressources humaines[14].

La capacité des acteurs : le défi de la diversité

Au fil de nos échanges avec les stratèges, il nous a été donné d'observer une tendance qui module considérablement leur approche du changement. Leur réflexion sur les orientations stratégiques de l'organisation et sur les choix qui s'offrent à elle repousse à l'arrière-plan la question des ressources humaines. Ce phénomène tient d'un réflexe provoqué par le désir de choisir les meilleures voies d'avenir possibles pour l'organisation. Toutefois, si honorable soit l'intention, aussitôt venu le moment de mettre en place ces actions qui serviront la poursuite des objectifs visés, la grande question resurgit : disposons-nous des capacités humaines qui nous assureront la réalisation de ces ambitions ? Malheureusement, la réponse demeure souvent floue, de l'ordre des hypothèses, et elle s'accompagne de plusieurs pointes d'incertitude. Les ressources humaines ne sont assurément pas de même nature que les autres, et à ce titre, elles ne peuvent être abordées de la même façon.

Pour exprimer cette différence de nature en deux expressions bien senties, les ressources humaines se distinguent des autres par deux caractéristiques qui se présentent aux stratèges comme des contraintes : la variance et la complexité. Certes, il serait prétentieux d'espérer rendre compte des enjeux dissimulés par ces qualificatifs en un seul cliché ; ils invitent à prendre du recul quand se pose la question de savoir comment on bâtira l'avenir. Est-il réaliste d'espérer mener à terme le projet en s'appuyant sur les ressources humaines dont on dispose actuellement, ou s'impose-t-il d'opter pour une modification de la composition de la force de main-d'œuvre en place ? La complexité d'un tel choix éclate au grand jour dès qu'on explore avec plus d'attention la signification de ces deux caractéristiques qui sous-entendent la présence d'une instabilité dans la valeur absolue des ressources humaines.

---

14. L'idée n'est pas de nier l'importance des capacités financières, technologiques ou autres, mais d'insister avec vigueur sur le fait qu'on doit négocier le virage en surveillant de très près la capacité humaine disponible.

La valeur des ressources humaines d'une organisation est soumise à des fluctuations que dissimule l'utilisation de l'expression «ressources humaines». Parce qu'on l'aborde en termes abstraits, il est facile de perdre de vue la diversité d'individus masquée par l'expression, et cette nuance est responsable de bien des préoccupations. Chaque individu offre à l'organisation une énergie disponible, une compétence et une volonté particulière, mais ces trois richesses ne sont pas nécessairement stables ni constantes dans le temps. Plus encore, ces richesses varient non seulement dans le temps, mais aussi d'un individu à l'autre, elles ne sont pas à leur sommet au même moment. Ainsi, constater qu'un employé traverse une période difficile, qu'il a l'air démotivé, qu'il éprouve le sentiment d'être dépassé par la complexité de son travail ou encore qu'il a l'air épuisé ne dit que peu de choses sur l'état de la force de main-d'œuvre. Ces expressions sont des façons de rendre compte de notre conscience de la variance, mais le diagnostic global de l'état de cette ressource demeure difficile à établir. Et quand on songe à ces nuances, on se prend de sympathie pour le stratège qui ressent de l'incertitude quand arrive le moment d'évaluer le potentiel humain dont il dispose à un moment clé de ses réflexions.

Au-delà de la variance, l'expression ressources humaines dissimule également une complexité qui suppose une réflexion approfondie. Aucun stratège ne niera que le rythme accéléré des changements actuels entraînés par la mondialisation de l'économie a poussé la concurrence dans un territoire nouveau à bien des égards. En définitive, la pression s'exerce sur les personnes. Elles doivent s'adapter à un contexte radicalement modifié. Or, l'adaptation au changement se présente comme un processus lent et précaire, voire même mal connu de plusieurs stratèges. Pressés par les événements, stratèges et employés sont appelés à mettre les bouchées doubles, parfois triples, et un nouveau stress plus insidieux s'est installé. L'heure est à la protection des compétences, à leur mise à jour, à leur développement. Le défi est de taille et il l'est pour tous, car jamais encore les marges de manœuvre n'ont été aussi étroites : le changement en quatrième vitesse s'accommode mal de la lenteur et de la précarité des processus par lesquels passent ceux qui ont à s'adapter.

La complexité des interventions destinées à l'adaptation de la main-d'œuvre aux besoins de l'organisation naît principalement de trois difficultés particulières. Toutes les données de recherche tendent à le confirmer, l'acquisition de l'expérience, le développement de la polyvalence ou de la mobilité et la modification des comportements et des attitudes ne se font que par le biais de processus lents et précaires. Du moins, ils se présentent ainsi pour le stratège qui souhaiterait bien une modification plus rapide du cadre de référence de ses partenaires. Quand se pose alors la question du choix, bâtir à partir des ressources humaines actuelles ou modifier la force de main-d'œuvre, la tentation devient forte d'opter pour la seconde voie. Mais s'agit-il de deux choix exclusifs ou en est-il un qui soit finalement plus facile à vivre que l'autre ? Ces questions resurgissent régulièrement bien qu'aucune réponse ne puisse être apportée avec un degré de certitude satisfaisant. Pour l'instant, il s'avère plus sage de comprendre que la décision qui consisterait à modifier la force de main-d'œuvre n'éliminera jamais la variance ni la complexité engendrée par la nature même de la ressource en cause. Cette incertitude accompagnera toujours la réflexion stratégique. En contrepartie, il serait exagéré d'en conclure que là s'éteint pour le stratège tout espoir de parvenir à une plus juste évaluation de la capacité humaine disponible. Si difficile s'avère la tâche, il existe un angle d'approche qui enrichit considérablement la lecture de la situation du stratège, à la condition qu'il s'ouvre à des dimensions plus subtiles que celles proposées par les scénarios traditionnels de la fonction ressources humaines.

La capacité des acteurs : le défi d'une double lecture

Quand se présente la question du choix des changements qui contribueront à la réalisation des ambitions de l'organisation et que vient le temps de les débattre sous l'angle des ressources humaines, le réflexe des stratèges est immédiatement de puiser dans les scénarios traditionnellement associés à cette fonction : acquisition, conservation, développement ou maintien, et retrait. Ces quatre scénarios ne couvrent cependant qu'une partie de la question, celle du volet ressource, au sens abstrait du terme. Ils sont pertinents pour ce qui est de la force de main-d'œuvre abstraite constituée de l'ensemble des personnes qui composent l'organisation. Ils évacuent toutefois la dimension «personne», l'individu. Or, très peu de stratèges ont le réflexe d'ajouter cet angle de lecture. Même s'ils en font grand état au moment de nos échanges sur le vécu quotidien de l'organisation, ils ne semblent pas en mesure d'inclure un traitement satisfaisant de la dimension personne. Cette lacune de leur approche, que reflète aussi le peu de nuances des ouvrages en gestion des ressources humaines, contribue à affirmer la nécessité de traiter de la capacité des acteurs sous l'angle de la gestion des personnes. Nous abordons cet aspect compte tenu de cette préoccupation marquée des stratèges que fait surgir leur expérience vécue de la négociation d'un projet d'entreprise ou encore celle de leurs jongleries avec le changement.

Force est de constater qu'une lecture de la capacité humaine qui prend pour centre d'attention la gestion des personnes propulse la réflexion du stratège sur un terrain fort différent puisqu'il amorce alors cette réflexion sous l'angle des «individus». Il porte de la sorte à l'avant-plan des éléments incontournables que contribuait à marquer l'expression ressources humaines. L'humain se distingue radicalement des autres ressources par sa conscience des choses, par libre arbitre, par son émotivité et par bien d'autres caractéristiques, dont sa capacité de critiquer nos prétentions à son endroit. Malheureusement, rares sont les ouvrages en management qui offrent des indications sur les façons de s'y prendre pour gérer cette «ressource» d'une façon plus appropriée. Trop souvent, les auteurs se limitent à de simples mises en garde, ou encore s'en tiennent à des considérations générales sur les difficultés créées par ces caractéristiques incontournables dont ils ne nient cependant pas l'importance. Il est possible de pallier cette lacune en introduisant quatre points de repère qui s'inspirent des intérêts du stratège à l'endroit des effets produits par ces caractéristiques (voir la figure 3.6, p. 114). L'utilité pragmatique de ces repères prendra toute sa force quand nous traiterons de l'intervention du stratège[15].

Dans un contexte présidé par le changement, en raison des attentes qu'il entretient à l'endroit de chacun de ses partenaires, le stratège admet volontiers que la motivation des individus affectera la performance au travail. Ce qu'il peut espérer d'une personne est tributaire de son engagement. Devant l'importance de l'enjeu, il sera peut-être tenté de s'inspirer d'une approche classique de la question, en l'abordant par l'intermédiaire du thème de la motivation au sens large du terme. Ce choix le conduirait à rechercher des solutions en explorant les conditions de travail (environnement) et la tâche (intérêt) de chacun. Ce réflexe se comprend, car la littérature a longtemps limité le débat à ces nuances inspirées des travaux de Herzberg. On retrouve les traces de cette tendance dans les nombreuses invitations à l'enrichissement des tâches, à la rotation des postes de travail, ou encore dans celles qui proposent de jouer sur le climat de travail ou sur la rémunération pour stimuler la motivation. Or, ces suggestions s'inscrivent dans une perspective qui assimile les questions relatives aux personnes à des enjeux de l'ordre de la main-d'œuvre abstraite. On le constate dès l'instant où l'on s'attarde aux objectifs qu'on espère ainsi atteindre.

Pourtant, quand on la replace dans le contexte quotidien, la préoccupation centrale du stratège quant aux personnes se révèle tout de même assez

---

15. Le chapitre 4 montrera comment le stratège parvient à surmonter les limites des scénarios classiques de la fonction ressources humaines en reliant ces repères aux outils associés à la dimension interpersonnelle de la communication organisationnelle.

FIGURE 3.6 – La ressource et l'individu

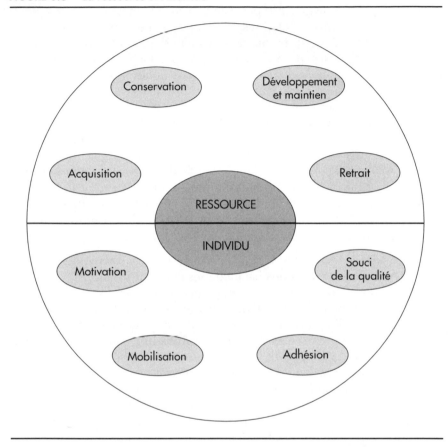

élémentaire : il cherche surtout à stimuler leur désir de «bien faire la bonne chose», justement celle pour laquelle elles ont été embauchées[16] ! Mais puisque les stratégies classiques lui laissent entendre qu'il n'a pas d'influence directe sur la motivation de ses employés, sur leur volonté, il lui paraît normal qu'on l'invite par la suite à utiliser des processus abstraits en vue de motiver ses troupes, de stimuler chez les personnes le désir d'accomplir le mieux possible ce qui est attendu. Si nous admettons l'importance de ce

---

16. Nous l'avons souligné au chapitre 1, laissées à elles-mêmes, bien des personnes travaillent pour une organisation qu'elles se sont inventée en raison du vide laissé par les stratèges qui n'en offrent aucune définition.

premier repère, la motivation, nous proposons toutefois une approche très différente, plus pragmatique de celle-ci.

Pour exprimer la distance que nous prenons par rapport aux stratégies classiques associées à la motivation, nous soulignons d'entrée de jeu les propositions sur lesquelles nous insisterons au moment d'aborder l'intervention. La motivation est une quête de signification. Quand l'individu sait ce qu'on attend de lui, quand il en connaît l'importance et les impacts pour l'organisation, la motivation devient une question de l'ordre de l'engagement individuel. À ce titre, il revient au stratège de voir à ce que les attentes de l'organisation à l'endroit de ses partenaires soient claires, mais le reste est de l'ordre du choix individuel. Dans cette ligne de pensée, nous introduirons des cadres de référence qui remplissent ces obligations, sans pour autant verser dans les pièges qui guettent les stratèges qui seraient tentés par des approches plus psychologiques de la question. Nous affirmons par ces nuances que la motivation est une responsabilité individuelle, que le stratège n'est responsable que de la clarification du contexte dans lequel s'inscrivent ses attentes.

Le stratège n'attend pas d'une personne qu'elle se limite à un travail bien fait dans le cadre de son poste. Sa demande dépasse les préoccupations individuelles. La pertinence de cette exigence est plus évidente aujourd'hui, le simple fait de bien exécuter un travail ne suffit plus, encore faut-il savoir inscrire sa performance dans un tout. Pour le stratège, la personne joue un rôle particulier, et il s'impose qu'elle manifeste un sens des responsabilités très élevé au regard de sa contribution à la performance de l'équipe. À ce propos, il attend d'elle, trop souvent implicitement, qu'elle adopte des comportements qui cadrent avec cet objectif, dans le respect de la raison d'être particulière de son poste en ce qui a trait au bon fonctionnement de l'organisation. On décèle facilement toutefois la présence de ces attentes quand on soupèse la signification de certains changements clés qui se produisent dans beaucoup d'entreprises. Par exemple, à la lumière des conséquences de l'implantation d'une orientation client, on peut saisir que le stratège exprime des attentes particulières au regard de l'état d'esprit dans lequel travailleront ses troupes. Il prescrit par cette orientation de nouveaux comportements. Ainsi, promouvoir les produits offerts par l'entreprise demeure, mais il faut désormais être à l'affût des besoins du client, savoir l'orienter vers le service approprié, assurer rapidement sa prise en charge par la personne compétente qui saura lui donner satisfaction et le séduire par une relation d'affaires hors pair! Voilà des comportements qui correspondent aux ambitions poursuivies par le stratège : il attend des gestes précis, des façons de faire différentes de la part de ses partenaires. Et au fil de l'évolution de ces exigences, on sent bien que réduire les passages de relais suppose d'aborder sa tâche comme une partie d'un ensemble plus vaste, d'un travail d'équipe.

De ce point de vue, sous le thème mobilisation des ressources se dissimule une invitation pressante au travail d'équipe. Que la personne adopte les comportements requis par son rôle et par les responsabilités associées à son poste, même quand ces comportements contribuent au plan d'ensemble ou au projet d'entreprise, ne suffit pas. La performance doit être coiffée de l'esprit du travail en équipe. Pour le stratège, ce second point de repère, la mobilisation, prend en ces termes une saveur bien quotidienne…

Une lecture du point de vue du stratège sur la motivation et sur la mobilisation révèle la connotation pragmatique de ces phénomènes : il les aborde sous l'angle des effets attendus. Quand il recherche la motivation et la mobilisation, le stratège imagine des personnes qui associent leurs efforts à ceux de leurs collègues dans le but d'entraîner l'organisation dans la direction souhaitée. Nous précisons au chapitre 4 de quels outils dispose le stratège pour traiter ces enjeux en les affranchissant de leur saveur abstraite. Quand on privilégie la signification pragmatique de ces deux repères, il est plus évident de tracer la relation qui les unit à ces questions toujours d'actualité pour le stratège et qui ont trait à l'adhésion et au souci de la qualité.

Le souci de l'adhésion des personnes au projet d'entreprise traduit également l'ampleur des attentes quotidiennes du stratège. Comme chacun le sait, toute organisation s'appuie sur des valeurs, sur des politiques et sur des procédures, même si, dans bien des cas, elles demeurent véhiculées implicitement. L'organisation dicte par leur intermédiaire une «façon de vivre» ensemble. Par exemple, le discours d'un stratège peut sous-entendre ces règles du jeu en présentant l'implantation d'une orientation client qui s'accompagne de messages sur l'importance de la synergie entre les postes de travail. Ces prescriptions qui portent sur la manière de se comporter sont de l'ordre de l'adhésion. Celle-ci compte pour le stratège parce qu'elle donne la signification qu'il accorde à l'engagement, à ce souci qui s'exprime habituellement par l'expression «former une équipe unie». Et bien qu'à plusieurs égards le thème du travail en équipe semble épuisé, usé, voire dépassé, la préoccupation demeure des plus vives. Si la littérature portant sur l'adhésion au travail d'équipe semble marquer le pas, l'enjeu se révèle de plus en plus crucial.

En abordant ce thème par le biais de la question de l'adhésion, nous espérons rendre sa coloration pragmatique au souci du stratège et écarter le risque de maintien d'un quiproquo : adhérer ne signifie pas partager !

À notre avis, cette nuance rend compte d'une préoccupation du stratège qu'on évacue souvent par un accent placé sur la valeur ajoutée du travail en équipe. En effet, le stratège ne peut contraindre les personnes à partager les valeurs de l'organisation. Toutefois, il est en droit de s'attendre à ce qu'elles adhèrent à ces valeurs parce que celles-ci traduisent des exigences reliées au travail qui sont en vigueur dans cette organisation. Il se profile derrière la recherche de l'adhésion le souhait que les personnes connaissent, comprennent, acceptent et même jouent le jeu, selon des règles précises. Les préoccupations du stratège portent en ce sens sur les attitudes au travail, sur l'état d'esprit dans lequel agira la personne. Rares sont les stratégies proposées par les ouvrages classiques en gestion des ressources humaines qui traitent de cette question sans la réduire au thème de la gestion des conflits, ou encore à celui de la motivation au sens large. Nous nous efforcerons de suppléer à cette carence en distinguant comment la vision de la communication organisationnelle que nous proposons transforme la question de l'adhésion en un appel à ne pas laisser les valeurs personnelles se substituer à celles proposées par le projet partagé.

Quatrième et dernier point de repère que nous offrons aux stratèges en vue de redonner sa place à la gestion des personnes : le souci de la qualité. Pour le stratège, le souci d'un travail bien fait, d'une prise en charge professionnelle de ses responsabilités et de son rôle semble parfois aller de soi. Pour certains, l'invitation à se soucier du client, qu'il s'agisse du client externe ou du client interne, ressortit à la simple logique. Mais les attentes masquent une réalité : le premier client de toute personne, c'est d'abord elle-même. À ce titre, les stratèges invitent indirectement leurs partenaires à manifester un souci constant de se développer en tant que personnes, certes, mais surtout en tant qu'employés. Voilà qui ouvre sur une exigence à l'endroit des employés, pris individuellement, et qui révèle que la préoccupation du stratège dépasse l'idée que s'en font les personnes à partir de leurs intérêts de carrière ou de leur poste de travail. Ce souci de la qualité comprend deux dimensions, il inclut incontournablement pour l'employé une invitation à se préoccuper du développement de l'organisation et non uniquement du sien. Nous considérerons ces deux dimensions relatives au souci de la qualité quand nous aborderons l'intervention et cela, afin de clarifier comment ce repère contribue à l'élaboration de stratégies de mobilisation qui s'appuient sur la protection et sur le développement des compétences. Encore là, on remarquera la dominante pragmatique de notre approche, un angle d'attaque inspiré par le caractère comportemental de la signification de l'adhésion.

Ces nouveaux points de repère que nous associons à la gestion des personnes sont à nos yeux du domaine de la stratégie en matière d'intervention et ils révèlent une dimension cachée de la gestion des ressources humaines. Ils sont en cause dès que se profile la question de la capacité des acteurs. Tout changement suppose la présence d'une motivation, d'une mobilisation de l'individu, et cela se traduit au quotidien pour le stratège par une adhésion au projet et par le souci de la qualité. Malheureusement, ces ingrédients sont souvent traités comme des conséquences découlant de stratégies abstraites, et leur absence rend pénible le virage proposé par le stratège. Pour cette raison, nous offrirons aux stratèges des outils qui enrichissent le diagnostic à ce point de vue et nous associerons ces volets de la face cachée de la gestion des personnes aux réflexions qui permettent de soupeser la capacité de l'organisation de traverser les changements. Nous reconnaissons sous-entendre de la sorte que le fait de se questionner sur la quantité de main-d'œuvre dont on dispose et sur sa compétence globale, dans l'espoir d'évaluer ses chances de succès, s'avère illusoire quand le diagnostic ne dépasse pas les frontières traditionnelles pour inclure les éléments propres à la gestion des personnes.

Ces considérations d'ordre général sur l'aspect dynamique du changement, sur sa saveur politique et sur la capacité des acteurs, qui révèlent la problématique de la gestion des personnes, ne doivent toutefois pas repousser à l'arrière-plan que nous en sommes encore à explorer les éléments clés de la négociation avec les partenaires de l'équipe de gestion. À ce propos, notre tour d'horizon se révélerait incomplet si nous évitions d'ajouter à tout cela les enseignements à tirer du passé. Le passé est porteur de messages qui révèlent la manière dont l'organisation s'est adaptée au défi du changement jusqu'à ce jour. Ces leçons retiendront l'attention du stratège et de son équipe parce qu'elles les renseignent sur la nécessité de mettre en place des conditions de succès, qu'elles nous soient inspirées par les succès ou par les échecs qui font l'histoire de l'entreprise.

À la lumière des éléments évoqués, il est évident que la négociation des changements ne se résume pas au simple fait de choisir parmi des avenues possibles. S'ajoutent aux aspects qui sont de l'ordre de la vision ceux qui rappellent l'obligation d'une vérification de la volonté des acteurs clés, d'une analyse de la capacité humaine de l'organisation et d'une réflexion critique sur les conditions de succès à mettre en place à la lumière du passé (voir la figure 3.7). Présentée en ces termes, cette négociation qui préside à l'implantation du projet provoque chez les stratèges une certaine surprise. La distance que nous prenons par rapport à ces aspects plus habituels que sont les coûts ou encore la technologie frappe l'imagination. Nous avons choisi cette voie pour affirmer que cette négociation vise à rassembler l'équipe autour de questions qui concernent ceux qui font le changement, les personnes, dans un contexte où la communication organisationnelle devient la toile de fond. Nous admettons accorder une importance de premier plan au facteur humain.

FIGURE 3.7 – Négociation d'un projet partagé : s'entendre sur les orientations

ÉTAPE 2 : établir un consensus quant aux changements à apporter

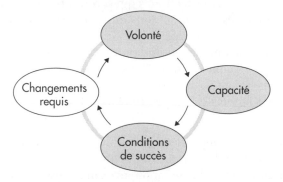

L'angle d'attaque se légitime par le fait que ce sont les individus qui refuseront ou qui appuieront le changement, la technologie, les études de marché, les ratios financiers étant relégués au rang de simples informations. Cette orientation affirme le rôle déterminant des personnes, une dominance trop souvent évacuée par l'association malencontreuse des termes « ressources » et « humaines ».

Le choix des gestes

Troisième objet : déterminer les gestes à poser en vue de concrétiser les changements requis

L'introduction de cet objet de négociation provoque souvent de la dissonance. La tendance naturelle des stratèges est de ne pas distinguer dans leurs discussions les changements requis des gestes qu'il convient de poser pour les concrétiser. D'entrée de jeu, il convient d'affirmer la nuance, changements et gestes ne sont pas synonymes. L'évidence saute aux yeux dès que nous substituons à ces termes les expressions orientation stratégique et tactique. La nuance paraît à ce moment très naturelle. Du point de vue de la négociation d'un projet, la nuance importe parce que, sans elle, la tendance première du stratège à l'action le porterait à débattre des gestes à poser plutôt que de ces orientations générales auxquelles nous associons le terme changement. Nous réservons aux gestes le concept de tactique. Ainsi, nous pouvons débattre d'une orientation client, par opposition à une orientation centrée sur le produit, alors que la disponibilité au point de vente ou encore l'automatisation de services de convenance seront associées à des tactiques dont la finalité serait justement de donner forme à l'orientation retenue.

L'introduction de cette nuance souligne quels éléments sont en cause au regard du troisième objet de la négociation d'un projet partagé. Elle indique du même coup que négocier les gestes à poser avec ses partenaires équivaut à s'entendre sur des tactiques qui seront utilisées pour concrétiser les changements désirés. Ces précisions mises à part, cette troisième étape paraît moins complexe que la précédente. Tel n'est cependant pas le cas. Là se présente explicitement le défi de la multidisciplinarité, un enjeu dont nous avons évoqué l'ampleur en soulignant que le stratège doit «domestiquer» les expertises dont il dispose, les faire travailler de concert. Dès que nous abordons les aspects clés de cette étape avec des stratèges, les anecdotes foisonnent.

Au cours de cette séance de négociations, qui concentre l'attention de chacun sur la définition de tactiques, le remue-méninges ne pose habituellement aucune difficulté. L'imagination ne s'embarrasse nullement des hiérarchies… Toutefois, quand vient le temps de juger du réalisme des gestes, les expertises remontent à la surface et les affrontements ne sont pas rares. Il suffit de se remémorer à quel point le cadre de référence d'un directeur de la production diffère de celui d'un directeur des ressources humaines pour qu'un tableau s'esquisse. Ces tensions surviennent parce que la négociation porte alors sur la sélection d'un ensemble de tactiques dont la valeur se module selon le domaine d'expertise à partir duquel on l'évalue. Le stratège nage dès lors dans les remous engendrés par le choc des expertises, car si d'une part la différence enrichit, d'autre part elle suppose des compromis en fonction d'un intérêt supérieur. Le réflexe n'est pas naturel.

Le choc des expertises débouche sur des débats encore plus vifs quand s'ajoute l'analyse du caractère désirable des gestes et celle de leurs effets anticipés sur la situation d'ensemble (voir la figure 3.8, p. 121). Ce qui est désirable du point de vue financier paraît parfois inacceptable aux yeux de l'expert en ressources humaines, et vice versa. Et si tel est le cas, au moment où se discutent les effets anticipés des tactiques à l'étude sur la situation globale de l'organisation, il va alors de soi que les avis seront aux antipodes. En quelque sorte, les débats observables quant à la faisabilité se poursuivent et s'étendent aux discussions qui portent sur la désirabilité. En cela réside le défi du stratège qui négocie un projet partagé. Tout en valorisant l'expertise de chacun des partenaires, il doit les contraindre à prendre du recul, sans quoi les solutions avancées ne seront pas évaluées à partir d'une vision d'ensemble. Il en va de la complémentarité des expertises et de la gestion de leur cohérence. Le défi est de taille et la patience à l'ordre du jour.

Les stratèges qui pilotent des équipes d'experts en conviennent, ils ont à arbitrer ces affrontements pour réussir l'implantation d'un projet partagé.

FIGURE 3.8 – Négociation d'un projet partagé : s'entendre sur les tactiques

ÉTAPE 3 : établir un consensus quant aux gestes retenus pour concrétiser le virage

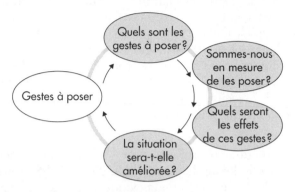

Mais cet objectif ultime dicte ses exigences. Il impose qu'on renonce d'abord à ses propres certitudes pour s'ouvrir à celles des autres. Dans une société où l'expertise est glorifiée et où la spécialisation marque la formation, le réflexe de la réflexion globale n'est acquis pour personne, loin de là... Au contraire, il est fréquent d'être confronté à des experts dont la tendance est d'écarter l'obligation de négocier, en raison des tranquilles certitudes offertes par des analyses très spécialisées qui les inspirent. Certains experts redoutent même de se rendre impuissants en s'ouvrant trop facilement à l'influence des autres. Alors surgissent les appels à la logique, au réalisme, ou encore à la nécessité d'agir. En de telles circonstances, la tentation est forte pour le stratège de rendre les armes ; mais il importe de ne pas renoncer. Aucun spécialiste ne peut légitimement prétendre à des solutions globales sans s'élever au-dessus de son domaine d'expertise, sans s'ouvrir à toutes les facettes, depuis les aspects humains jusqu'aux aspects financiers, en passant par tous les autres. Et si c'est faire preuve d'ouverture d'esprit que d'en convenir, la tâche du stratège demeure complexe. Il sera souvent nécessaire d'accepter de longs débats avant qu'émerge un consensus rassurant et, disons-le, sans détour, qui ne laisse pas l'impression de perdre la face. Fierté oblige.

À l'arrière-plan de ces débats qui président à la négociation des gestes à poser, quatre préoccupations se profilent (voir la figure 3.8). Elles ponctuent le cheminement à suivre en vue d'obtenir le maximum de l'expertise en présence. En premier lieu, chacun sera invité à proposer des tactiques à la lumière de son domaine d'expertise. Par cette voie se crée une gamme de possibilités, sans égard à leur compatibilité. En deuxième lieu, on critiquera ces possibilités à la lumière des moyens dont dispose l'organisation, de sa capacité globale. On se penche alors sur le réalisme des solutions étudiées. En troisième lieu, à partir des tactiques qui auront franchi l'épreuve, on imaginera des arrangements compatibles et cohérents, de manière à ce que l'effet de ces ensembles de tactiques puisse être évalué. En dernier lieu, on jugera de la valeur globale des arrangements en établissant à quel point la situation actuelle de l'organisation se trouverait améliorée si on donnait suite à ces divers arrangements. Énoncée en ces termes, la démarche respecte les règles de la logique. Mais gardons à l'esprit que nous avons affaire à des hommes… et que l'incertitude est le pendant de la réflexion du stratège.

En conclusion de cette réflexion sur l'évaluation des tactiques, nous admettons que cette démarche pose le défi d'une analyse fonctionnelle et transfonctionnelle des arrangements tactiques. Les débats provoqués par les efforts de réingénierie qui bousculent les expertises en font foi. Toutefois, il importe de garder à l'esprit que la finalité de cette étape demeure, pour le stratège, de « domestiquer » l'expertise, d'entraîner ses partenaires dans une réflexion qui accélère l'éclatement des frontières entre des expertises qui, somme toute, ne sont là que pour fournir une contribution complémentaire. Nous traduisons l'essentiel de cette opération délicate par les questions de la figure 3.8, dont le fin stratège saura tirer avantage dans sa recherche d'un consensus.

Quand le stratège et son équipe conviennent des orientations à prendre et des tactiques à privilégier, le changement devient riche de significations. Toutefois, cette négociation resterait sans lendemain si l'implantation d'une vision commune ne débouchait point sur une traduction quotidienne des engagements attendus de chacun. Cette transposition de l'intention à l'action s'opère par la négociation explicite d'un partage des rôles et des responsabilités qui concrétise les conséquences des décisions prises. Nous souscrivons en ce sens à l'idée voulant qu'une structure organisationnelle est un moyen qui sert à réaliser une vision. Les stratèges montrent une haute sensibilité à cette question, ils sont fort conscients de l'importance critique de cette étape de la négociation. Leur sensibilité s'accentue dès l'instant où ils constatent que leurs partenaires ont pour réflexe de ramener les conséquences du changement dans leur ancien cadre de référence, un phénomène qui se traduit souvent par une réticence explicite à consacrer autant de temps aux nouvelles priorités définies par le projet. Ainsi, ils se placent en contradiction face à un changement qu'ils déclaraient prioritaire, avant qu'il s'accompagnât de conséquences les touchant directement. Le réflexe est humain, et s'il déçoit, il montre à tout le moins que l'on ressent déjà les effets du changement annoncé. Il y a là un défi pour le stratège, car la confrontation s'impose.

Nous l'avons souligné, la relation qui s'établit entre les partenaires donne un sens au message véhiculé par le stratège. Au moment où se présentent les premières résistances au changement, le stratège se doit d'accepter la confrontation avec ses partenaires, sans quoi il transmet le message suivant lequel le virage est négociable! Refuser d'affronter l'obstacle provoquerait une situation intenable. C'est à ce moment de la négociation que se joue l'enrichissement des cadres de référence. L'invitation à lire et à comprendre l'organisation dans une perspective globale y prend tout son sens pragmatique. Pour illustrer la chose en des termes simples et provocateurs : refuser la confrontation consisterait à affirmer par ses comportements que les priorités qui gouvernaient le passé l'emportent sur les nouvelles, qu'elles sont plus à propos que celles qui ont été retenues dans le cadre des projets négociés. Dans ce contexte, il est incontournable de relever le défi, de maintenir le cap, en dépit du vent de résistance que le stratège ne manquera pas de sentir. Nous traduisons cette obligation par l'introduction d'un quatrième objet de négociation.

Clarifier la prise en charge du changement

Quatrième objet : partager les rôles et les responsabilités entre les partenaires en vue de concrétiser les changements évoqués

La décision de consacrer le temps requis à cet objet de négociation comporte des avantages marqués, une fois surmonté le choc de l'annonce d'une confrontation parfois inévitable. Les stratèges se donnent de la sorte l'occasion d'aborder cette fameuse question de la prise en charge du changement, un thème dont la littérature fait de plus en plus état maintenant que les organisations vivent au rythme de l'amaigrissement des structures de direction. De plus, ils profitent de l'introduction d'une dimension temporelle dans la mise en perspective de la prise en charge du changement dont l'effet est d'inviter les partenaires à ne pas chercher à déléguer le fardeau du changement à leurs subalternes.

Les recherches portant sur le gestion du changement plaident en faveur de l'introduction d'une dimension temporelle dans la définition de la prise en charge du changement. En observant comment se comportent les gestionnaires durant les périodes de grands bouleversements, les chercheurs ont régulièrement constaté que l'engagement de la direction est un facteur clé. Ce constat élémentaire explique l'abondance des écrits qui traitent du changement en portant à l'avant-plan l'obligation pour la direction de manifester un engagement des plus sérieux! Or, au-delà de l'avertissement, très

peu de ces publications offrent en contrepartie un aperçu des façons d'opérationnaliser cet engagement, de l'étendre aux comportements des partenaires. Pour cette raison, nous insistions sur la nécessité de clarifier ce qui
est attendu de chacun, avant, durant et après l'implantation des changements, en prenant soin d'établir qui fera quoi et quand il le fera, de
manière à combler le vide créé par l'absence d'une structure organisationnelle qui serait en rapport direct avec le virage en cours (voir la figure 3.9).
Paradoxalement, ce point de vue suggère que, au moment où se décident
les changements, la structure en place contribue tout au plus à la gestion
du passé…

FIGURE 3.9 – Négociation d'un projet partagé : s'entendre sur la prise en charge
du changement

ÉTAPE 4 : clarifier la prise en charge du changement dans le temps par un partage
des rôles et des responsabilités

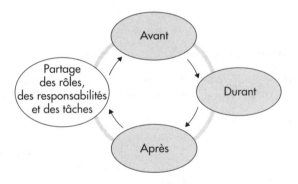

En affirmant que les rôles, les responsabilités et les tâches confiés aux
partenaires pour la marche quotidienne de l'entreprise s'élèvent en obstacles au changement, nous désirons prévenir le stratège. Repousser l'opération de leur mise à jour, de leur révision attentive, concourt à ce que les
anciennes priorités accaparent l'énergie des partenaires, au détriment de
celles qui devraient retenir toute leur attention. Ce n'est qu'au prix de cet
effort, qui vise à maintenir le changement au cœur des préoccupations,
qu'on peut renégocier la signification de la structure organisationnelle sur
des bases pertinentes. L'implantation de la vision dépend en grande partie
du succès de cette opération. Pour le reste, l'engagement se traduira par la
définition d'indicateurs de progrès pertinents, de points d'observation privilégiés en raison des nouvelles priorités.

Clarifier les indicateurs de progrès

Cinquième objet : clarifier les indicateurs de progrès qui manifestent la progression et la prise en charge des rôles et des responsabilités

À cet égard, la négociation d'un consensus couvre trois plans. L'opération s'amorce par l'établissement d'indicateurs relatifs à la séquence des gestes à poser, à l'ordre qui s'établit pour la prise en charge de l'implantation des tactiques. La notion d'échéancier est très familière aux stratèges et les tableaux de bord de gestion qui sont utilisés actuellement dans les organisations valent bien toutes les suggestions que nous pourrions évoquer quant à la manière de les constituer. Toutefois, dans la majeure partie des cas, ces indicateurs s'avèrent les seuls repères utilisés par les stratèges. Cette lacune leur vaut plusieurs difficultés qui peuvent être facilement contournées par l'ajout d'indicateurs supplémentaires qui porteraient sur le respect des rôles qui ont été confiés aux partenaires et sur les résultats qu'on espère les voir atteindre (voir la figure 3.10).

FIGURE 3.10 – Négociation d'un projet partagé : s'entendre sur des indicateurs

ÉTAPE 5 : clarifier des indicateurs de progrès couvrant trois domaines

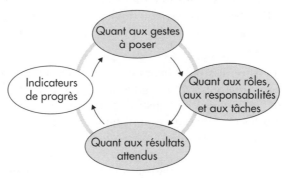

Nous avons pris l'habitude de lancer le défi de la clarification des indicateurs de progrès aux équipes de stratèges qui participent à nos ateliers de travail. Cette tactique nous a permis de constater à quel point ils éprouvent de la difficulté à traduire la responsabilité de leurs partenaires à l'égard du changement à implanter. Si le projet leur est évident, le design des rôles qui en découle l'est beaucoup moins ! Plus encore, très peu nombreux furent ceux qui songèrent à utiliser les notions de rôles et de responsabilités tels des repères de gestion de la prise en charge du changement, du respect de l'engagement. Disons-le ouvertement, il ne s'établit pas à leurs yeux de relation évidente entre le fait de dessiner une structure organisationnelle qui soutient le changement et la formulation explicite de rôles et de responsabilités qui traduisent l'engagement à démontrer à l'égard des résultats attendus ! Or, la prise en charge du changement décrite par ces rôles et par ces responsabilités ouvre sur la mesure de l'engagement. Pour illustrer l'importance de pousser la réflexion jusqu'à la clarification de cette relation, nous offrons une anecdote fort significative aux stratèges qui seraient hantés par le doute.

Dans une entreprise offrant des services-conseils en gestion, la direction générale souhaitait introduire le concept de fonctionnement multidisciplinaire. Son intention était en ce sens d'offrir à ses clients un produit clés en mains et les agents-conseils en avaient été clairement informés. Pour parvenir à leurs fins, les stratèges avaient redessiné la structure organisationnelle de manière à répartir l'expertise suivant quatre secteurs géographiques qu'ils avaient placés, par la suite, sous la responsabilité d'un cadre supérieur. Cette réorganisation fut également annoncée en grande pompe et l'on fit état des objectifs stratégiques qui dictaient ce changement majeur. Malheureusement, les stratèges avaient évacué une question. Ils omirent d'expliquer aux cadres supérieurs quelles nouvelles priorités devaient les guider dans l'utilisation de l'expertise qui leur était confiée, de sorte que les règles du jeu demeurèrent implicites quant au projet. Les résultats de l'opération furent désastreux.

Les efforts consentis pour échapper au cloisonnement des expertises s'enlisèrent dans celui des secteurs géographiques, et les cadres supérieurs recréèrent quatre organisations distinctes dans l'entreprise, reproduisant ainsi des habitudes de fonctionnement qu'ils avaient développées dans le contexte de l'ancienne structure. Outre que la multidisciplinarité demeura un vœu pieux, des conflits apparurent. Les cadres supérieurs se lancèrent dans une guerre de tranchées dans l'intention d'accaparer les meilleures ressources disponibles ! On dut se rendre à l'évidence, le comportement des cadres supérieurs allait tout à fait à l'encontre de l'esprit de la multidisciplinarité, un mode de fonctionnement qui suppose une collaboration ouverte et exempte d'intérêts politiques particuliers.

Bloqués dans cette impasse, les stratèges firent appel à des experts externes. Ils souhaitaient obtenir un diagnostic et, surtout, une ébauche de plan de redressement. La réponse se fit incisive : les cadres supérieurs avaient tué le projet dans l'œuf. Les consultants tenaient pour responsable la direction de l'entreprise. Leur diagnostic soulignait que, en l'absence de suivi des stratèges, la transition des anciens aux nouveaux rôles reflétait l'improvisation. En conclusion, plus douloureux encore, le diagnostic laissait entendre que la crédibilité des stratèges était tombée au plus bas, en raison de cet échec. Il n'en fallait pas davantage pour que la direction demande un audit interne. Cette enquête confirma sans l'ombre d'un doute que les cadres supérieurs étaient perçus par les experts-conseils comme farouchement opposés au projet et plus soucieux d'établir leur fief que de promouvoir la multidisciplinarité !

Force est de constater qu'en dépit de sa justesse le diagnostic n'offrait aucune indication sur la manière de dénouer l'impasse. Il s'écoula plusieurs mois avant que les stratèges parviennent à faire comprendre aux responsables des secteurs que le changement exigeait une redéfinition explicite des priorités et de leur hiérarchie. C'est à ce prix qu'il leur devint possible par la suite de reconfigurer les rôles et les responsabilités en les plaçant en relation directe avec les résultats attendus du changement.

On retiendra de cette anecdote que la décision de modifier les rôles et les responsabilités d'un cadre suppose nécessairement de préciser les résultats dont on lui confie ainsi la charge. En conséquence, pour faciliter la transition, il devient nécessaire de clarifier les activités qui deviennent prioritaires en vue de prévenir toute confusion. Ainsi, pour un cadre dont on attendrait qu'il implante un système informatisé de suivi des résultats atteints par son équipe de vente, si l'intention stratégique du projet est d'effectuer un virage d'une approche par produit à une approche client, l'activité prioritaire devient l'élaboration d'un système d'encadrement qui concorde avec cet objectif clé. La conception d'un tel système devient la responsabilité première du cadre dont le rôle est de préparer l'implantation de cette nouvelle orientation. Or, si cette responsabilité n'est pas explicitement portée à l'avant-plan et si elle n'est pas associée à un résultat à atteindre, le cadre risque fort de s'attarder surtout à l'implantation d'un système informatisé du suivi des ventes, sans trop s'attarder à l'esprit de la réforme. On risque qu'il agisse de la sorte au détriment de la clarification de nouveaux critères à partir desquels il exercera la supervision de ses ressources, confondant ainsi le menu et le repas ! Les erreurs de cette nature sont fréquentes et elles ne sont pas nécessairement le reflet d'une mauvaise volonté quelconque.

La clôture de cette séance de négociations, qui va d'une lecture partagée des écarts à la clarification des résultats attendus du changement, dicte l'obligation de cerner l'ensemble des indicateurs qui servent à évaluer la progression. Dans la conduite de cette délicate opération, deux angles d'attaque retiendront l'attention du stratège. D'abord, il convient de concentrer ses efforts autour de ces résultats précis qui concernent la performance globale de l'organisation. Agir autrement équivaudrait à se conduire comme si les changements ne servaient qu'à rompre la monotonie… Puisque le stratège espère des retombées concrètes, comme une croissance des profits, une réduction des frais d'exploitation ou encore une augmentation du volume de la clientèle ou la fidélisation de celle-ci, il est sage de laisser peu de marge d'interprétation à l'auditoire. Cette tactique présente l'avantage de traduire explicitement aux yeux des partenaires les résultats à atteindre et d'ouvrir sur la clarification des suivis à effectuer.

Ensuite, pour éviter les secousses qui accompagnent régulièrement le changement, il sera important d'introduire des indicateurs portant sur le rythme auquel progressent les différents systèmes concernés. L'observation de cet aspect de l'évolution de l'organisation fournit une information critique. Si les systèmes organisationnels ne progressent pas en harmonie les uns par rapport aux autres, l'incohérence entre les innovations et les anciens modes de fonctionnement devient criante. Il s'ensuit des frictions entre les acteurs, qui risquent d'engendrer un rejet du projet en dépit de sa valeur, justement parce que l'arythmie le rend improductif.

Dans une entreprise du secteur des services financiers, la direction générale lança une vaste opération de formation à la vente dans l'espoir de transformer une force de main-d'œuvre administrative en une force de service destinée au développement d'affaires. On souhaitait être en mesure de confier à cette équipe «recyclée» la responsabilité de la création de dossiers personnalisés et, par la suite, la mission de servir la clientèle en l'abordant à partir du principe de la segmentation comportementale. L'opération se solda par un échec. Elle provoqua une démobilisation parce que l'entreprise avait tenu pour acquis que son système informatique pouvait subir facilement une conversion menant de la gestion par produit à la gestion par dossier client, une hypothèse qui se révéla erronée. Et comme on n'avait pas suivi le rythme auquel s'effectuait l'harmonisation des systèmes les plus concernés, l'entreprise se trouva avec des employés qui n'avaient que des doléances à formuler quant aux conditions dans lesquelles ils étaient placés pour atteindre les objectifs de performance qui leur avaient été fixés. En dépit de la bonne volonté manifestée par chacun, l'incapacité de faire évoluer le système informatique au rythme requis rendait absurdes les buts fixés aux employés.

L'AMPLEUR ET LES LIMITES DU NÉGOCIABLE

Force est de le constater, les cinq objets qui se trouvent au cœur de la négociation entre le stratège et ses partenaires couvrent un très large éventail de préoccupations : lecture et compréhension commune de la situation, vision partagée des changements, clarification des orientations et des tactiques, partage des rôles et des responsabilités menant à une traduction de l'engagement en prise en charge du changement et, finalement, clarification des indicateurs de progrès. Pour certains stratèges, l'ampleur du négociable provoque même le vertige. Le défi est grand et la tentation de repousser la coupe guette les plus audacieux. Toutefois, nous offrons au stratège des voies de solution qui surprendront par leur simplicité.

Au fil du chapitre 4, nous relions ces objets de négociation à une vision du processus de gestion qui met l'accent sur l'action plutôt que sur l'approfondissement de l'analyse qui la précède. Nous privilégions cette orientation parce que les stratèges, contrairement aux étudiants inexpérimentés, sont continuellement confrontés à la nécessité d'agir en tirant des enseignements de leurs expériences. Ils nous paraissent à ce titre grandement avantagés puisqu'ils aborderont nos suggestions en ayant déjà une vision relativement claire de leur projet d'entreprise et des caractéristiques de leur organisation, et, surtout, un vécu dont la richesse doit être prise en considération. En exergue, nous concluons en précisant les limites du négociable, car la négociation n'est pas un jeu sans fin.

Devant l'ampleur de la tâche à accomplir, on peut redouter de se lancer dans un jeu sans fin. La question se pose : les cadres intermédiaires ont-ils à se livrer au même manège de négociation avec leurs employés et, si tel est le cas, risque-t-il d'en surgir des interprétations divergentes ? Notre réponse est sans équivoque : non. Il importe que l'équipe de gestion vibre au même diapason, qu'une seule version de l'organisation soit mise de l'avant. Le négociable dont il sera question avec les employés exclut cette identité qu'on aura traduite dans un projet partagé. Il sera limité à la mise en œuvre du projet. La différence est de taille. Certes, ils devront être très bien informés de la direction prise et des gestes qui seront posés. Toutefois, il s'impose de rappeler que la participation n'est point synonyme d'anarchie et que l'adhésion aux objectifs de l'organisation est une question reliée à l'engagement de chacun des employés. Cette nuance mérite quelques explications.

Les enseignements du passé sont éloquents à ce propos, les formules participatives sont souvent confondues avec une approche non directive. Or, l'invitation à cerner l'identité de l'entreprise avec ses partenaires n'équivaut pas à une obligation d'intégrer tous les points de vue, toutes les opinions. Outre que la chose est impossible, ce serait là un pas vers l'anarchie… Il convient de percevoir cette démarche comme une manifestation de l'intention d'un partenariat transparent auquel chacun peut souscrire librement ou duquel il peut se dissocier. À ce titre, se dissocier serait manifester le désir de quitter l'entreprise.

Cette règle du jeu vaut autant pour les cadres de l'organisation que pour les employés. Elle est la contrepartie de la notion de projet partagé, la face cachée de cette expression séduisante et pleine de promesses. Le projet est une demande formelle d'adhésion à des objectifs, à des valeurs et à des façons de faire particulières. L'anecdote qui suit évoque l'esprit dans lequel se présente le chapitre 4.

Dans une chaîne de magasins réputée, on est fier d'afficher la politique « satisfaction garantie ou argent remis ». Cet engagement de la direction tient lieu de police d'assurance, il annonce le sérieux avec lequel on s'efforce de satisfaire le client. Or, le responsable du service à la clientèle de l'un de ces magasins s'était mis dans la tête de diminuer les retours de marchandises, sous prétexte que certains abusaient de la situation. À ses yeux, le client devait réfléchir avant d'acheter un produit. Cet employé portait ainsi à l'avant-plan ses valeurs au moment de prendre la décision de rembourser le client, plutôt que d'adhérer aux règles proposées par la politique de l'entreprise. Il misait sur une réduction des coûts pour défendre son point de vue. Quelle ne fut pas sa surprise quand on le rabroua. La direction souligna avec force qu'il n'était pas là pour assurer un rendement financier, mais plutôt pour protéger la relation d'affaires établie avec le client ! Plus encore, on l'invita à s'acquitter de sa tâche avec la plus grande courtoisie, à mettre de côté cet esprit critique, pour jouer le rôle qu'on lui confiait : intercepter le client déçu et intervenir avant que la réputation de la chaîne ne soit ternie.

Cette anecdote rend compte de la différence qui s'établit entre un projet partagé, qui suppose l'adhésion à des règles du jeu, et le mythe que pourrait alimenter l'idée de négocier l'entreprise avec ses partenaires. Toute approche de gestion impose aux stratèges de respecter des règles du jeu qui ne sont pas nécessairement les leurs parce qu'elles contribuent à affirmer l'identité de l'organisation. Les employés sont soumis à cette même loi. La négociation que nous proposons respecte cet esprit, et la participation au projet d'entreprise n'autorise pas l'employé à s'écarter des valeurs de l'entreprise sous prétexte qu'elles s'éloignent des siennes.

CHAPITRE 4

LA NÉGOCIATION DU VIRAGE : L'INTERVENTION

> *Quand un stratège poursuit un objectif défini et quand il a l'intuition de la voie à suivre, l'impatience ou une trop grande hâte deviennent ses pires ennemis.*

Par nos affirmations sur la communication organisationnelle, nous avons laissé entrevoir un cadre de référence qui suggère un cheminement aux stratèges qui souhaitent instaurer un partenariat entre les membres de leur équipe de direction. Nous avons même fait surgir l'idée qu'il est possible d'étendre ce partenariat à l'ensemble des acteurs par la négociation des moyens de réalisation et non de la finalité du projet d'entreprise. Le moment est venu d'offrir aux stratèges un aperçu des leviers que nous leur avons fait miroiter.

Inventer l'avenir ensemble n'est pas une entreprise de pure créativité quand est en cause la destinée d'une organisation. Des objets de négociation jalonnent la démarche. Au moment d'amorcer l'implantation des changements qui présideront à l'introduction du projet d'entreprise, il sied de s'attarder avec prudence au processus qui chapeaute l'opération. L'objectif ultime devient la mobilisation de tous les employés dans la foulée des porte-étendards, et à ce titre, l'équipe de direction s'engage dans la promotion d'une vision de l'avenir, d'une vision de la réalité qui devra rassembler tous les auditoires. Si les trois étapes classiques de la gestion du changement (la préparation du changement, son implantation et le suivi des effets de l'intervention) demeurent, nous proposons une prise en charge différente de celles-ci. La finalité des moyens que nous décrirons dans le cadre du processus d'implantation reste essentiellement de créer une cohésion, une vision partagée qui s'accompagne de façons de faire connues, comprises, acceptées et respectées par tous.

Parce que nous reprenons les étapes classiques de la gestion du changement, l'impression d'un manque d'originalité risque de conduire certains
stratèges à imaginer que nous ne proposons pas une approche radicalement
nouvelle. Nous invitons à la méfiance ceux qui doutent de nos intentions,
nous entendons remplir notre engagement à mettre l'accent sur la gestion
de l'action. L'association des étapes classiques de la gestion du changement
à la dimension managériale de la communication organisationnelle réserve
des surprises.

LA PRÉPARATION DU CHANGEMENT

> *Celui qui attend toujours de ses amis*
> *qu'ils fassent quelque chose pour lui*
> *s'expose au risque de la solitude.*

Pour la plupart des stratèges, la préparation du changement se résume habituellement à l'élaboration d'un plan détaillé qui décrit, somme toute, les
grands moments de la transformation proposée. Parfois s'ajoutent quelques
opérations destinées à fournir l'essentiel de l'information aux personnes ou
aux groupes concernés, mais là s'arrêtent les préparatifs. À leurs yeux, la description sommaire de ces étapes fournit l'essentiel des indicateurs qui guideront leur pilotage de l'action. Ils entretiennent l'opinion voulant que, dès
l'instant où les intentions sont relativement claires, un arsenal léger suffit. À
certains égards, ils n'ont pas tort. Quel avantage y aurait-il en effet à déployer
un plan qui devienne plus lourd à porter que le changement lui-même?

Les stratèges qui abordent le changement dans cette perspective légitiment leur position par la clarté de leur vision, par l'aisance avec laquelle ils
sont en mesure de nous en entretenir. Ce confort les porte à croire qu'il
serait illogique d'insister davantage. Toutefois, replacer leur apparente certitude dans le contexte de la communication organisationnelle change radicalement le décor. Le véritable défi du changement prend d'abord la forme
d'une obligation, celle de rompre l'isolement entre le stratège et son équipe.
Le second univers de la communication interdit de se satisfaire de détenir
une vision claire. Si simple soit-il, le plan du stratège passera par l'épreuve de
l'interprétation par l'auditoire… La préparation du changement sous-entend
la prise en compte d'un public; une traduction du plan se révèle nécessaire.

La présence d'un public replace le stratège dans le décor de l'univers de
l'interprétation. Ce contexte particulier force la réflexion au-delà de la clarté

du plan imaginé par l'équipe de direction. Et s'il convient d'affirmer qu'un arsenal léger conviendrait aux besoins des stratèges qui pilotent le changement, ce même arsenal se révèle d'une utilité fort limitée pour tous ceux qui font partie de l'auditoire : la description d'un projet ou la présentation d'une vision de l'avenir demeurent toujours peu révélatrices pour ceux qui devront concrétiser ce changement par des comportements quotidiens qui s'écartent de leurs habitudes. Le mythe de l'existence d'une seule version de l'identité de l'organisation vient fausser la perspective.

La présence de ce mythe porte à confondre deux réalités différentes. Ceux qui devront donner vie au changement éprouvent des besoins qui se distinguent nettement de ceux ressentis par les stratèges qui le proposent. De ce fait, la préparation de l'intervention ne peut être abordée en prenant pour point d'origine les stricts besoins des stratèges… Il s'ensuit l'obligation de renverser la perspective pour insister sur trois aspects qui préoccupent les principaux intéressés : les employés. Après tout, puisqu'ils seront les artisans du changement, il convient de leur accorder la préséance ! Mais le réflexe n'est pas naturel… Et comme là n'est pas l'habitude du stratège, le plan de communication, le plan de mobilisation et l'art de cerner des mandats deviennent des leviers dont l'utilité est de pallier l'absence de familiarité de l'auditoire avec le projet (voir la figure 4.1, p. 134). Ces trois leviers recadrent le lancement de l'intervention dans la perspective des événements qui marquent le quotidien de certains stratèges. L'anecdote qui suit ne manquera pas de raviver quelques souvenirs.

« Pourquoi tenez-vous autant à changer telle façon de faire ? Nous commencions à peine à profiter d'un système bien rodé, à être en mesure de résoudre rapidement les difficultés de parcours… » Voilà décrit à grands traits comment se présentent aux stratèges les premiers signes de résistance quand s'amorce un virage. Certes, tous ne résistent pas ; il se trouve des employés que le changement stimule au plus haut point. Mais les réactions positives n'écartent pas de l'esprit du stratège que les réticences exprimées annoncent la naissance de deux groupes d'acteurs, de deux publics. Et comme ils sont emportés dans ce tourbillon de réactions, les stratèges qui perçoivent le changement comme une solution voient naturellement leur attention attirée par l'attitude de ces employés qui se présente comme l'obstacle majeur. Le reste leur paraît secondaire.

Certains stratèges affirment même que les faits justifient l'attention qu'ils portent à ce public particulier. Ils soulignent qu'une fois franchie la période des objections initiales vient celle de la contestation ouverte, de la révolte. Plus encore, ils sont en mesure de citer les clichés utilisés par leurs employés : « L'ancienne méthode était plus rapide. » ; « Il se produisait moins d'erreurs. » ; « Il y avait toujours quelqu'un en mesure de nous dépanner. » ou encore « En période de pointe, il arrive qu'on doive revenir à l'ancienne façon de faire pour absorber les surplus… ». Ces stratèges sont en mesure de citer moult exemples de résistance ou de doléances qui plaident en faveur d'un examen des faits. Mais la richesse de leur expérience les porte à considérer la résistance au changement comme un fait inévitable, comme un mal nécessaire, qu'on ne saurait empêcher qu'en renonçant à l'essentiel. Les faits sont là, mais cette lecture de la situation n'est pas justifiée.

En matière de communication organisationnelle, cette lecture est le produit d'une vision de la gestion du changement qui s'appuie sur un cadre de référence inadéquat. Il est de la responsabilité du stratège de guider ses troupes vers cette nouvelle identité de l'organisation justement parce qu'il s'en trouvera pour déplorer la disparition de l'ancienne. Leur nostalgie ne doit pas masquer un fait : ils ignorent trop de choses de cette nouvelle entreprise pour être séduits par son identité… Le défi devient d'accompagner ses troupes dans le changement, et la seule voie de solution suppose au préalable de les rejoindre dans leur univers (voir la figure 4.1).

FIGURE 4.1 – La préparation du changement

ÉTAPE 1 : il revient au stratège de rejoindre les employés dans leur univers

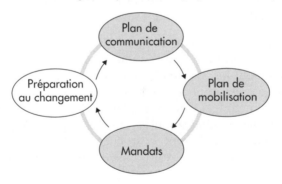

Aborder le design des actions à entreprendre auprès de ses troupes à partir de ses intentions de changement expose à des erreurs dans le choix des stratégies et des tactiques. Le stratège perspicace s'épargnera bien des efforts s'il élabore son plan d'action en tenant compte de la position actuelle des acteurs auxquels il s'adresse. Le meilleur choix est de mettre fin à sa course en avant, de prendre les gens là où ils sont. Cette proposition paraît tenir de la plus pure logique, du moins au premier abord. Cependant, nombreux sont les stratèges qui éprouvent de la difficulté à cerner où loge leur auditoire et, par suite, les gestes à poser et l'ordre à respecter dans leur agencement. Leur cadre de référence présente des lacunes. Ces lacunes s'estompent dès l'instant où ils modifient leur lecture du contexte d'accueil du changement. On parvient à ce résultat en alignant le temps de l'organisation sur le temps des acteurs, une tactique qui prévient les ruptures dans le *momentum*.

Les porte-étendards ont l'habitude de s'ouvrir à leur auditoire après avoir mené leurs réflexions à terme. Au moment d'aborder leur public, ces individus voient le changement comme nécessaire. Pour cette raison, ils oublient de recadrer leur approche de l'auditoire en considérant tout ce temps qu'ils ont investi pour en arriver aux conclusions qui leur sont aujourd'hui évidentes. Au moment où il leur paraît opportun d'annoncer des changements, ils perdent de vue un aspect clé du contexte où ils se trouvent : leurs employés ne disposent pas de ce contexte riche qui leur rendrait le projet significatif. Pour la plupart d'entre eux, il s'agit d'une opération de charme, car ils en sont strictement à prendre connaissance des intentions des stratèges. Le stratège et ses troupes vivent une rupture temporelle : ils ne se situent pas dans un *continuum* commun. La figure 4.2 illustre cette absence de synchronie[1].

FIGURE 4.2 – L'absence de synchronie

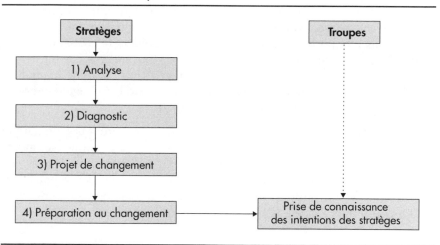

---

1.   Pour un traitement approfondi de la notion de contexte riche, voir les travaux d'Edward T. Hall (1979 et 1984).

Le parallèle qui s'établit entre les cheminements des acteurs au regard du projet de changement révèle cette différence de *continuum* temporel qui caractérise la façon dont chacun vit le phénomène. Au moment où le stratège aborde l'étape qui correspond pour lui au lancement, ses troupes ne l'ont pas encore rejoint sur le trajet de la légitimité du changement ! Il s'ensuit que les premiers signes de résistance ne sont pas nécessairement synonymes de refus. Il est naturel que tout n'aille pas de soi au départ ! Un tel écart de vision correspond à celui évoqué au chapitre 2 à propos du passage de l'intrapersonnel à l'interpersonnel. Il revient au stratège d'aborder cette rupture du *continuum* à partir de la dynamique qui sert à résoudre les écarts de consensus, car il est de sa responsabilité de faire d'abord connaître et comprendre le projet[2]. En conformité avec cette logique, la première tactique associée à la préparation du changement sera d'élaborer un plan de communication adapté à ce contexte.

Le plan de communication

L'habileté à réaliser une réflexion stratégique qui embrasse l'organisation et son environnement est à la fois une nécessité et une source de difficulté. Le défi des pilotes du changement se résume au départ à une intervention qui doit provoquer l'éclatement des cadres de référence actuels de ses interlocuteurs. Tous les acteurs sont exposés au risque de situer le changement dans un cadre de référence inapproprié. Au fil de nos réflexions sur la nécessité d'une vision partagée, il est devenu évident que la plupart des acteurs se construisent une compréhension de l'organisation qui prend son origine dans leur poste de travail. Quand ils accueillent le changement par la voie d'un processus similaire, ce qui paraît légitime aux yeux des stratèges ne l'est pas automatiquement aux leurs. Ce risque appelle à une segmentation du plan de communication. La tactique présente l'avantage d'indiquer comment amorcer l'intervention sur le bon pied.

Les questions clés du plan de communication suggèrent une démarche qui consiste à cerner la ligne de pensée de l'auditoire. Et comme l'auditoire devient de ce fait le centre d'attention du stratège, l'opération suppose *de facto* que le stratège fasse abstraction de son cadre de référence pour s'arrêter à celui de son auditoire en vue d'élaborer un plan de communication qui lui convienne. Les éléments à inclure dans le message deviendront de

---

2. Nous avons souligné cet aspect au chapitre 2 quand nous avons traité du diagnostic de l'état de la communication organisationnelle. Si la vision du stratège n'est pas connue de ses partenaires, il ne saurait être question de projet partagé.

plus en plus évidents si le stratège respecte des règles précises dont l'origine se situe dans le domaine du marketing.

Des publics et des règles

L'obligation de clarifier le message à partir du cadre de référence du groupe auquel on s'adresse risque de créer l'impression que l'organisation ne présente pas toujours une information équivalente et franche à ses interlocuteurs. Ce serait là une interprétation erronée. L'invitation suggère plutôt de reconnaître que chaque public n'a pas les mêmes attentes et que, selon le moment, il désirera être entretenu de certaines choses en particulier. Ce phénomène, certaines organisations le comprenne de plus en plus et l'on peut en prendre pour exemple les efforts marqués qu'elles consentent pour traduire leur engagement à fournir un service plus personnalisé à leurs clients. Toutefois, cette orientation place le public interne dans des dispositions qui diffèrent de celles qui caractérisent le public externe de l'entreprise.

Quand la direction d'une organisation informe ses employés de son intention d'implanter une offre de service personnalisée, ceux-ci sont d'abord intéressés de savoir en quoi leur travail quotidien sera modifié. En ce sens, ils seront intéressés de connaître la marche à suivre en vue de réaliser cette nouvelle orientation. Il en va de leur travail quotidien. La perspective se modifie très sensiblement au moment où le stratège adresse son message au client externe. Le consommateur souhaitera pour sa part trouver dans l'information qui lui est transmise les avantages qu'il retirera de cette offre de service et surtout des indications portant sur la façon d'avoir accès à ce service à valeur ajoutée. Abordées en ces termes, les préoccupations ou les attentes des publics s'avèrent différentes – les besoins de ceux-ci ne sont pas identiques.

La présence de telles différences établit que des publics distincts, rencontrés à des moments différents et qui manifestent des attentes particulières, ne peuvent se satisfaire d'une information neutre, d'un message qui ignorerait leurs besoins. De ce point de vue, il est juste d'affirmer que chaque public espère trouver l'information qui lui convient et surtout qu'il revient à l'organisation de la lui rendre disponible. Notre invitation à ajuster le message au public ciblé s'inscrit dans cette perspective. Quand le stratège colore son message, parce qu'il le destine à un public spécifique, il ne s'agit donc pas d'un double langage, mais plutôt d'un effort d'adaptation de l'organisation envers ceux à qui elle s'adresse.

De la même manière, la préparation de l'annonce du changement suppose la production de plans de communication adaptés. Il est évident que le stratège aura à dialoguer avec des publics distincts : les cadres, les employés et, dans certains cas, le conseil d'administration ou encore les représentants syndicaux. On comprend d'entrée de jeu que le conseil d'administration et le syndicat désireront avoir une vision d'ensemble des changements projetés et de leurs conséquences, alors que, pour leur part, les employés souhaiteront qu'on en traduise le sens et la portée dans le contexte de leur travail quotidien. Des attentes aussi différenciées imposent une mise en contexte de l'annonce des changements selon le public en cause. Pour donner un aperçu de cette gymnastique de la nuance, nous illustrons ci-dessous les règles à suivre en évoquant deux publics particuliers : le conseil d'administration et les employés. La présentation de la portée des règles à suivre dans la conception du plan de communication prendra ainsi une saveur plus appliquée.

1. **La discipline du marketing**

    a) Devant des *continuums* temporels différents, il devient pertinent de considérer le changement comme un produit à vendre, de reconnaître qu'il ne va pas nécessairement de soi pour le conseil d'administration ou encore pour les employés. En présence du conseil, le stratège a un défi à relever : obtenir son adhésion au projet mis de l'avant. Pour cette raison, il y a lieu de fournir une image claire de la situation actuelle et de la direction que propose de prendre le stratège pour améliorer la performance globale de l'organisation. Il en va ainsi parce que le but ultime est d'obtenir l'adhésion au changement.

    b) Dans la même ligne de pensée, le contact avec les employés constitue également un défi pour le stratège : il doit leur indiquer dans quelle direction évolue l'organisation tout en précisant en quoi leur contribution devient essentielle à la réalisation des objectifs poursuivis. La discipline du marketing colore de la sorte la préparation du stratège. Son plan de communication se dessinera aux couleurs du public auquel il s'adresse pour s'ouvrir aux caractéristiques du groupe particulier dont il recherche l'engagement. Ces effets de la discipline du marketing se comprennent par le fait que le plan de communication devient une entreprise de persuasion, qu'il s'inscrit dans le troisième univers dont nous avons fait état[3].

2. **La discipline des faits**

    a) La discipline des faits rappelle au stratège le rôle clé du diagnostic de l'état de la communication organisationnelle. Elle l'invite à

---

3. Nous l'avons souligné au chapitre 1, les problèmes du troisième univers ne peuvent être réglés strictement en fonction des stratégies associées à celui de la transmission de l'information. L'approche doit être pragmatique, c'est-à-dire orientée vers les effets escomptés.

aborder l'élaboration de son plan de communication à partir des résultats auxquels il parvient par la voie du diagnostic des écarts en présence. L'affirmation s'inscrit en droite ligne dans les prescriptions de la discipline du marketing. Vendre une vision de l'avenir au conseil d'administration équivaut à rechercher un consensus, une vision partagée, et même à vouloir s'entendre sur des moyens à prendre, soit à éviter que surgisse un écart quant aux processus. Dans ce contexte, s'il y a au départ un écart de consensus, le stratège abordera le plan de communication en prenant pour centre d'attention ce problème particulier.

Cet angle d'attaque invite à concevoir le message compte tenu des arguments auxquels le public cible sera sensible plutôt que de ceux qui nous sembleraient séduisants à première vue. Pour cerner ces arguments, il est nécessaire d'effectuer un diagnostic de la position du conseil d'administration afin d'établir comment il perçoit l'évolution de l'organisation. Ainsi, placé devant un conseil qui considérerait que la performance de l'organisation est excellente, le stratège construirait son message en prenant cette lecture et les arguments qui la fondent comme point de départ puisqu'il entreprendrait de vendre une interprétation des faits allant à l'encontre de cette opinion.

b)   Il en va de même pour ce qui est du plan de communication élaboré à l'intention des employés. Advenant le cas où ceux-ci ignoreraient les difficultés rencontrées par l'organisation et les défis qu'elle doit relever, le message se distinguera radicalement de celui qui serait livré s'ils étaient très au fait de la situation de l'entreprise et s'ils connaissaient déjà l'importance de leur contribution. Encore une fois, le stratège tirera du diagnostic de leur position les paramètres qui l'aideront à mettre le message en contexte. De ce point de vue, la discipline des faits affirme la nécessité d'un diagnostic de l'état de la communication organisationnelle.

3.   **La discipline de l'interprétation**

a)   Cette troisième règle souligne l'importance de cerner par le diagnostic des écarts les raisons qui conduisent un public à entretenir un point de vue donné sur la situation. Elle est une invitation à comprendre ce public à partir de son propre cadre de référence. L'enjeu est de mettre au jour les éléments et les arguments qui expliquent l'orientation qui caractérise sa lecture des événements. Ainsi, un conseil d'administration qui estimerait la performance de l'organisation excellente parce que les objectifs du plan stratégique auraient été atteints ignorerait peut-être les résultats obtenus par les concurrents.

Il pourrait alors être ébranlé en apprenant que l'organisation est en perte de vitesse ou, pire encore, qu'elle est en voie d'être déclassée en raison de l'avance technologique prise par scs rivaux. Le diagnostic révélerait de ce fait au stratège que le conseil d'administration évalue la performance de l'organisation «en circuit fermé», uniquement en fonction de son passé, une lecture lourde de conséquences quand est en cause la qualité des décisions stratégiques.

b) Le respect de la règle s'impose tout autant quand les employés sont le public ciblé. Pourquoi considèrent-ils que l'implantation d'une nouvelle technologie ou encore que l'acquisition de nouvelles compétences ne s'avèrent pas incontournables ? S'ils estiment livrer une excellente performance dans l'exécution de leurs tâches, les changements proposés risquent de ne pas leur paraître nécessaires. Il est fort possible qu'ils les perçoivent strictement comme des facteurs compliquant leur vie. Il s'impose d'élaborer le plan de communication compte tenu de leur cadre de référence, sans quoi, il est peu probable que les effets escomptés soient obtenus.

4. **La discipline des objectifs**

a) Une bonne analyse du cadre de référence du public cible facilite considérablement la formulation des objectifs visés par le plan de communication. À ce propos, la discipline des objectifs laisse deviner que les enjeux du plan se modifient selon la position de chaque public. Ainsi, un conseil d'administration mal informé conduira à définir un plan en vue d'apporter toute l'information requise, alors qu'un conseil d'administration récalcitrant conduira à privilégier des objectifs d'une tout autre nature qui pourraient se formuler comme suit : «Au terme de la réunion du 26 février, le conseil d'administration recommande l'implantation des changements proposés et il s'engage à appuyer la direction générale dans sa promotion auprès des employés.» Des objectifs aussi ambitieux laissent entrevoir en filigrane que les aspects «connu, compris, accepté, respecté et effet désiré» demeurent bien présents. Ce rappel contribue à établir la façon dont les objectifs du plan s'inscrivent en droite ligne dans les résultats du diagnostic et conduisent à privilégier un type de solution spécifique.

b) Dans la même ligne de pensée, l'objectif du plan de communication du stratège pourrait être que la réunion avec les employés débouche sur un engagement clair de leur part à prendre le virage technologique ou encore à s'investir dans le développement de nouvelles compétences. Un tel engagement lui ouvrirait la porte du changement et lui fournirait un contexte dans lequel la clarification des contributions de chacun prendrait toute sa signification. Pour y parvenir, il devra encore là aborder la question à partir du cadre de référence de ce public, car il pourrait arriver qu'il doive d'abord franchir quelques obstacles avant d'espérer atteindre de tels résultats.

5. **La discipline de l'exécution**

Cette règle rappelle d'une part que le plan de communication du stratège s'adapte au public cible, mais elle ajoute d'autre part une préoccupation : il importe de s'assurer de la cohérence entre les plans et de vérifier leur complémentarité. Les plans ont pour fonction tactique de mettre en évidence la façon dont chacun des publics contribue de manière distinctive à la réalisation d'un vaste projet qui s'appuie sur une vision partagée de l'avenir. À cet égard, ils servent à situer la contribution particulière du groupe concerné au regard d'un plan d'ensemble. Quand s'amorce un changement, les plans mettent en contexte la contribution du groupe à la progression de l'organisation vers les objectifs fixés. Ils montrent à quels égards cette contribution ne peut être apportée par d'autres groupes. Pour cette raison, leur complémentarité est nécessaire, mais il importe de garder à l'esprit leur rôle stratégique : éliminer les écarts. De ce point de vue, la discipline de l'exécution suggère au stratège d'analyser ses plans en prenant en considération leur double raison d'être. Ils sont à la fois mesures correctrices et instruments de clarification du contexte global.

6. **La discipline du contrôle**

Tout plan de communication suppose l'établissement d'indicateurs de performance, des mécanismes qui servent au contrôle des effets de l'intervention au regard des objectifs fixés. L'intention générale étant d'utiliser les différents plans pour faciliter l'implantation d'une vision partagée, la mise à jour du diagnostic informera le stratège de l'évolution provoquée par ses interventions auprès de ses publics cibles. Par exemple, s'il arrivait que le conseil d'administration n'adhère pas aux changements proposés, ou que les cadres ne respectent pas leurs engagements, ou encore que les employés n'acceptent pas l'évolution de leur tâche, il y aurait lieu d'interpréter tous ces phénomènes comme autant de signes révélant que l'intervention marque le pas. C'est là l'utilité de respecter la discipline du contrôle ; on y trouve l'occasion de déceler ces signaux qui montrent que le changement engendre des résistances.

Un survol même rapide de ces règles révèle l'esprit dans lequel s'inscrit le diagnostic de l'état de la communication organisationnelle. Toute l'attention du stratège se porte sur le suivi de l'évolution des écarts en présence.

Pour cette raison, la compréhension de la signification de ces règles s'impose comme préalable à une juste interprétation des dimensions fondamentales d'un plan de communication, justement parce qu'un état d'esprit particulier gouverne toute la démarche. Préparer le changement équivaut à préparer les cerveaux et les cœurs à l'accueillir favorablement. Et dans cette ligne de pensée, la pragmatique de notre approche invite indirectement le stratège à effectuer un recadrage qui respecte les univers en présence.

Le recadrage proposé suppose d'aborder toute la question de la mise en contexte du changement à partir d'un constat : les trois univers de la communication sont en cause. Le stratège affronte le premier, celui de la transmission de l'information, quand il se frotte à la question du choix de l'information qu'il fournira à ses partenaires. Pour résoudre ce problème, il lui est nécessaire de connaître les écarts de vision qui se présentent entre lui et chacun de ses publics, car il y trouvera les pièces manquant au décor de ses partenaires.

Le stratège est également mis au défi par sa traversée du deuxième univers de la communication. Il passe le test de l'interprétation du message par son auditoire. Ce défi est le pendant de ses intentions, car il porte sur la création d'une communauté d'esprit avec ses partenaires. Le stratège espère une lecture partagée de l'organisation. Pour arriver à ses fins, il doit absolument cerner le cadre de référence de ses publics, car cette opération l'informe sur la nature des écarts de consensus en présence, s'il en est, et l'oriente vers le type de solution à mettre en place. Nous avons d'ailleurs évoqué cette nécessité au moment où nous avons débattu des difficultés relatives à la multidisciplinarité. En affirmant qu'elles sont engendrées par la présence d'une diversité d'expertises dans l'organisation, nous avons relié ces difficultés aux effets des cadres de référence des experts, de l'existence d'une diversité d'auditoires.

Finalement, le troisième univers soulève toute la question de l'influence recherchée par le stratège. Ses comportements sont des messages et il espère qu'ils induisent des réactions particulières. Dans le cas de l'annonce d'un changement, l'attente est sans conteste d'obtenir un effet de mobilisation de ses troupes. Il sied d'associer les objectifs du plan de communication à cet univers, car ils révèlent les effets attendus. Ils expriment à quelles conditions l'intervention devient un succès. À ce titre, les résultats obtenus peuvent remettre en question tout autre objectif.

Les défis particuliers que pose chacun de ces univers de la communication contribuent à affirmer le caractère stratégique du diagnostic et l'utilité d'un recadrage de la perspective. C'est là le sens du message qui se profile derrière l'invitation à respecter des règles précises dans l'élaboration du plan de communication. Il s'ensuit que le plan devient un moyen de résoudre des écarts, peu importe leur nature. Il est le levier stratégique qui soutient le passage de la dimension intrapersonnelle aux autres dimensions. Voilà l'esprit dans lequel il convient d'interpréter la discussion des dimensions fondamentales du plan de communication.

Les dimensions fondamentales d'un plan de communication

Les défis associés aux trois univers de la communication laissent parfois certains stratèges songeurs. Ils redoutent que l'opération s'enlise dans des nuances qui supposent une expertise si raffinée qu'elle en devient hors de portée… Heureusement, tel n'est pas le cas. Le recadrage n'entraîne pas l'obligation de se donner des compétences techniques de pointe. Il invite plutôt à prendre du recul. Au risque d'une simplification excessive, il doit être un avertissement : un stratège ne peut prétendre lire et comprendre son organisation adéquatement s'il n'est en mesure de cerner la position de ses troupes. Il lui incombe d'amorcer le dialogue en considérant cette position comme un élément critique du décor.

À cet égard, prendre du recul consiste à respecter les règles dont nous avons fait état, justement parce que leur effet est de mettre en perspective les cadres de référence en présence. Les conséquences de l'exercice sont d'ouvrir à une compréhension plus globale de la situation, à une lecture qui s'inspire du point de vue des acteurs concernés par le changement. Quand le diagnostic respecte les règles de l'art, les questions clés du plan de communication se révèlent élémentaires et les réponses viennent d'elles-mêmes.

Questions clés du plan de communication

1. Qui ?
2. Dit quoi ?
3. À qui ?
4. Comment ?
5. Avec quels effets ?

Au-delà de leur grande simplicité, les questions associées au plan de communication expriment adéquatement la logique qui le gouverne. Le fait devient évident au moment où l'attention se porte sur la démarche que pourrait emprunter le stratège dans sa négociation avec son conseil d'administration. En respectant l'ordre des questions, on peut facilement imaginer que le stratège (qui ?) présente les résultats d'une analyse stratégique effectuée par l'équipe de direction (dira quoi?) au conseil d'administration (à qui?), en précisant qu'il dépose le rapport sommaire qui traduit la position stratégique de l'entreprise aux fins de discussion (comment?) en vue d'obtenir un avis de la part des membres. La dernière question souligne dans ce contexte l'objectif du plan, soit d'obtenir l'appui du conseil d'administration quant aux changements à apporter pour améliorer la performance de l'organisation (avec quels effets attendus?)...

Cette illustration sommaire rend compte de la logique élémentaire du plan. Les questions qui la sous-tendent sont une invitation au stratège à constater que l'obstacle se franchit aisément, pour autant que le diagnostic s'avère juste. À cet égard, il est légitime de le souligner, la difficulté réside davantage dans le diagnostic que dans l'élaboration du plan! L'opération n'est toutefois pas hors de la portée du stratège qui s'inspire des dimensions de la communication dont nous avons fait état, et celles-ci lui laissent en héritage une possibilité d'évaluer les résultats obtenus. Par exemple, si le conseil d'administration conteste l'analyse de la position stratégique de l'organisation et rejette les propositions de changement qui l'accompagnent, le stratège pourra immédiatement établir la nature de l'écart de vision auquel il est confronté et cerner les paramètres en cause. Cette logique vaut tout autant pour ce qui est des interventions du stratège auprès de ses troupes.

Quand le stratège tourne son attention vers le personnel concerné par le changement, il lui est possible d'ébaucher un plan de communication adapté à ce public spécifique. À partir des résultats de son diagnostic de l'état de la communication, son message prend automatiquement une coloration particulière dès l'instant où il s'applique à cadrer son intervention en fonction des écarts décelés. Pour en rendre compte, nous schématisons la démonstration dans l'encadré de la page 145.

Inspiré d'une anecdote, le cas du suivi des fournisseurs rend compte de la relation qui s'établit entre le plan de communication et le diagnostic de l'état de la communication organisationnelle. Il est sous-entendu dans ce cas que le diagnostic de la situation est partagé : les contremaîtres connaissent les faits, ils comprennent leur relation avec les objectifs de qualité du service mis de l'avant et ils acceptent la nécessité d'apporter des ajustements. Puisque le stratège espère induire des comportements chez ses partenaires, soit qu'ils proposent des solutions et qu'ils portent une attention particulière au suivi des agissements des fournisseurs, il évaluera le succès de son intervention à ces égards, en s'assurant que les engagements sont respectés. Par la suite, il se penchera sur la portée stratégique du plan en surveillant l'évolution du ratio des retours causés par les défectuosités des composantes en provenance des fournisseurs.

Schématisation du plan de communication

Qui ?   Le directeur général.

Dit quoi ?   Notre système de suivi de la qualité du service révèle que nous nous trouvons en difficulté en ce qui concerne le contrôle de la qualité des produits de nos fournisseurs.

Nous ne respectons plus les normes ISO 9000. Les retours de marchandises ont augmenté de 17 %... dans votre secteur. Il importe de résoudre ce problème qui semble provenir des défectuosités de composantes que nous livrent nos fournisseurs.

À qui ?   Aux employés qui sont concernés par ce suivi.

Comment ?   Lors d'une réunion de travail, le directeur général fait le point avec les contremaîtres du secteur et il révise les objectifs à atteindre pour le mois à venir. Il discute avec eux de la nature des problèmes rapportés par les clients et il rappelle l'importance d'offrir une excellente qualité de service.

Avec quels effets ? Au cours de cette discussion, les employés proposent des mesures en vue de redresser la situation. Ils apportent par la suite une plus grande attention aux agissements des fournisseurs en cause.

Ces illustrations sommaires du plan de communication expriment la voie à suivre. Par la même occasion, elles conduisent à un constat. Le respect des règles qui précisent comment aborder son public entraîne un recadrage, une lecture de la situation qui place les acteurs du changement et non pas le projet lui-même au centre d'attention. Ce recadrage joue un rôle critique : il contribue à résoudre le problème de synchronie qui prévaut au départ entre le stratège et ses troupes et il enclenche la stratégie de la mise en place d'une vision partagée. Il va de soi que le suivi des effets de ce plan fournit de précieuses informations au stratège et qu'il sera sage d'en prévoir régulièrement la mise à jour[4].

---

4. L'intervention est un processus itératif et non linéaire. À ce titre, le plan de communication demeure utile à toutes les étapes du processus et sa mise à jour permet au stratège d'amorcer ses actions en vibrant au même diapason que ses troupes.

Le plan de mobilisation

La deuxième tactique intervenant dans la préparation du changement se révèle plus complexe. Elle suppose de traduire la portée du changement sous la forme d'un plan de mobilisation. Les stratèges sont habituellement peu familiarisés avec cette tactique qui exige une évaluation des capacités humaines de l'organisation. Dans cette ligne de pensée, il importe de rappeler l'essentiel de la relation qui s'établit entre les ambitions de l'organisation et le potentiel global dont elle dispose.

D'entrée de jeu, l'analyse des scénarios de changement qui s'offrent au stratège ne saurait être menée à terme s'il lui arrivait d'écarter la question de leur réalisme ou encore celle de leur pertinence au regard des capacités globales de l'entreprise. L'obligation vaut également en matière de gestion des ressources humaines. L'on doit soupeser les options relatives à la force de main-d'œuvre, en s'assurant de leur cohérence et de leur cohésion, dans une perspective qui embrasse toutes les fonctions de l'entreprise. Il en va de la valeur ajoutée de la contribution de chacun de ces systèmes experts.

Cependant, la ressource humaine ne s'aborde pas de la même manière que les autres ressources. Provoquer son évolution, l'entraîner dans le changement demande beaucoup de doigté et une approche nuancée, une sensibilité à la variance et à la complexité des personnes. Pour cette raison, le plan de mobilisation des ressources humaines se présente comme un effort consenti pour traduire au quotidien ce qui est attendu de la part des acteurs. Une approche systématique de cet aspect donne un avantage marqué au stratège en matière de gestion du changement.

Information préalable au plan de mobilisation

Au moment où il s'efforce de donner un caractère concret aux objectifs de son plan de développement des ressources humaines, le stratège se voit tôt ou tard confronté à une obligation : passer de la ressource abstraite aux personnes, de la force de main-d'œuvre aux individus pris isolément. Il lui devient impossible de progresser sans associer des «visages» et des noms à des attentes, à moins de déléguer cette obligation à ses partenaires. Mais peu importe qui devra s'en charger, il faudra bien s'y résoudre. Cette obligation suppose par contre qu'on dispose d'une information précise sur les personnes en poste, ou que cette information sera recueillie, si elle n'est pas disponible. Dans la foulée de cette opération, des questions liées à deux domaines de préoccupations différents mais complémentaires retiennent l'attention du stratège : quels écarts de compétence sont mis en évidence par nos analyses de la force de main-d'œuvre et quel est l'état d'esprit des personnes qui occupent les postes ? Ces deux domaines recoupent la dimension « ressource » et la dimension « personne » ; ils rappellent la nature particulière des ressources humaines. Cette nuance remet au cause un traitement abstrait de la question ; nous nous efforçons d'en rendre compte explicitement.

Les écarts de compétence

La question relative aux écarts de compétence invite le stratège à plonger dans le contexte de l'évaluation et du suivi du potentiel humain disponible. Plusieurs ont alors le réflexe d'évacuer une large partie de la question en se livrant à des analyses d'effectifs rudimentaires. Mais tôt ou tard, le changement impose sa loi et il s'ensuit l'obligation de nuancer, de soupeser comment se présente la situation de chaque individu auquel on désire faire appel. L'écart de compétence est-il uniforme d'un individu à l'autre, ou sommes-nous confrontés à une diversité d'écarts ? La question se pose. Il y aura lieu de décider si on opte pour un plan d'ensemble ou pour un plan individualisé. Il n'y aurait aucun avantage à appliquer la même médecine à tous alors qu'elle ne convient qu'à certains. En présence d'écarts différents, la seconde voie s'ouvre d'elle-même. Et pour les stratèges dont les dents grincent à l'idée de cette éventualité, en dehors de l'impression d'agir qui réconforte, un plan d'ensemble serait une condamnation à se satisfaire de maigres résultats. Aussi est-il plus sage d'analyser les besoins révélés par ces écarts en distinguant soigneusement trois aspects clés.

L'analyse des écarts suppose de distinguer trois ordres de savoir différents (voir la figure 4.3, p. 148). Par exemple, une personne peut présenter un dossier éloquent en ce qui touche ses connaissances (savoir) et, en même temps, manifester des habiletés réduites dans l'exécution de son travail (savoir-faire) ou encore effectuer celui-ci sans adopter les attitudes requises (savoir-être). L'employé qui se fit rabrouer pour avoir manqué à la politique « satisfaction garantie ou argent remis » ne manifestait pas les attitudes requises par sa fonction, l'écart était de l'ordre du savoir-être[5]. Dans cette même ligne de pensée, nous ne saurions passer sous silence une anecdote encore plus savoureuse. Elle révèle à quel point la traduction des effets de la vision de l'organisation dans le travail quotidien se présente aux stratèges comme un défi constant.

---

5.   Voir page 130, chapitre 3.

FIGURE 4.3 – Types d'écarts de compétence

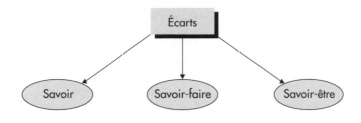

Dans une institution financière qui s'était engagée dans l'implantation d'une orientation client, le directeur général constata avec stupeur que même ses plus proches collaborateurs pouvaient perdre de vue le plan d'ensemble au profit des nécessités du moment. Il découvrit que le directeur du service des ventes avait interdit qu'on le dérange, si valable fût la raison, parce qu'il estimait devoir consacrer trois journées entières à la production de son rapport de clôture pour l'année financière en cours. Contre toute attente, il avait émis la directive suivante : « Je ne suis là pour personne et surtout pour aucun de nos clients ! » Cette décision allait radicalement à l'encontre de la nouvelle orientation retenue par l'entreprise, qui au contraire affirmait : « Le client avant tout ! » Le message managérial transmis par les comportements de ce directeur contredisait en tous points la vision proposée par les stratèges et l'écart était sans conteste de l'ordre du savoir-être.

Cette anecdote invite à nuancer la nature des attentes de l'organisation envers les personnes concernées et, par suite, à cibler les écarts avec circonspection. Pour parvenir à un tel raffinement, les types d'écarts de compétence fournissent des repères précieux. Toutefois, cette réflexion ne saurait masquer la nécessité d'une évaluation encore plus déterminante : s'il y a écart de compétence, la personne dispose-t-elle du potentiel nécessaire, est-elle en mesure d'atteindre la performance requise ? Il va de soi qu'une analyse abstraite qui s'en tiendrait strictement à la force de main-d'œuvre ne pourrait rendre compte de ces nuances.

L'état d'esprit

Nous l'avons déjà signalé, la ressource humaine diffère des autres ressources par plusieurs aspects, dont sa « volonté ». Dans la plupart des cas, les ouvrages soulignent cet aspect par une mise en garde contre les effets du libre arbitre, par un commentaire sur la nécessité d'obtenir l'engagement des personnes concernées ou encore par le report de ce problème à un chapitre spécifiquement réservé à la motivation. Pourtant, la question demeure. Les vieux routiers en sont fort conscients, il est hasardeux de s'aventurer dans le développement d'un plan de mobilisation des ressources humaines sans s'enquérir de la motivation des personnes et de leurs intérêts de carrière.

Il se dépense malheureusement encore beaucoup d'énergie et des sommes d'argent faramineuses justement parce qu'on omet de teinter de réalisme les plans de développement des ressources humaines. L'évidence frappe de plein fouet : à quoi sert-il d'investir dans la formation d'une personne qui ne désire point apprendre, qui ne souhaite pas progresser dans sa carrière ou encore qui refuse d'évoluer au rythme de son poste de travail ? Plusieurs stratèges se font prendre à contre-pied parce qu'ils évacuent cet aspect en raison de sa complexité. Ils se retrouvent par la suite avec l'impression d'être confrontés à un problème de formation alors qu'ils ont loupé le coche ! Il s'agit en fait d'un problème que la formation ne peut résoudre ! Pour éviter l'impasse, on doit traiter systématiquement la situation. Quelques questions clés suffisent au stratège qui désire brosser un tableau d'ensemble évocateur.

Les questions clés du plan de mobilisation

Le plan de mobilisation des ressources humaines est un défi lancé au stratège parce qu'il met en cause la variable humaine. Il serait malhonnête d'affirmer qu'il se maîtrise en un rien de temps par l'effet magique des quelques questions dont nous ferons état. En dépit de leur simplicité, ces questions supposent une réflexion approfondie. Certes, il est facile de préciser les étapes à franchir. Mais la clarté des étapes ne réduit en aucune façon la complexité de la tâche.

Le plan de mobilisation est une clé stratégique. Il s'impose parce que le changement se concrétisera dans la mesure où le stratège connaîtra du succès dans sa mise en place et parce que les questions qui l'orientent guideront l'action du stratège auprès de ses partenaires. Pour donner une saveur concrète à ce plan, les questions proposées seront mises en contexte par le biais d'une illustration que nous inspirent les défis vécus par certaines organisations du secteur des institutions financières, en raison des profonds changements qui s'y produisent.

Pour un très grand nombre d'institutions financières, la mondialisation des marchés et le décloisonnement se sont traduits par une montée vertigineuse de la concurrence et par une remise en cause radicale de leurs pratiques. Elles sont légion celles qui ont constaté douloureusement combien leur attitude réactive les mettait en péril. Parmi les constats qui apparaissent les plus critiques, les stratèges de ce secteur le reconnaissent volontiers, l'offre de services doit prendre le virage de la proactivité, le temps du marketing de guerre est arrivé. Nous allons nous pencher sur le cas d'un stratège qui constaterait les défaillances de sa force de main-d'œuvre en supposant qu'un manque de savoir-faire limite la performance de son organisation dans ses efforts de promotion des produits d'épargne.

Dans le foulée de ses réflexions sur la capacité concurrentielle de sa succursale, notre stratège est parvenu à un diagnostic nuancé des écarts de compétence des trois principaux experts dont il dispose. La promotion des fonds de placement se présente comme un levier de premier plan, mais son équipe de vente manifeste des lacunes qu'il a résumées en un tableau évocateur (voir la figure 4.4) intitulé «Vérification de l'uniformité des écarts de compétence : fonds de placement». Soucieux de respecter les deux domaines de préoccupations que suggère le plan de mobilisation, il a distingué les écarts de l'ordre des savoirs de ceux qui se rapportent à l'état d'esprit.

FIGURE 4.4 – Vérification de l'uniformité des écarts de compétence : fonds de placement

Écarts	Employé A	Employé B	Employé C
Connaissances (savoir)	Ne connaît pas	Connaît bien	Connaît peu
Comportements (savoir-faire)	N'en propose pas	Cible son offre	Malhabile
Attitudes (savoir-être)	Réactif	Cherche la nouveauté	Craintif
Motivation	Peu motivé	Autodidacte	Bonne volonté
Carrière	Souhaite demeurer à son poste actuel	Vise un poste de cadre	Incertain

Première question : les écarts de compétence sont-ils uniformes et communs ?

Le tableau synthèse construit par notre stratège attire l'attention sur des écarts de compétence distincts. Quel que soit le savoir en cause, il y a des nuances d'un employé à l'autre et il se présente même des différences marquées quant à l'état d'esprit de chacun. Ces constats, qui sont le fruit d'une analyse approfondie du défi à relever pour réaliser les ambitions de l'organisation, révèlent la nécessité de concevoir des plans de mobilisation individualisés. Puisque chacun des employés aura à s'améliorer sur des aspects particuliers, il serait malhabile de les soumettre à la même médecine.

Cette perspective rend compte de la portée de la première question associée au plan de mobilisation. Elle conduit à décider de la voie à emprunter en vue d'accroître la compétence humaine de l'organisation. Ainsi, quand les écarts ne sont pas uniformes, les plans s'individualisent, et cette souplesse concourt à la prise en charge de la variance et de la complexité du facteur humain.

Deuxième question : quelles sont les étapes à franchir pour combler l'écart de compétence ?

Constater l'existence d'un écart n'ouvre pas directement sur les étapes à franchir en vue de le réduire. Dans certains cas, l'embauche d'une nouvelle ressource présentant la compétence requise serait une solution acceptable. Toutefois, dans le contexte économique actuel, rares sont les entreprises qui sont en mesure de se payer le luxe d'un ajout de ressources. Plus encore, la mutation intervenue dans les modes d'organisation du travail a contribué à relever les exigences et, de ce fait, à accentuer la rareté de l'expertise recherchée. Pour donner une valeur ajoutée à notre illustration, nous imposerons à notre stratège l'obligation de composer avec les ressources dont il dispose.

Le défi de notre stratège est d'imaginer une progression, un étalement qui assure l'acquisition des compétences requises. Dans le cas des employés en cause, cette contrainte vient marquer de réalisme les ambitions de changement. Toutefois, la situation de l'employé « C », qui manifeste une motivation en dépit de ses lacunes, fournit une avenue intéressante pour autant que le stratège utilise habilement les compétences dont il a décelé la présence chez l'employé « B ». La stratégie pourrait se dessiner par le biais d'une proposition de cheminement qui suppose des étapes.

Ébauche de cheminement

Étape 1 :   Inscrire l'employé « C » au cours d'initiation aux fonds de placement (trois jours) que le service de formation du siège social met à la disposition de ses succursales.

▷

Ébauche de cheminement (suite)

Étape 2 :   Planifier un programme de formation de trois semaines au cours duquel l'employé « B » formera l'employé « C » dans le but de le familiariser avec les pratiques qu'il adopte dans la préparation de ses offres de services.

Étape 3 :   Planifier des activités au cours desquelles l'employé « C » simulera l'offre de fonds de placement à des clients et à la suite desquelles son collègue lui fournira des commentaires qui le guideront dans le développement de son savoir-faire.

Étape 4 :   *Et cetera.*

La clarification d'un cheminement conduit à l'étalement des apprentissages et ouvre sur la possibilité de définir les résultats que l'employé « C » devra atteindre pour franchir chaque étape avec succès. Le temps consacré à chacune des étapes est alors fonction du degré de difficulté de l'objectif fixé. Par le recours à cette stratégie, notre stratège utilise au maximum les leviers dont il dispose et, surtout, il donne à la mobilisation une saveur très concrète. Quand le cheminement est établi, il est même possible d'y ajouter des tactiques de préparation au changement qui amplifient ses impacts en explicitant les compétences critiques associées à chacune des étapes.

Troisième question : quelles compétences sont associées à chacune des étapes ?

Au moment d'aborder cette question, le stratège se place dans la position d'un architecte de carrière. Il lui revient de cerner les compétences clés qui retiendront l'attention. Le réflexe n'est pas naturel. Peu de stratèges s'attardent à clarifier les compétences associées à ces étapes du cheminement. Cette lacune tient la plupart du temps au fait qu'ils ont perdu de vue que la compétence est élémentaire à leurs yeux justement parce qu'ils la maîtrisent, parce qu'ils ont acquis de l'assurance dans l'utilisation de processus, de raisonnements, ou encore dans le recours à des habiletés particulières. Pour éviter le piège de verser dans le réductionnisme, la prudence invite à cerner les compétences dont la maîtrise est nécessaire pour franchir chacune des étapes avec succès, le point de départ étant la situation de l'employé. Conscient de cette nécessité, notre stratège s'est livré à l'exercice et il parvient aux résultats qu'il a consignés sur une fiche intitulée « Compétences attendues ».

Compétences attendues

Étape 1 :   L'employé « C » doit connaître les fonds de placement que nous offrons à nos clients, pouvoir en décrire les caractéristiques, les comparer entre eux, être au fait de leur valeur concurrentielle, etc.

Étape 2 :   L'employé « C » doit apprendre à présenter les fonds de placement comme son collègue « B », connaître ce sur quoi il insiste pour en décrire les avantages et les inconvénients, et maîtriser la démarche par laquelle son collègue « B » parvient à choisir le meilleur produit à offrir au client concerné par son offre.

En cernant les compétences critiques, on parvient à la définition d'objectifs précis qui concourent à donner un caractère pratique à chacune des étapes du processus d'amélioration de la compétence de l'employé. Quand notre stratège s'investit dans cette démarche, il arrive à traduire le changement au quotidien. Les objectifs définis rendent possible la préparation de mandats qui précisent d'une part les attentes de l'organisation et d'autre part les rôles qui seront confiés à chacun dans cette entreprise[6].

Quatrième question : quel soutien physique et psychologique sera mis en place en vue de protéger le changement ?

La rupture avec les habitudes est souvent vécue comme un deuil. L'employé perd ces repères qui le rassuraient, ses nouveaux comportements ne lui sont pas aussi significatifs que l'étaient les anciens. Et puisque l'incertitude colore ce quotidien transformé, le changement doit être protégé. Le plan de mobilisation des ressources humaines provoque des ruptures similaires. Plus encore, il place ceux qui donnent vie au changement dans un environnement de travail qui, par ses réactions, n'offre pas toujours un milieu propice. En s'inspirant des recherches menées par Newstrom[7], notre stratège l'a découvert : il importe de gérer l'environnement d'accueil du changement et surtout de soutenir physiquement et psychologiquement l'employé. À cet effet, il a ajouté de la valeur au plan de mobilisation de

---

6.   Cet aspect fera l'objet d'un traitement détaillé dans la discussion de la troisième tactique associée à la préparation du changement.

7.   Voir Newstrom, J.W., « Leveraging management development through the management of transfer », *Journal of Management Development*, vol. 5, n° 5, 1986, p. 33-45.

l'employé «C» en introduisant des stratégies destinées à protéger le changement.

Stratégies de protection du changement

Il est clair que des stratégies peuvent être imaginées en vue de protéger le changement et cela, pour toutes les étapes qui apparaissent dans l'étalement du développement des compétences de l'employé «C» (voir l'encadré ci-dessous). Toutefois, il est plus important de retenir la signification pragmatique de telles stratégies. Dans la perspective de la dimension managériale de la communication organisationnelle, ces stratégies prennent valeur de message. Elles traduisent en des gestes concrets le sérieux de l'engagement de la direction envers le changement et, surtout, envers ses premiers artisans : les employés qui lui donnent vie. Elles sont la contrepartie des attentes exprimées à l'endroit des employés, et en leur absence surgissent ces impressions suivant lesquelles le discours de la direction est contredit par ses gestes[8].

Protection du changement

- S'assurer qu'on transmet la documentation préparatoire au cours.
- Dégager du temps, afin que l'employé puisse faire ses apprentissages.
- Confier le travail de la période à un autre employé pour éviter le stress que pourrait créer l'impression d'accumuler du retard.
- Préciser le soutien que peut fournir l'employé « B » à l'employé « C »... de sorte que le mandat soit clair pour chacun.
- *Et cetera.*

Les illustrations qui précèdent montrent que le plan de mobilisation des ressources humaines procède de quatre questions clés dont la portée est considérable. Elles sont porteuses de la signification du changement. Elles rappellent également certains aspects de la négociation qui a présidé à la clarification des rôles et des responsabilités attribués aux membres de l'équipe de direction. Cependant, leur intérêt majeur est d'attirer notre attention sur ces préoccupations très concrètes qui dominent la perspective

---

8. Nous l'avons fait remarquer, les employés ont tôt fait de combler les vides que leur abandonnent les stratèges. L'absence de gestes concrets devient rapidement synonyme d'un engagement mitigé.

du stratège responsable du changement. Ces questions nous propulsent dans une rationalité qui s'inspire des exigences de l'action, dès l'instant où les personnes entrent en jeu.

Tout changement détruit la signification associée à des comportements que le passé avait sanctionnés, voire même valorisés. Il s'ensuit que la préparation du changement suppose une traduction qui se réalise par la définition des nouveaux comportements requis. Cerner des écarts de compétence n'aurait aucune valeur pour le stratège qui ne s'attaquerait pas à les mettre en contexte par rapport aux besoins de l'organisation, à proposer de les résoudre par d'autres comportements. Cette exigence de l'action ne laisse d'autre choix que de les exprimer dans des attentes à l'endroit des personnes. De ce point de vue, cerner des écarts de compétence suppose aussi de cerner des personnes, des acteurs clés.

Le développement des compétences n'est pas l'effet d'un philtre. On aura beau offrir le coffre d'outils le mieux garni à l'apprenti, il ne deviendra pas pour autant un expert du jour au lendemain. Le stratège doit anticiper les étapes que devront franchir les artisans du changement pour se doter des nouvelles compétences exigées. En conséquence, le projet de changement doit être fractionné en différentes phases qui constituent un cheminement critique. Le risque est grand de précipiter les événements justement parce que le stratège vit dans un *continuum* temporel différent de celui de ses collaborateurs. La sagesse veut qu'il reconnaisse l'ampleur de la rupture avec les habitudes qu'entraîne son projet.

L'expérience en fait foi, la rechute risque de couronner les situations difficiles, celles où la tentation du retour aux habitudes surgit. Pour cette raison, il importe d'analyser soigneusement les conditions dans lesquelles sont placés les artisans du changement – elles doivent être aussi favorables que possible. L'expérimentation de nouvelles compétences, de façons de faire différentes ou encore d'attitudes inhabituelles provoque des réactions dans l'environnement où elle a lieu. Le phénomène est porteur de risques. Le soutien physique et psychologique est destiné à réduire les contrecoups de l'environnement d'accueil. Il est un message managérial d'une portée stratégique : il met en garde l'environnement contre toute tentative de rejet du changement.

Finalement, le changement est créateur d'incertitude. Privés de leurs repères habituels, les artisans de sa réalisation éprouvent normalement de l'inquiétude à propos de leur performance. Il y a fort à parier que la propension à la comparaison les portera à juger de la valeur de leurs efforts et de leurs succès initiaux à partir de critères de rendement inappropriés. Et comme ils ne sont pas de glace, il sied de préciser les résultats attendus et surtout d'insister sur l'objectif du développement des nouvelles compétences. Insister sur la performance qu'ils pourraient atteindre au terme de leur développement risque d'introduire un stress supplémentaire. Il est plus sage de s'en tenir à des objectifs d'apprentissage, et non à des objectifs de rendement au travail. Quand vient le moment d'apprendre, le droit à l'erreur coexiste difficilement avec la performance au travail. Par l'introduction d'une tactique qui prend la forme de mandats, il est possible de gérer la transition vers la performance, sans mettre en péril l'apprentissage.

Les mandats

> *Qui s'endort dans l'imprécision*
> *se lève dans la confusion.*

Nos propos affirment l'importance d'inviter ses partenaires à s'engager dans le projet de changement par la voie d'un plan de communication adapté au public auquel on s'adresse. De plus, ils exigent des stratèges de soupeser à quels égards les changements proposés s'appuient sur une évolution des compétences, de constater à quel point on exige de la sorte un engagement important. Dans ce contexte, il est de la responsabilité du stratège de proposer un mandat clair aux artisans du changement. Cette obligation devient un défi à relever, et la sagesse veut qu'on écarte la tentation qui consisterait à se satisfaire de présenter verbalement et uniquement dans les grandes lignes les attentes de l'organisation. Le risque serait grand de devoir revenir à la charge, de continuellement avoir à ajuster le tir.

Malheureusement, puisqu'ils sont souvent débordés par la pression du quotidien, plusieurs stratèges tombent dans le piège d'une approche expéditive, d'une présentation à la sauvette. Or, refuser cette tâche en raison de ses exigences entraîne des détours et des retours en arrière encore plus coûteux que la décision d'essayer de bien faire du premier coup ! Les recherches sur la qualité totale le démontrent avec éloquence, la qualité ne coûte rien ! C'est la non-qualité qui coûte cher… Dans cette ligne de pensée, la préparation de mandats qui tracent le chemin du changement au quotidien devient un levier stratégique. En dépit de leur simplicité, il apparaîtra rapidement que les mandats remplissent plusieurs rôles dans la gestion du changement. Ils se présentent comme la tactique qui permet de fermer la boucle de la préparation du changement.

Les mandats sont à la fois une assise de la communication, un résultat concret du plan de mobilisation et un outil de gestion du changement. Ils peuvent être très généraux ou très spécifiques, selon le degré d'autonomie des personnes qui en assument la réalisation. Toutefois, dès qu'on se place dans la position des employés à qui on les confie, on découvre qu'ils répondent à une question critique au regard de leurs angoisses envers le changement : « Qu'attendez-vous de nous exactement ? » Encore là, le recadrage de la perspective du stratège donne une saveur particulière à cette tactique : elle rejoint les préoccupations de son auditoire.

Pour offrir une réponse claire aux employés, à moins d'être passé maître dans l'art de formuler et de superviser verbalement des mandats, il est de loin préférable de procéder par écrit et de discuter du contenu des mandats avec ceux qui en prendront charge. Il convient de les présenter comme des outils s'intégrant au travail du partenaire, en soulignant qu'ils sont le miroir d'un quotidien en évolution. Les éléments qui entrent en cause dans l'élaboration des mandats évoquent un effort de synthèse des attentes de l'organisation et une clarification des moyens qui sont mis de l'avant pour atteindre les objectifs attendus.

Les éléments du mandat sont les suivants :
* description du mandat ;
* objectifs ;
* moyens ;
* acteurs ;
* suivi ;
* évaluation.

Le mandat s'amorce donc par une description sommaire des intentions de l'organisation, par une mise en contexte qui révèle la pertinence des attentes formulées et par des explications qui situent la contribution de l'employé. Si nous poursuivons sur notre lancée, dans le cas de l'employé qu'on souhaiterait initier à la vente de produits d'épargne et dont on désirerait hausser les compétences, le mandat pourrait se présenter comme l'exemple suivant.

Exemple d'une description de mandat

Nous poursuivons le but d'améliorer la performance de notre secteur-conseil en ce qui a trait à la promotion des fonds de placement. Plusieurs de nos clients tireraient avantage de ce véhicule d'épargne et nous désirons le leur

▷

Exemple d'une description de mandat (suite)

rendre disponible. Les relevés de notre performance au regard de ce produit montrent que nous laissons échapper des occasions d'affaires en raison de notre attitude réactive. Nous souhaitons donc développer une approche plus proactive et nous escomptons y parvenir en rehaussant notre expertise en ce domaine. Dans ce contexte, nous vous proposons une démarche systématique afin que vous puissiez collaborer à l'atteinte de ces résultats qui nous feront progresser vers une meilleure qualité de service. Les objectifs qui suivent établissent comment votre contribution nous est essentielle et ils précisent les engagements que nous prenons en vue de vous soutenir dans cette démarche.

Objectifs

Général :

• Au terme d'une période de trois mois, vous devrez être en mesure d'offrir des fonds de placement aux clients susceptibles de s'y intéresser et d'en retirer un avantage.

Spécifiques :

• Au terme du premier mois, vous devrez avoir suivi un cours spécialisé, d'une durée de trois jours, portant sur les fonds de placement que nous désirons proposer à notre clientèle.

• Au terme du deuxième mois, vous devrez être en mesure de décrire ces produits, de les comparer entre eux et à ceux offerts par nos concurrents...

• Au terme du troisième mois, vous devrez avoir achevé une période de formation avec un employé du secteur, en vue de vous familiariser avec l'approche qu'il convient d'utiliser durant la rencontre avec le client.

Moyens

Ceux que vous devez prendre :

• Suivre le cours désigné.

• Vous engager dans un programme de formation.

• Vous prêter à des simulations d'offre de services.

Ceux que nous prendrons :

• Dégager du temps : nous allons nous assurer que votre charge de travail est ajustée au mandat qui vous est confié.

• Fournir un formateur : pour vous initier à l'approche, nous allons donner un mandat complémentaire à l'un de vos collègues.

• Absorber les frais : puisque ce mandat s'inscrit dans le cadre de votre travail, nous assumons les frais de formation.

▷

Exemple d'une description de mandat (suite)

Acteurs

Responsabilité du directeur de service :
- Planifier les horaires de travail en conséquence.
- Prendre en charge le plan de formation et effectuer le suivi.
- Évaluer les résultats atteints.

Vos responsabilités :
- Vous engager fermement dans la formation.
- Utiliser le soutien qui vous est fourni.
- Tenir un relevé des difficultés que vous rencontrez afin que nous puissions ajuster la démarche.

Les responsabilités de votre formateur :
- Prendre la formation en charge.
- Préparer une description sommaire de la méthode de travail à utiliser dans la promotion des fonds de placement et dans l'élaboration de l'offre de services.
- Jouer le rôle du client lors des simulations.
- Diagnostiquer les difficultés rencontrées lors des simulations, les discuter avec vous et vous fournir des moyens permettant de les surmonter.
- Tenir un relevé des besoins que vous exprimerez.
- Noter les difficultés qu'il rencontrera dans la prise en charge de votre formation.

Suivi
- En fonction de l'échéancier et des objectifs, le directeur de service rédigera un compte rendu de la progression de l'opération et participera aux décisions qui touchent les ajustements apportés au plan, si la situation le requiert.
- Le directeur de service tiendra la direction générale informée des résultats atteints.

Évaluation
- Au terme de chaque étape, le directeur de service évaluera les résultats atteints, la valeur des stratégies utilisées et la performance de chaque intervenant.
- Le directeur de service discutera avec chacun de vous des résultats de son évaluation et, au besoin, il discutera des moyens additionnels à prendre en vue d'atteindre le but fixé.

Cette ébauche laisse entrevoir que la préparation d'un mandat requiert une approche globale de la question. On en décèle les traces jusque dans les éléments qui ont trait à la supervision de l'opération et à l'évaluation des impacts de la stratégie. Toutefois, il importe de souligner que le mandat demeure un effort de traduction du changement au quotidien, puisque ce contenu rend explicite le temps et l'énergie consacrés au changement, de même que les engagements de la direction à l'égard des ressources concernées. Il est à ce titre conforme aux énoncés pragmatiques de l'approche de la communication qui doit être la toile de fond de l'intervention du stratège.

De par leurs contenus très spécifiques, les mandats ferment la boucle des tactiques associées à la préparation du changement. Ils contribuent au recadrage de la perspective parce qu'ils demandent au stratège d'aborder la préparation du changement en replaçant les employés concernés au centre d'attention, une pratique dont les effets sont surtout ressentis dans les exigences qui en découlent quant à l'analyse concrète de la portée des transformations souhaitées. Ce surplomb ne se traverse qu'au prix d'un effort constant en vue de rejoindre les employés sur leur terrain, d'un accent placé sur ceux qui concrétisent le changement, sur les personnes plutôt que sur le projet lui-même.

Cette approche, qui va des personnes vers le projet, concourt à la définition d'interventions mieux ciblées. Elle présente aussi l'avantage de faciliter la création d'une série d'indicateurs de progrès nuancés qui pousse la valeur ajoutée du suivi au-delà des échéanciers traditionnels. Certes, les premières tentatives seront parfois laborieuses. Mais, soit dit sous le signe de l'humour, les fins stratèges éviteront de se prendre au piège dans lequel ils se plaignent de voir tomber leurs employés en s'offrant l'excuse d'un manque de temps…

L'IMPLANTATION DU CHANGEMENT

> *Les mots sont les pires ennemis de l'action,*
> *mais les gestes sont les premiers*
> *alliés des mots.*

L'implantation du changement entraîne le stratège dans la deuxième des trois étapes associées au domaine du managérial. Dominée par l'action, cette étape expose le stratège aux règles du deuxième univers de la communication : les employés interpréteront comme autant de messages portant sur l'identité et le sérieux de l'organisation les gestes qui seront posés. Cette portée pragmatique des gestes du stratège suppose une juste compréhension du cadre de référence qui préside à toute l'opération, car la puissance et la portée de l'intervention du changement se jouent au quotidien. À cet égard, le plan de mobilisation et les mandats ne servaient qu'à préparer les acteurs aux rôles et aux responsabilités qu'on désire leur confier. Ces tactiques perdent leur impact si l'environnement d'accueil du changement n'est pas pris en charge. Le contexte dans lequel nous amorçons le balayage des tactiques qui soutiennent l'implantation du changement rend compte du processus par lequel le stratège agit sur cet environnement.

Contre toute attente, le défi de l'implantation ne se résume pas à la mise en marche du plan, ou encore à la supervision et au suivi des gestes prévus au regard d'un échéancier. La mise en action n'est qu'une des dimensions de l'implantation (voir la figure 4.5). Le changement est aussi un acte politique, et cette seconde nature porte à l'avant-plan le rôle du stratège. Il lui revient d'assurer une diffusion élargie de l'information et un partage des responsabilités quant à la protection du changement. Ces responsabilités appellent à s'élever au-dessus de la mêlée, à jouer le rôle de porte-étendard. Le stratège est là pour ouvrir la voie, pour dénouer les impasses, pour harmoniser les efforts.

FIGURE 4.5 – L'implantation du changement

ÉTAPE 2 : il revient au stratège de créer le contexte dans lequel survient le changement

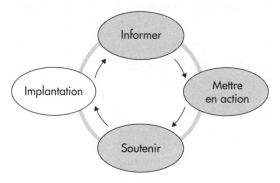

Le rôle de porte-étendard éloigne le stratège de ses habitudes en matière de gestion du changement. Certes, l'opération s'amorce par une annonce des événements qui vont suivre, mais son rôle clé est ailleurs. Il en

va ainsi parce que les premiers temps du changement créent un stress dans l'organisation ; dans ce contexte, la libre circulation de l'information devient un enjeu important. Or, dès le début, la plupart des stratèges vivent déjà dans l'espoir d'obtenir de premiers résultats ; encore une fois, ils devancent le *continuum* temporel de leurs partenaires. Il leur faut modérer leurs ardeurs, le moment n'est pas aux résultats ! Il est plutôt l'heure d'informer les partenaires et de stimuler les échanges.

En attirant l'attention sur le besoin d'information éprouvé par les partenaires, cette étape s'inscrit dans la foulée des résultats des recherches portant sur l'implantation de nouvelles stratégies dans l'organisation. Ces recherches démontrent que non seulement la circulation de l'information s'avère un enjeu, au cours de la phase initiale de l'implantation, mais encore qu'elle le demeure tout au long de la transition vers un nouvel équilibre, et même au-delà. La gestion de la circulation de l'information se présente comme un moyen pour le stratège qui espère consolider progressivement les effets de son intervention.

Dans une perspective pragmatique, ces recherches invitent à mettre l'accent sur la nécessité d'informer, sur l'obligation de maintenir un contact constant. Il y a là une dimension préventive : les artisans sont exposés au risque de perdre de vue le plan d'ensemble, en raison des nouvelles exigences de l'organisation, et en raison de la disparition de leurs points de repère usuels. Pour faciliter la gestion de ce risque, il y a lieu de faire connaître les individus engagés dans le changement et même d'expliquer comment progressent l'ensemble des acteurs au regard des buts poursuivis. Pour atteindre ces objectifs stratégiques, il faut relier entre eux les éléments du plan de communication et ceux du plan de mobilisation.

Les comportements de la direction en matière de diffusion de l'information contribuent à passer un message. Ils traduisent la volonté et l'engagement des stratèges et ils expriment un intérêt réel à l'égard des changements qui sont amorcés. Pour cette raison, la diffusion de la teneur des mandats autant que les comptes rendus qui portent sur la progression dans l'implantation du changement produisent un effet de renforcement. Cette tactique agit à la manière d'un stimulant à l'endroit de l'engagement des acteurs et comme un antidote au regard des résistances qui pourraient surgir dans l'environnement organisationnel. Mais cet antidote ne saurait suffire à lui seul.

En contrepartie, le volet qui invite à soutenir le changement dès la mise en route des mandats précise à quels égards le stratège joue un rôle clé, sans être directement engagé dans l'action. Non seulement le stratège est responsable de créer un environnement où les conditions favorables au succès sont présentes, mais encore il doit imaginer des modes de prévention de la rechute. Au sujet du retour aux habitudes, les recherches de Newstrom[9] révèlent que l'organisation doit assumer ses responsabilités et cela, avant, durant et après le changement. Il en va de même pour les artisans du changement, ils ont aussi des responsabilités à l'égard du phénomène de la rechute ; ils sont en première ligne et, à ce titre, ils sont les premiers remparts du changement dans son ensemble. L'introduction de cette responsabilité partagée dans le contexte de l'implantation des mandats traduit la nécessité d'orchestrer la prise en charge de tout ce qui entoure le changement, un aspect dont l'importance sera davantage mise en perspective par la discussion du suivi des effets.

Informer

Annoncer le changement ne suffit pas, une communication continue entre tous les acteurs s'impose. Cette règle d'or de la gestion de l'information est un préalable à la synergie entre le plan de communication et le plan de mobilisation. Du moins, nous l'avons laissé entendre sans préciser toutefois comment s'articule cette synergie. La figure 4.6 (p. 164) rend compte du processus évoqué, elle résume comment ces deux plans ont un effet d'entraînement. On le découvre en portant attention à une logique qui relie les gestes. Il apparaît qu'en jouant les rôles qui leur reviennent dans le pilotage du changement, les stratèges posent des gestes qui prennent valeur de messages managériaux qui, par la suite, confirment l'engagement de la direction à valoriser les acteurs engagés dans le projet.

Dans le contexte de la communication organisationnelle, cette logique de l'action qui crée une signification concourt à clarifier l'importance critique de quatre rôles dont la portée managériale est régulièrement escamotée. Une lecture pragmatique de leur valeur les réhabilitera aux yeux des plus sceptiques.

La pragmatique présente comme illusion le contrôle qu'on souhaiterait exercer sur l'interprétation de l'information par l'auditoire. En contrepartie, elle établit aussi que le stratège ne communique pas uniquement par l'étroite bande du langage parlé. Les gestes qu'il pose sont autant de messages dont il faut apprécier la portée. Ainsi, planifier le changement, s'attarder à définir des mandats qui seront confiés aux acteurs deviennent des éléments stratégiques de la communication. Par la voie de ces mandats, le stratège définit des cibles spécifiques qui traduisent le changement au quotidien pour ceux

---

9.   Voir Newstrom, J.W., *op. cit.*

qui les reçoivent. Et en les confiant à des personnes précises, il passe un message managérial particulier : l'organisation s'appuie sur le potentiel de certaines personnes pour donner vie au changement. De ce point de vue, dès l'instant où la chose est annoncée, les gestes du stratège renforcent la crédibilité de l'engagement de la direction puisque l'action suit le discours : le discours se fait geste et le geste message.

FIGURE 4.6 – Vision stratégique de la mobilisation et plan de communication

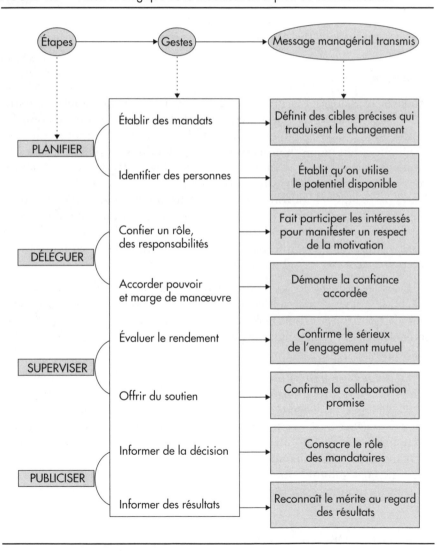

Clarifier des buts à atteindre, cibler des objectifs, imaginer des moyens, tout cela s'appuie sur la réflexion stratégique. Mais la gestion du changement au quotidien suppose l'intervention d'éléments plus concrets qui donnent vie à cette vision, qui la traduisent en action. Même le fait de négocier avec ses partenaires une vision partagée de la direction à prendre ne suffirait pas à harmoniser les comportements. Voilà pourquoi nous affirmons que le discours du changement doit se faire gestes ! En d'autres mots, l'action se révèle être le seul synonyme valable du message passé aux troupes.

Cette synonymie donne une juste idée de l'importance tactique des mandats qui précisent les objectifs, les résultats à atteindre. C'est par leur intermédiaire que le discours se fait gestes, que le stratège expose aux acteurs les cibles du changement et les nouvelles priorités. Ils sont l'instrument de la cohérence recherchée.

Toutefois, la définition de ces résultats aurait une portée limitée si le stratège ne prenait la précaution de préciser qui sera chargé de les atteindre. La prise en charge du changement dissipe l'impression voulant que le changement s'adresse aux autres. Elle fait passer les personnes du rôle d'auditoire à celui d'artisan ! À cet égard, le passage du discours à l'action de changement s'effectue par le biais d'une mesure incontournable : l'identification formelle des artisans. En énonçant les objectifs et en désignant les personnes qui doivent en prendre charge, du point de vue managérial, le stratège passe un message sans équivoque : l'organisation annonce ses couleurs et identifie ses alliés.

Délégation n'est pas synonyme de « passer le singe », une expression populaire qui signifie qu'on refile le problème à un subalterne, sans lui donner la marge de manœuvre nécessaire... La prise en charge du changement n'existe qu'à partir du moment où l'individu peut agir. Le mandat qui précise le rôle et les responsabilités d'un artisan doit s'accompagner du pouvoir d'agir. L'imaginer autrement consisterait à se bercer d'illusions. Et pour que la prise en charge du changement ne devienne pas « arnaque », elle doit s'accompagner d'un engagement de la direction qui prend la forme d'une délégation de pouvoir, du droit d'agir de son propre chef, sans avoir continuellement à demander des approbations. De ce point de vue, un mandat en bonne et due forme traduit la confiance accordée par le stratège à ceux qui assument le virage. Cette obligation rappelle la prudence dont doit s'armer le stratège : il s'impose de faire preuve de finesse dans le choix des partenaires...

Dans cette ligne de pensée, confier un mandat à un acteur devient également un message managérial : on reconnaît l'intérêt et la motivation de l'acteur et on lui manifeste sa confiance. Par la décision de déléguer la prise en charge d'un aspect du changement, par la relation qui s'instaure entre le plan de communication et le plan de mobilisation, la synergie qui s'établit entre le discours et le geste se trouve affirmée.

Quand la délégation n'équivaut pas à l'expression « passer le singe », la définition de la supervision suppose un recadrage. La supervision ne peut se limiter à une intention de contrôle des résultats ; elle devient engagement réciproque, superviseur et supervisé sont engagés. S'il en était autrement, on nagerait en pleine contradiction, les employés apprendraient rapidement à se méfier des mandats. Quand la synergie doit naître, la supervision ne peut se réduire à une simple opération qui consisterait à évaluer régulièrement le rendement pour que passe un message managérial qui confirme le sérieux du mandat. La supervision doit se faire message managérial qui affirme l'engagement dans un partenariat au regard du changement. En l'absence d'un tel engagement, le désir d'engagement des meilleurs employés se transforme progressivement en méfiance. Cette obligation colore le rôle du superviseur, son comportement. La supervision comporte l'obligation de soutenir l'acteur. Le respect de cet aspect affirme avec force la volonté de collaboration annoncée par la direction. À ce titre, l'évaluation du rendement devient une occasion privilégiée, le moment où les partenaires s'attardent à diagnostiquer la nature des difficultés rencontrées, dans le but de lever les barrières qui font obstacle au changement, ou dans celui d'éviter la rechute. Elle donne lieu à la recherche de solutions, à des échanges qui portent sur les façons d'améliorer la performance. Le message d'engagement tient à ce prix. En contrepartie, cette approche de la supervision établit formellement le droit de la direction de revoir la nature du mandat : des modifications peuvent s'imposer.

Le changement est un défi parce qu'il détruit les habitudes. Les repères disparaissent et tous sont exposés à l'erreur. Le mandat peut s'avérer plus complexe qu'escompté, la transition vers de nouvelles façons de faire se révèle parfois pleine de surprises. Il importe de ne point scléroser la marge de manœuvre de l'organisation et de souligner qu'il se présentera des moments où des ajustements s'imposeront. Les mandats ne sont point des dogmes. Si le succès de l'opération s'avère hors de portée, il est essentiel de débattre d'une modification de l'ampleur du mandat. Le partage des rôles et des responsabilités sera révisé de manière à assurer à chaque partenaire un retrait honorable. Agir autrement minerait la crédibilité du stratège et cette attitude laisserait entendre que l'organisation ira jusqu'à sacrifier ses partenaires sur l'autel du changement. Refuser de battre en retraite aurait pour conséquence de briser l'effet de synergie entre le plan de communication et le plan de mobilisation.

Dans la poursuite de la synergie qui concourt à une meilleure prise en charge de l'environnement d'accueil du changement, la tactique qui consiste à publiciser la délégation de mandats ajoute un quatrième volet aux rôles du stratège. Il en va de la consécration formelle du rôle particulier des artisans du changement et de la reconnaissance de leur mérite au regard des résultats qui sont atteints. La portée des gestes à poser à cet égard est critique, car la tactique est destinée à l'environnement dans lequel évoluent les artisans, elle doit être inductrice d'une attitude d'ouverture.

L'expérience des stratèges le confirme, il est fréquent que l'entourage des artisans réagisse négativement à leurs initiatives justement parce qu'elles perturbent un ordre qui prévalait. Il serait de la plus pure naïveté d'imaginer que la rupture d'habitudes se limite à ceux qui assument des mandats. À la vérité, par analogie, il est plus juste d'imaginer les artisans tels des virus, auxquels l'organisation réagira en déclenchant son système immunitaire, que de les percevoir comme isolés dans une éprouvette quelconque qui ne serait soumise qu'aux manipulations du chef de laboratoire. Si le stratège espère protéger le changement, il s'impose qu'il détruise l'impression qui voudrait que les artisans agissent sur la base d'initiatives personnelles qui viennent troubler le cours normal des choses. Ils sont au contraire « la nouvelle normalité ». Il faut jouer de prévention, à la manière du chirurgien qui surveille la greffe d'un nouvel organe. Cet angle d'attaque suggère clairement l'importance, voire même la nécessité, d'informer ceux qui entourent les artisans des attentes de l'organisation. Par cette prise en charge, le stratège accroît la synergie et il précise la signification des comptes rendus qui suivront au fil de la réalisation des mandats.

On le constate, l'invitation à publiciser la délégation des mandats contribue au lancement d'une stratégie qui déborde la simple affirmation du rôle des artisans du changement. Cette stratégie doit être non seulement un appel à la collaboration lancé à tous, mais encore une clarification du cadre de référence dans lequel seront accueillis les résultats obtenus. Par son intermédiaire, le stratège se place dans une position qui lui permettra de reconnaître publiquement le mérite des artisans. Cette approche préventive laisse entendre que les mandats secrets n'ont d'importance qu'aux yeux de ceux qui en connaissent l'existence ! Pour les autres, ils se présentent comme des virus ; ils légitiment la production d'anticorps.

La perspective de synergie des plans introduit une lecture particulière de la question de la mobilisation des troupes. Elle indique à quels égards les tactiques associées au premier temps de l'implantation du changement se présentent comme autant de leviers de mise en œuvre. Ces tactiques produisent un effet de renforcement, elles confirment l'engagement de la direction tout en protégeant les artisans. Plus encore, elles remettent en cause l'idée voulant que la mise en action du changement soit une étape laborieuse, une conviction qu'entretiennent beaucoup de stratèges...

Mettre en action le changement

La vie réserve parfois d'agréables surprises : la mise en action du changement se présente comme l'étape la plus simple ! Il en va ainsi quand le nid est prêt à recevoir les oisillons. La négociation étant achevée, les gestes à poser sont clairs, les mandats ont été délégués aux artisans et l'environnement est averti. La mise en action équivaut dans ce contexte à un simple signal annonçant que le changement s'amorce. On donne le feu vert. De ce point de vue, la pragmatique suggère une métaphore au stratège (voir la figure 4.7).

FIGURE 4.7 – Métaphore de l'alpiniste

À la manière d'un alpiniste qui rêve d'atteindre le sommet, le stratège place le changement au cœur de l'aventure. Mais en dépit de l'ivresse qui accompagne la fin de l'escalade, il doit comprendre que le retour comporte des défis tout aussi importants. Soutenir le changement équivaut à la descente de l'alpiniste, à ce retour qu'il convient de prévoir avec autant d'attention que la montée.

Soutenir

Pour éviter un réveil brutal, quand le feu vert est donné aux artisans, le stratège doit rejoindre ses troupes dans leur *continuum* temporel. Le temps est venu pour lui également de penser « terrain », action, effervescence du changement. Bref, il est maintenant plongé au cœur des événements. Ses engagements supposent des gestes, et les premiers seront la conséquence de ce qui a été négocié entre les membres de l'équipe de direction quant au partage des rôles, des responsabilités et des tâches qui leur reviennent. Toutefois, si l'obligation de soutenir ses troupes équivaut à protéger le changement, l'organisation n'est pas la seule à devoir faire son bout de chemin. Les employés ont aussi leur part de responsabilités ; il s'agit d'un contexte à responsabilités partagées.

Du côté de l'équipe des stratèges, le temps est venu de mettre en application les stratégies destinées à protéger le changement et de s'assurer de la levée des barrières. Faut-il le rappeler, le partage des rôles entre les membres de l'équipe de direction prévoyait la prise en charge de ce volet qui s'est traduit par la préparation d'un plan de mobilisation des ressources humaines, y compris des tactiques qui vont jusqu'à préciser le soutien physique et psychologique fourni aux artisans. Ce soutien s'est même étendu jusqu'à préciser comment s'effectuerait l'accompagnement, par la voie de mandats qui ont donné un caractère formel aux mesures protectrices. Il n'y a donc pas lieu de revenir sur la part de responsabilités des stratèges, si ce n'est pour souligner que le respect de ces engagements leur assure une cohérence de la parole aux gestes. Cependant, du côté des artisans du changement, la situation diffère.

Nos propos sur l'aspect dynamique du changement l'ont établi, la rupture avec les habitudes engendre un stress. Les difficultés qui surgiront s'accompagnent d'un risque de rechute. Pour encadrer ce risque, les artisans auront eux aussi à déployer des stratégies préventives. Dans le but de les assister dans cette prise en charge du changement, le stratège dispose d'une arme efficace : le cadre de référence proposé par Marx[10] à propos de l'autogestion préventive (voir la figure 4.8, p. 170).

La logique de l'autogestion préventive n'impose pas le recours à une mécanique complexe qui serait hors de portée des artisans, loin de là. Au contraire, elle se révèle fort simple. Elle consiste en un exercice d'anticipation. En s'efforçant d'imaginer l'avenir prochain et les conséquences des changements qu'il doit effectuer, l'employé essaie de connaître les difficultés, les situations à risques. Par la suite, il doit proposer des façons de surmonter les obstacles en évitant le retour aux habitudes, la rechute. En quelque sorte, il s'agit d'un exercice de visualisation, de même nature que ceux qui prennent place dans les stratégies de préparation imaginées pour

---

10. Voir Marx, R.D., « Relapse prevention for managerial training : A model for maintenance of behavioral change », dans *Academy of Management Review*, vol. 7, n° 3, 1982, p. 433-441 ; et « Improving management development through relapse prevention strategies », dans *Journal of Management Development*, vol. 5, 1986, p. 27-40.

les athlètes de pointe qui se préparent à une compétition de haut calibre. L'effort consenti concourt à renforcer la confiance en soi, dans le mesure où il permet de réduire la crainte d'être pris au dépourvu.

FIGURE 4.8 – Le phénomène de rechute

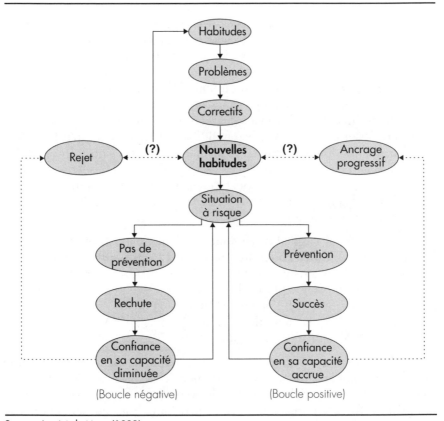

Source : Inspiré de Marx (1982)

La figure 4.8 présente le phénomène de rechute. Elle fournit aux stratèges un cadre de référence rudimentaire qui laisse entrevoir la nature du problème vécu par les artisans du changement. Les mandats s'attaquent directement aux habitudes de travail des employés. Ils remettent en question ces repères familiers qui leur donnaient de l'assurance dans l'exécution de leurs tâches. Cette rupture avec les habitudes crée des difficultés justement parce qu'elle élimine ces repères naturels à partir desquels l'individu s'autogérait. Il s'ensuit qu'il serait naïf de se limiter à légitimer le changement par un simple discours voulant que les habitudes remises en cause n'ont plus leur raison d'être, ou encore par des affirmations selon lesquelles les habitudes en question vont à l'encontre des nouveaux objectifs de l'organisation. La justesse de l'argumentation n'élimine pas l'obligation de découvrir un nouvel équilibre ! Le stratège doit en conséquence orienter l'effort vers la création de nouvelles habitudes conformes aux objectifs visés. Par la suite, il fera porter l'attention sur le moment de vérité que constitue la mise à l'épreuve de ces nouvelles habitudes, car là surviennent les risques.

Les situations à risques peuvent être anticipées et donner lieu à la création de scénarios d'urgence. Selon Marx, agir de la sorte conduit à davantage de succès, et les effets de l'approche sont d'accroître la confiance de l'individu en sa capacité de surmonter les obstacles et de favoriser l'ancrage des nouvelle habitudes. On devine le reste. En l'absence de prévention, mal préparé à affronter les imprévus, l'artisan subit des échecs et sa confiance décline. Le risque lui paraît plus élevé, il perd confiance en ses moyens. Surgit alors la tentation de rejeter le changement, voire les nouvelles habitudes, au profit d'un retour à ses anciens comportements.

Le parallèle qui s'établit entre cette vision de la rechute et l'apparition de résistances au changement confirme la nécessité de soumettre les artisans du changement à cet exercice de visualisation, de les inviter à effectuer une démarche préparatoire à la réalisation de leur mandat. À titre d'illustration du cadre de référence qui concrétise cette démarche, encore une fois nous empruntons au secteur des services financiers (voir la figure 4.9, p. 172). Les sept étapes du processus n'en seront que plus évidentes[11].

Illustration des étapes du processus

Première étape : à partir du mandat, cerner les gestes à poser

Tout mandat comprend un ensemble de gestes qui seront posés en vue d'effectuer le virage proposé. Supposons dans la cas présent qu'un employé du secteur du crédit se voit confier la responsabilité de s'attaquer à la réduction d'un ratio de pertes sur prêts beaucoup trop élevé. Les gestes à poser pourraient être les suivants :

- recenser les prêts en difficulté ;
- évaluer le pourcentage de risque ;

---

11. Selon le cas, le stratège pourra assister l'employé dans cette démarche ou la lui proposer comme un préalable dont il doit s'acquitter et pour lequel il souhaite le voir préparer un état de ses impressions dont ils discuteront par la suite.

- déterminer les mesures à prendre ;
- répertorier les raisons permettant d'expliquer comment l'organisation en est arrivée à un tel ratio ;
- implanter un système informatisé de suivi des prêts comportant des indicateurs d'alerte ;
- contacter les clients et établir des ententes claires avec les mauvais payeurs ;
- etc.

En dépit du caractère hypothétique de l'exercice, on constate que la définition des gestes contribue à une visualisation de la tâche à accomplir. Par cette première démarche, l'employé se donne une première impression des résultats auxquels on lui demande de parvenir.

FIGURE 4.9 – Processus d'autogestion préventive

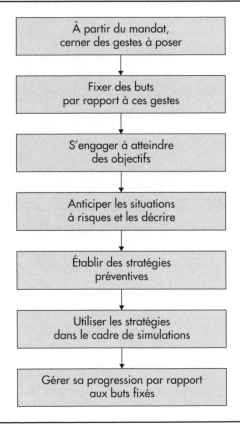

Deuxième étape : fixer des buts par rapport à ces gestes

La deuxième étape du processus conduit l'employé à constater qu'une situation difficile ne se redresse pas nécessairement du jour au lendemain. Elle l'invite à se fixer des buts à atteindre, mais aussi à déterminer les priorités. Ainsi, il apparaît qu'en ordonnant les buts on délimite une façon de faire. Il s'agit en quelque sorte de briser le caractère global du problème, de le fractionner en vue de se donner une emprise. Dans le cas qui nous occupe, ce fractionnement pourrait prendre la forme suivante :

- mettre de l'ordre dans le dossier ;
- traiter les urgences sans évacuer le reste ;
- implanter les suivis nécessaires en vue d'éviter de retomber dans les mêmes difficultés ;
- trouver comment on en est arrivé là afin de corriger les façons de faire actuelles ;
- etc.

En procédant de la sorte, l'employé crée un ordre de priorité et il devient possible d'imager sa compréhension du mandat par une chaîne d'éléments qui la symbolise :

Ménage ⟶ urgences ⟶ systèmes de suivi ⟶ corrections aux façons de faire

---

Troisième étape : s'engager à atteindre des objectifs

À cet instant de la démarche, la précision s'impose. On peut poursuivre plusieurs buts, mais ce sont par contre des cibles lointaines. Il y a lieu de les étaler dans le temps, de les morceler. Pour cette raison, le recours à la détermination d'objectifs intermédiaires qui marquent des étapes s'avère une méthode productive. À titre d'illustration, pour le premier mois, les objectifs pourraient être établis dans les termes suivants :

- Le 31 octobre, les dossiers à risque devront avoir été répertoriés.
- Le 31 octobre, l'importance du risque devra avoir été évaluée.
- Durant cette période, des ententes fermes devront être négociées avec les mauvais payeurs chroniques.
- Au terme de la période, les principales raisons pour lesquelles la liste de mauvais payeurs est si importante devront avoir été clarifiées.
- Etc.

De la sorte, on précise les résultats attendus, on établit des échéances. Qu'on y parvienne par le biais d'une discussion avec l'employé ou qu'il les formule lui-même à la satisfaction de l'organisation, peu importe, pour autant qu'on s'y astreigne. Cette pratique concourt à cerner le contrat psychologique qui exprimera l'engagement de l'employé.

Quatrième étape : anticiper les situations à risques et les décrire

Chaque mandat présente en soi une cote de difficulté qui lui est propre. Une fois les objectifs établis, la dimension préventive de la démarche entre en jeu. Il s'agit de cerner les situations qui présentent un risque aux yeux de l'employé. La surcharge de travail périodique, la peur d'affronter le client, la crainte de se tromper dans l'évaluation du dossier, ou encore celle que d'autres employés soient placés en difficulté par ses découvertes : toutes ces éventualités peuvent devenir des sources de stress, des éléments qui porteraient à reculer devant l'obstacle. Quand l'employé parvient à cibler ces obstacles, à décrire ces situations pour les reconnaître dès les premiers instants, il détient la clé de la prévention. À titre d'exemple, un employé pourrait redouter le contact avec le client, ces moments où il affronte une réaction agressive de la part de ce dernier : « Et si je tombais sur un client qui m'apostrophe ou sur un client qui a régularisé sa situation sans que je le sache ! Je ne sais pas comment je réagirais et je doute que j'oserais me risquer à en appeler un autre. Je n'ai jamais fait ce type de travail, je ne sais pas trop par où commencer, appeler un mauvais payeur me semble effrayant ! Etc. »

Le simple fait de cerner et de décrire une situation à risque révèle les éléments qui pousseraient l'employé à éviter la situation ou encore à privilégier d'autres aspects du mandat en vue d'éviter l'incertitude. Le rôle de l'autogestion préventive est de contrer cette éventualité par la préparation de stratégies qui facilitent l'adaptation aux situations à risques.

Cinquième étape : établir des stratégies préventives

L'étude des situations à risques vise la connaissance des éléments qui pourraient déclencher la rechute. À la lumière de l'étape précédente, l'employé saurait rapidement que la réaction du client joue à ses yeux un rôle déterminant, car il la redoute. Les éléments déterminants seraient les suivants :

- un client agressif ;
- une erreur ;
- la démarche à suivre lors de l'entretien.

Pour surmonter la tentation d'éviter la situation, un réflexe qui conduirait à en rester aux aspects accessoires du mandat, l'employé doit se donner des stratégies. Dans le cas qui nous occupe, les stratégies pourraient être les suivantes :

- Imaginer un guide d'entretien général.

- Établir un protocole à suivre au cas où une erreur serait commise dans l'évaluation du dossier.

- Prévoir une approche spécifique en vue de traiter les clients qui présentent des réactions agressives.

Sixième étape : utiliser les stratégies dans le cadre de simulations

Sur papier, une stratégie s'avère toujours séduisante ; mais, sans recours à l'action, elle se fait rarement rassurante. Il en va ainsi de l'esprit humain ; devant l'inconnu, il attend des preuves. Pour cette raison, les stratégies devront être éprouvées par la simulation, qui permet de vivre la difficulté anticipée sans courir le risque de ses conséquences fâcheuses ; ainsi, la confiance s'accroîtra. Cette étape joue un rôle déterminant dans la conviction d'être en mesure de surmonter le stress associé aux situations à risques. Certes, les simulations ne sont que théâtre. Toutefois, elles fournissent la possibilité de mettre en pratique ces quelques stratégies que l'employé aura cernées. Cette mise en pratique écarte l'obligation d'improviser. En quelque sorte, établir des stratégies et les mettre en pratique par le biais d'une simulation correspond à une tactique qui réduit l'incertitude et qui rassure sur la capacité de franchir des obstacles. Quand l'employé peut anticiper, quand il parvient à identifier les clients pouvant présenter une réaction agressive, il est en meilleure posture, il lui est possible de se préparer mentalement avant de passer à l'action. La mise en pratique des stratégies dans le cadre de simulations parachève l'effort de visualisation.

Septième étape : gérer sa progression par rapport aux buts fixés

Il n'est pas de renforcement plus puissant que le succès. Toutefois, on le sait, les expériences négatives peuvent facilement détruire la confiance quand elles envahissent le quotidien. Aussi importe-t-il de neutraliser cette dynamique, de tenir un journal de bord de la progression (voir l'encadré, p. 176). La tactique présente l'avantage d'ouvrir sur une vision d'ensemble. Au moment de consigner ses réalisations, l'employé verra de plus à quel point il a été fidèle à ses engagements. Pour contrer l'effet des incidents de parcours au profit de la progression globale, le journal de bord des résultats doit demeurer simple et fournir l'occasion de raffiner les stratégies préventives, si la chose se révèle nécessaire.

Exemple d'un journal de bord de la progression

a) Dossiers à risques répertoriés :

10 octobre	16
17 octobre	8
24 octobre	3
31 octobre	Terminé

b) Dossiers évalués (% risque)

10 octobre	4
17 octobre	12
24 octobre	7
31 octobre	4

c) Répertoire des raisons expliquant les difficultés en ce qui touche le ratio des pertes sur prêts

1. Normes non respectées...

2. Information inexacte, le dossier n'a pas été mis à jour !

3. Aucun suivi systématique n'était prévu dans le cas des ententes établies avec les clients difficiles...

4. Etc.

d) Ententes (mauvais payeurs)

10 octobre	0
17 octobre	4
24 octobre	1
31 octobre	0

Et ainsi de suite.

On le remarque dans l'encadré, quand le soutien d'implantation plonge dans l'autogestion préventive, la volonté de changement exprimée dans le plan de communication se traduit par une clarification de ses impacts au quotidien. Plus encore, l'autogestion préventive s'aligne sur le partage de responsabilités entre les acteurs. Cette cohérence entre le discours et l'action explique notre insistance sur le rôle clé du stratège. Le stratège doit être un expert en logistique, en formulation de processus et en gestion de la personne. Il parvient à cette performance en donnant davantage de place à la question de l'accompagnement dans le changement. Derrière ces affirmations se profile un message de plus en plus explicite : le succès du stratège dépend de sa capacité de permettre aux autres d'exceller… À ce titre, l'autogestion préventive devient un levier qu'il ne saurait négliger.

LE SUIVI DES EFFETS

L'une des caractéristiques les plus évidentes de la personnalité des stratèges est leur souci marqué des résultats. Paradoxalement, ils se présentent aussi comme des personnes dont la tendance naturelle n'est pas de suivre de près la progression de leurs interventions ! Tout se passe comme si, dans leur esprit, le simple fait de lancer l'action entraînait un résultat automatique. Certes, l'apparition des contrôles de qualité, qui sont de plus en plus répandus dans les entreprises de production, laisse espérer une amélioration. Mais le suivi des effets demeure le parent pauvre…

La forte majorité des stratèges reconnaissent, en sourdine autour d'un café, qu'ils redoutent que l'instauration d'un suivi serré de leurs collaborateurs crée un climat de méfiance ou, à tout le moins, alourdisse l'atmosphère. Ils redoutent d'être perçus comme des gardes-chiourme ! Or, ils l'admettent de bon cœur, quand on leur force la main pour qu'ils se livrent à un meilleur encadrement à partir de mandats écrits, ils sont surpris des effets. Ils le constatent, l'approche plaît aux employés. Cet encadrement les rassure parce qu'ils y trouvent des facteurs qui réduisent l'incertitude. Le phénomène tient à la portée pragmatique des mandats.

Dans le contexte de la dimension managériale, la supervision et le suivi des effets sont des messages qui traduisent l'importance des objectifs proposés aux partenaires. Il s'avère incontournable d'y investir quand on s'arrête à la crédibilité de l'opération. Rien n'entache plus la motivation des artisans du changement que de ne point constater l'intérêt accordé à la réalisation de leur mandat !

> *Qu'on s'intéresse ou non aux résultats, l'ordinateur accomplit ce qui lui est demandé. Le cerveau quant à lui a vite fait de passer alors à autre chose…*

Le stratège qui espère éviter les surprises a tout intérêt à systématiser la cueillette de l'information qui contribue au suivi de la progression vers les objectifs (voir la figure 4.10, p. 178). Se soustraire à cette obligation écarterait la possibilité d'ajuster l'action sur un mode continu. En de telles circonstances, le risque serait que les écarts de parcours conduisent à l'échec ou à des mesures draconiennes qui ne feraient que rendre la situation plus pénible à tous. Et comme le stratège poursuit l'ambition de réaliser un changement par l'intermédiaire de la contribution d'autres personnes, cette responsabilité lui revient, car il en va du maintien de la mobilisation des troupes.

FIGURE 4.10 – Le suivi des effets du changement

ÉTAPE 3 : il revient au stratège de recueillir l'information en fonction des objectifs poursuivis, en vue d'un ajustement continu

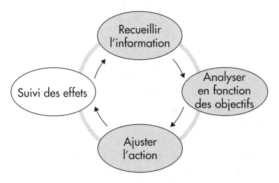

Non seulement le suivi révèle-t-il quand vient le temps de stimuler ses troupes, de les encourager, mais encore il protège de la création d'un écart entre le discours et le geste. En cela, l'univers de l'interprétation contraint le stratège. Le moindre laxisme l'exposerait au risque de voir son comportement perçu comme un message qui contredit et qui trahit l'engagement de la direction. De plus, la négligence du suivi rendrait pratiquement impossible une juste évaluation de l'impact de la stratégie mise de l'avant. Aussi bien dire que la crédibilité tomberait rapidement en chute libre...

L'information requise

Le suivi des effets est une activité de pilotage dont l'importance a été affirmée maintes fois par les ténors de la qualité. Les murs de plusieurs grandes entreprises de production sont aujourd'hui maquillés de tableaux de bord de gestion plus originaux les uns que les autres et les stratèges y trouvent leur compte. Mais cette pratique paraît plus ardue à implanter dans le domaine de la gestion des personnes. Cette difficulté s'estompe quand le stratège sait tirer avantage du résultat des négociations qui prévalent à l'implantation d'un projet partagé. En reprenant la logique du pilotage, on doit constater que tous les éléments sont déjà mis en place.

Les indicateurs de progrès qui ont été négociés avec les partenaires ouvrent la porte au suivi des personnes. L'information recueillie à cet égard peut être analysée en fonction des objectifs poursuivis. Ensuite, les objectifs des différents plans de communication, ceux des plans de mobilisation et ceux qui sont associés aux mandats peuvent facilement être mis à contribution. On achèvera la cueillette en intégrant les résultats produits par les stratégies de levée des barrières et les résultats associés aux stratégies de prévention de la rechute. L'analyse de ces informations indiquera s'il y a lieu d'ajuster l'action tout en permettant, ultérieurement, de juger de la portée des stratégies qui soutiennent le changement. Nous résumons l'essentiel de cette capacité de pilotage en regroupant ces indicateurs sous le thème du suivi dans la figure 4.11.

FIGURE 4.11 – Les objets du suivi

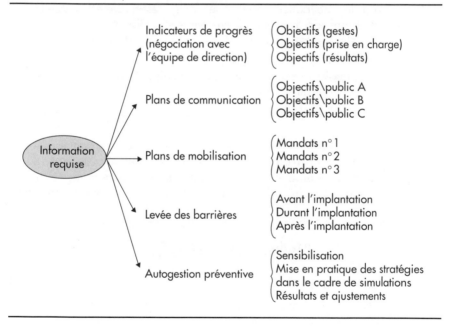

Cette activité de pilotage reprend en filigrane la logique proposée dans les quatre dimensions de la communication organisationnelle. Comprenons par là que la vision du stratège se traduit dans un projet de changement qu'il négocie avec ses partenaires de l'équipe de direction. Ceux-ci collaborent par la suite à la définition de moyens qui seront utilisés pour concrétiser ce projet. Ensemble, ils en suivront l'avancement en accordant une attention particulière à la mobilisation des troupes et aux résultats relatifs à la fidélisation de la clientèle.

Sept questions clés rendent compte de cette logique. Elles résument l'essentiel de la démarche du suivi de l'équipe de direction.

Les questions clés du suivi

1. Les gestes à poser sont-ils effectivement posés ?
2. Les rôles, les responsabilités et les tâches sont-ils assumés ?
3. Progresse-t-on dans la direction souhaitée ?
4. Atteignons-nous une vision partagée qui soutient l'effort de changement et cela, chez tous les publics ciblés ?
5. Le plan de mobilisation porte-t-il ses fruits, c'est-à-dire est-ce que les mandats sont effectivement pris en charge et réalisés ?
6. La levée des barrières est-elle efficace et tous les efforts requis à cette fin sont-ils déployés ?
7. Les mandataires appliquent-ils les stratégies de prévention de la rechute et ont-ils du succès ?

Dès que la réponse à l'une de ces questions s'avère décevante ou douteuse, il y a lieu de croire que des ajustements sont nécessaires. Si on reprend le cas de cet employé à qui on aurait confié le mandat de s'attaquer à un ratio de pertes sur prêts, la situation pourrait se présenter comme suit.

Résultats sommaires du suivi

1. **Les gestes à poser**

   On le constate, le secteur-conseil a bien amorcé l'opération ; mais après quatre mois, le système de suivi n'est pas encore implanté.

2. **Les rôles et les responsabilités**

   Le nouveau directeur de service a mis l'accent sur la perception avec un succès satisfaisant. Toutefois, il a pris du retard quant à l'analyse des raisons qui expliqueraient nos difficultés. Il semble plus préoccupé par la perception que par tout le reste.

Résultats sommaires du suivi (suite)

3. **Les objectifs visés**

   Pour ce qui est du recouvrement, la progression est claire. Mais dans le cas de l'amélioration de notre gestion des pertes sur prêts, il y a un sérieux retard. Il semble que nous risquions d'être encore aux prises avec une liste de mauvais payeurs si nous ne corrigeons pas le tir.

4. **La vision partagée qui soutient l'effort de changement**

   Au secteur-conseil, non ! Il semble que notre message mettait trop l'accent sur la perception. Il y a lieu d'ajuster le tir.

5. **Le plan de mobilisation et les mandats**

   L'implantation du système de suivi est laissée pour compte. Il faut revoir cet aspect avec le service-conseil et réajuster le mandat.

6. **La levée des barrières**

   Face aux résultats atteints en ce qui touche la perception, il semble que le suivi des résultats se soit relâché après le deuxième mois. Ce point doit être abordé avec la direction générale, car des obstacles refont surface.

7. **Les stratégies de prévention**

   Au service-conseil, même les clients agressifs ne posent plus de problèmes. Il semble que la perception donne lieu à une compétition amicale.

Cette cueillette fictive l'exprime, le simple fait de répondre aux sept questions proposées laisse aux stratèges une image relativement claire de la situation. On pourrait de la sorte facilement dépister le phénomène si, par exemple, le recouvrement était laissé pour compte, ou encore si l'organisation omettait de lever certaines barrières. Dans chacun de ces cas, à l'aide des repères «connu, compris, accepté, respecté, effets attendus», qui servent à cerner la nature du problème, une analyse plus précise apporterait l'information qui conduit à déterminer le type de solution à mettre de l'avant pour redresser la situation.

Le suivi des effets se présente donc comme un exercice de pilotage qui suppose de faire le point régulièrement. Plusieurs avantages s'offrent aux stratèges qui acceptent cet effort de discipline. D'abord, ils découvrent rapidement ces occasions où les acteurs s'écartent du chemin tracé tout en étant en mesure d'évaluer de façon continue la pertinence des actions entreprises.

Ensuite, le suivi des effets leur fournit de l'information stratégique quand vient le temps d'évaluer les impacts de l'intervention, car il facilite la création d'une base de données. Une telle information leur permet de suivre l'évolution des écarts et de l'engagement des acteurs et l'effet de leurs stratégies. De ce point de vue, le suivi des effets équivaut à surveiller le rendement de ses investissements!

CONCLUSION

Au fil des chapitres de cet ouvrage, nous avons cherché à donner une saveur particulière à l'évolution de la discipline du management des organisations. Aux termes leadership et stratégie nous avons associé implicitement la notion d'organisation apprenante, une expression qui, somme toute, résume l'idée voulant que changer signifie mourir au passé, accepter d'apprendre encore et encore, ne jamais cesser de rechercher comment mettre à profit les cerveaux. Nous reconnaissons de la sorte avoir placé l'individu au centre de l'organisation et ainsi avoir augmenté la pression qui s'exerce sur les stratèges. En effet, notre approche l'affirme, les organisations stagnent quand les individus qui la composent stagnent. La chose est encore plus dramatique quand elle est due au refus des stratèges de se renouveler.

En cernant les contours du processus par lequel nous invitons le stratège à négocier l'invention de l'organisation dont il rêve, nous poursuivions deux objectifs stratégiques : promouvoir l'organisation apprenante et fournir des repères qui concourent à sa création. Le stratège qui entretient ces mêmes ambitions trouvera dans le développement d'une vision de l'avenir de son entreprise les éléments qui rendront cette négociation possible. Tout au long de ce périple, l'analyse du secteur d'affaires de l'entreprise et celle des tendances lourdes de l'environnement global baliseront sa route. Par leur intermédiaire se dessinera un arrière-plan qui donne un sens au quotidien et qui inspirera des directions à prendre, des changements à apporter. Seul le développement d'une vision d'ensemble peut conduire le stratège à cerner le cadre de référence de la négociation qu'il entreprendra avec ses partenaires. Le partage de cette vision de l'avenir leur permettra en retour d'agir à titre de porte-étendards auprès de leurs troupes.

La négociation d'une organisation apprenante débute par la création d'une vision partagée aux multiples facettes et exige de l'équipe de direction qu'elle renonce au passé pour s'ouvrir au changement. Une lecture commune de la situation s'impose, qui peut s'écarter des intuitions initiales du stratège. Pourtant, elle est préalable à une perception des écarts qui conduit les individus à aborder l'avenir en vibrant au même diapason et en se considérant tous comme concernés par les projets qui seront mis sur la table. Cette unité de pensée ouvre sur la définition des changements à promouvoir, sur un consensus de l'ordre des orientations stratégiques. Et comme les changements sont le fait des artisans qui forgent le quotidien, l'équipe de direction devient la première responsable de la promotion du projet.

Il sera sage d'être attentif aux capacités des ressources humaines dont on dispose, à leur volonté de relever les défis et aux conditions dans lesquelles l'organisation se trouve au moment d'entreprendre le virage. Comme le souligne à juste titre Henry Mintzberg, la réflexion stratégique se nourrit également d'une connaissance approfondie du quotidien de l'entreprise.

Ces réflexions remplissent une fonction critique. Elles teintent les ambitions de réalisme et elles invitent à prévoir des mesures qui sont destinées à protéger le changement. Aucun stratège ne peut se payer le luxe de sous-estimer combien le changement touche d'abord les personnes. Une compréhension approfondie du rôle clé des artisans ne peut que rendre plus évidentes les précautions qu'il s'impose de prendre et, surtout, elle facilite la négociation des gestes qui seront retenus en vue de concrétiser le virage, car elle teinte le changement aux couleurs de sa véritable nature : l'organisation apprenante n'est rien de plus que des individus qui apprennent, même quand ce fait est masqué par la présence troublante de nouvelles technologies qui captent l'attention.

Que le changement passe incontournablement par des individus révèle pourquoi la négociation des gestes sera toujours un des moments délicats de la mise en place d'un projet de changement partagé. Là risquent de surgir les affrontements d'expertises, les conflits d'intérêts, les peurs et les résistances. Mais il s'offrira malgré tout plusieurs avenues dont la valeur fera l'objet d'une analyse avec les partenaires de l'équipe de direction. Il reviendra au stratège d'être alors le gardien d'un principe : ce qui est faisable ne s'avère pas toujours désirable et seule une prise en compte de la capacité globale de l'organisation permettra de départager les scénarios, d'agencer les gestes et de préciser leur ordre de succession. Dans cette aventure, la patience sera la première vertu du stratège, car l'atteinte d'un consensus à cet égard permet de fermer la boucle de la négociation d'un projet sur l'engagement et sur la clarification de la prise en charge du changement par les partenaires qui en seront les porte-étendards.

La négociation du partage des rôles, des responsabilités et des tâches entre les acteurs concourt à traduire les attentes du stratège envers ses partenaires de l'équipe de direction. Il en va de l'engagement de chacun et de la clarification de la prise en charge du changement. En ces termes se négocient la nature du partenariat, les marges de manœuvre et les obligations de chacun. Et comme le changement se prépare, se gère et se protège, il sera nécessaire d'aborder cette question en introduisant des nuances. Quand la nature du partenariat sera connue, comprise et acceptée par chacun des membres de l'équipe, le stratège aura franchi le passage de l'intrapersonnel à l'interpersonnel. Il lui restera à définir avec eux la façon dont s'effectuera le pilotage de l'équipe et les indicateurs de progrès qui lui permettront de garder le cap.

La clarification des indicateurs ferme la boucle de la négociation avec les porte-étendards du changement. Elle regroupe les gestes, les responsabilités, les tâches et même les résultats attendus comme autant de repères en vue du pilotage. Avec la création de cette gamme d'indicateurs communs, la performance de l'intervention s'évalue à partir d'une vision partagée et les ajustements apportés en cours de route ne risquent pas de s'inscrire alors en contradiction avec le projet.

La phase de négociation qui précède l'intervention prend donc un caractère déterminant. L'équipe de direction remplit une fonction clé pour le stratège. Elle regroupe les porte-étendards, ceux qui veilleront à traduire le changement au quotidien pour l'ensemble des employés. Il serait illusoire de poursuivre l'ambition de créer une organisation apprenante en l'absence d'un engagement ferme de leur part. Sans une entente négociée, l'intervention risque tôt ou tard de déboucher sur un affrontement ou sur le chaos.

Il importe de le retenir, au moment où s'amorce l'intervention, les porte-étendards se trouvent dans un contexte de négociation différent de celui qui s'est établi entre les membres de l'équipe de direction. Les artisans du changement au quotidien n'ont pas la responsabilité de la définition de la stratégie, bien qu'ils puissent y contribuer. Ils sont davantage concernés par l'action, et les y préparer suppose un plan de communication qui révèle la vision qui gouverne l'évolution de l'entreprise. L'implantation des changements s'inscrit dans cette vision de l'avenir ; la présenter aux artisans leur fournit un contexte riche et précise le cadre de référence à partir duquel il convient d'interpréter les gestes qui seront posés.

Le plan de communication s'attarde à la vision stratégique de l'équipe de direction parce qu'il importe de donner un sens aux changements proposés. L'intention est de créer une compréhension commune des événements, une juste perception des changements et des gestes qui les soutiennent. Il serait illusoire d'espérer qu'on y parvienne autrement et surtout de sous-estimer la distance, la rupture du *continuum* temporel qui sépare les porte-étendards de leurs troupes. Toutefois, informer adéquatement ne suffit pas !

Traduire le changement au quotidien suppose aussi de l'exprimer en des termes évocateurs pour ceux qui auront à le concrétiser. Par le biais du plan de mobilisation, les stratèges de l'entreprise précisent explicitement ce qu'ils attendent des artisans du changement. Ils en expriment les conséquences quant au travail quotidien. En clarifiant ces attentes de l'organisation et les étapes à franchir pour atteindre les objectifs, en cernant les nouvelles compétences requises et en précisant le soutien qui sera offert, on donne forme au changement. Cette opération de traduction se réalise par l'établissement de mandats qui montrent clairement comment chacun aura à placer sa pierre dans l'édifice. C'est uniquement au moment où ces mandats sont clairs que le changement prend son sens pour les artisans. Ils sont pour eux le changement !

Les stratèges doivent comprendre que le quotidien des employés mandataires est tout aussi important que les rêves d'avenir qu'ils entretiennent : il est la transition, l'ébauche de ce nouvel équilibre tant souhaité. Quand les mandats sont délégués, il est de première importance que l'équipe de pilotage consacre ses énergies à créer le contexte dans lequel surviennent ces nouveaux comportements qu'ils ont prescrits. Elle lance cette opération en publicisant les mandats, en veillant à la levée des barrières et en respectant son engagement à offrir un soutien continu. Tout manquement porterait le germe d'un échec. Voilà pourquoi le suivi des effets de l'intervention est mis en route dès cet instant : l'équipe de pilotage est le rempart, elle est le gardien de l'avenir en émergence.

La cueillette systématique de l'information à partir des indicateurs de progrès et l'analyse des résultats en fonction des objectifs poursuivis faciliteront l'ajustement continu, et cet exercice de pilotage de l'intervention rendra possible l'évaluation des impacts de la stratégie déployée. À cet effet, l'équipe de pilotage portera son attention sur quatre aspects : l'atteinte des objectifs, la validation des hypothèses qui sous-tendent le choix des tactiques et des stratégies, le respect des engagements et, finalement, le respect des règles de l'art de l'intervention au regard du contexte dans lequel évolue l'organisation. Ce cadre de référence suppose une capacité bien sentie d'autocritique et une grande sensibilité aux processus qui concourent à la crédibilité de l'évaluation. Plus encore, le suivi des impacts est un message managérial qui affirme le sérieux et l'engagement de l'équipe de direction. En l'absence d'un tel suivi, l'avenir est compromis.

Toute action de changement interpelle la capacité d'apprendre de l'organisation. La chose est encore plus vraie quand surgissent de nouvelles technologies dont les effets sont d'entraîner l'apparition de modes d'organisation du travail qui s'appuient sur de nouveaux profils de compétences !

DES MISES EN GARDE

Il serait hasardeux de conclure ce voyage au centre de la négociation de l'organisation sans souligner quelques mirages du changement dont il est fort peu question dans la littérature actuelle. Maintenant que les gourous ont fait de l'inévitable l'argument massue qui ouvre sur la promotion du changement, il s'avère nécessaire de mettre en garde les stratèges contre eux-mêmes. Le changement revêt un caractère séduisant. Il envoûte les plus naïfs parce qu'il véhicule l'espoir de jours meilleurs. Cependant, il ne faut pas oublier qu'un stratège opte pour le changement parce qu'il lui associe des hypothèses d'impacts, des effets qui devraient en découler. Il y a là un danger, celui de croire à outrance en ses déductions.

Les stratèges et leurs hypothèses

L'incertitude est le pendant de la stratégie. Certes, il est juste de penser qu'il n'y aurait pas lieu de se livrer à une réflexion stratégique si tout était joué à l'avance. Mais toujours en mouvement est l'avenir. Aussi, force est de le reconnaître, le contexte quotidien du stratège se colore d'hypothèses, de projections incertaines. Sa vision de l'avenir comporte une foule d'équations qui supposent que l'obtention d'un succès en ceci ou en cela fera du rêve qu'il poursuit une réalité. C'est là le lot du stratège et de son équipe, leurs réflexions et leurs ambitions les propulsent dans l'univers des hypothèses et de toutes ces promesses qui les accompagnent.

Les hypothèses n'ont toutefois rien de dangereux en elles-mêmes, quand on les tient pour ce qu'elles sont : de simples hypothèses. Leur consentir un autre caractère exposerait à des erreurs de jugement quand arrive le moment d'évaluer les impacts des gestes posés en vue d'introduire ces changements auxquels on associe des résultats à titre de conséquences. L'avertissement vaut encore plus quand les ressources humaines interviennent. Le rêve du stratège est par définition inachevé, il dépend de ses partenaires. Même quand ses hypothèses initiales s'avèrent justes, la portée des stratégies et des tactiques mises de l'avant repose sur les épaules des artisans du changement.

Quand il lance un appel pressant au changement, le stratège s'engage dans une direction, une avenue qu'il privilégie en raison d'une série d'hypothèses. Ainsi, il peut tout aussi bien espérer que la mise en œuvre d'un programme de formation à la vente débouchera sur une amélioration de son volume d'affaires parce qu'il recherche une amélioration de la position concurrentielle de son entreprise. À partir de ses hypothèses, il lui semblera peut-être naturel d'investir dans un tel programme, ou d'en confier la réalisation au service des ressources humaines. Le cœur rempli d'espoir, il surveillera attentivement, par la suite, la progression des ventes. Or, il vit alors d'hypothèses.

Dans la poursuite de tels objectifs, le risque est grand de confondre le produit et la promesse de résultats qu'inspire cette avenue au stratège. Certes, une activité de formation de bonne qualité peut conduire parfois à une amélioration de la technique de vente. Cependant, cette amélioration n'influera sur le comportement du client que dans le mesure où la vente ne se conclura pas en raison d'une déficience de la technique des vendeurs. Des nuances de cette nature doivent marquer de réalisme les espoirs du stratège et lui rappeler la vraie nature des hypothèses.

La distance qui s'établit entre les résultats d'une activité de formation et l'hypothèse du stratège qui en étend les conséquences jusqu'aux volumes de ventes mérite l'attention. Il demeure essentiel de distinguer d'une part les promesses qui accompagnent l'activité de développement des ressources humaines à laquelle il recourt et d'autre part les résultats qu'il espère en voir découler à titre d'impacts sur la performance de l'entreprise. Il convient de l'affirmer sans détour, l'impact pourrait ne jamais survenir, en dépit du fait que l'activité remplisse ses promesses ! Le risque est de confondre le menu et le repas, l'impact escompté et l'hypothèse qui nous porte à l'associer à une action ou à une stratégie privilégiée. L'anecdote qui suit en rend compte.

Un jour que nous discutions de cette nuance avec des spécialistes en évaluation d'impacts, l'un des participants nous confia être enfin parvenu à clarifier cette question avec son supérieur hiérarchique par le biais d'un heureux concours de circonstances. La nécessité de tracer une frontière entre, d'une part, les impacts d'une tactique qu'on met de l'avant et, d'autre part, les hypothèses qui sous-tendent ce choix ne lui causait plus de difficultés. Une excursion de pêche avec son supérieur hiérarchique lui avait permis de dénouer l'impasse. Intrigués, les autres participants voulurent en savoir davantage sur le lien qui pouvait s'établir entre cette question complexe et un simple projet d'excursion. Il résuma en ces termes comment l'expérience contribua à clarifier cette question délicate.

« Mon directeur était excédé. Mes mises en garde répétées à propos de ses critiques à l'endroit des faibles retombées de la formation en étaient venues à l'irriter. Dans le but de vider la question une fois pour toutes, il me proposa une excursion. Il lui semblait qu'il serait bon de nous trouver dans un contexte différent, affirmant que la chose nous faciliterait la résolution de ce débat. Au cours de l'excursion, les discussions furent vives et nous restâmes chacun sur nos positions. Le lendemain de notre retour, je lui lançai cette remarque : "Vous aviez fait l'hypothèse selon laquelle notre excursion de pêche aurait un impact sur notre débat. Or, ce n'est pas le cas, même si l'excursion fut un succès total. Il en va de même de la formation ou de toute autre tactique de changement. Elle peut réussir, remplir ses promesses, mais ne pas produire les impacts dont vous rêvez. Ce n'est alors pas la formation ou la tactique qui est en cause, mais plutôt votre hypothèse qui s'avère inexacte. " Sa réaction se limita à un sourire furtif. Au cours des réunions subséquentes, il n'y eut plus de débats sur la nuance.»

Cette anecdote met en lumière combien l'évaluation d'impacts se distingue de l'évaluation d'une activité ou d'une intervention en tant que telle. Tout stratège aurait avantage à garder à l'esprit que ses hypothèses sur la portée des gestes qui sont posés dans le but de renforcer la performance de l'entreprise, si logiques soient-elles, ne demeurent qu'hypothèses. L'absence d'impacts ne signifie pas nécessairement que les choses n'ont pas été accomplies dans le respect des règles de l'art. Il se peut fort bien que l'hypothèse soit tout simplement fausse, ou encore que la relation établie par le stratège entre une stratégie et ses effets anticipés se révèle moins linéaire qu'escomptée.

La crédibilité de l'évaluation d'impacts

L'organisation est une réalité négociée, et la crédibilité de l'évaluation d'impacts des stratégies de changement s'inscrit dans ce contexte. Les paramètres à partir desquels les artisans du changement et les stratèges jugent de la valeur d'une action et de ses impacts sont loin d'être identiques. Pour n'en souligner que les manifestations les plus évidentes, remarquons que les artisans jugent habituellement de la valeur d'une intervention à partir de l'assurance qu'elle leur apporte dans l'exécution de leur travail et à partir de la qualité de la relation qui s'établit avec ceux qui la réalisent. Pour leur part, les stratèges évalueront cette même intervention en prenant pour paramètres l'atteinte des objectifs, la réceptivité de l'environnement organisationnel et l'intensité de l'engagement démontré par les artisans du changement. Il est naturel qu'il en soit ainsi, les stratèges étant surtout préoccupés des retombées, des impacts de la stratégie sur l'organisation et sa performance. Ils abordent la valeur de la stratégie sous l'angle des hypothèses qui la leur rendaient attrayante. Il s'ensuit des écarts de vision entre les artisans et les stratèges, et leur présence rappelle l'importance d'une négociation des paramètres d'évaluation. Sans une vision partagée de l'évaluation, l'opération débouche sur des opinions éclatées, sur l'impression que les partenaires ne se soucient que de leurs intérêts respectifs.

Dans ce contexte où le risque d'écarts de consensus plane, le stratège n'a d'autre choix que de discuter explicitement de cette question avec ses partenaires. Il importe de prévenir les contrecoups possibles d'une absence de consensus. Nous l'avons déjà souligné, la négociation d'un partenariat et la mise en place d'un projet partagé relèvent de la responsabilité du stratège. Aussi lui revient-il de proposer un cadre de référence clair à ceux qui se prononceront sur les impacts de la stratégie utilisée ; qu'ils fassent partie des artisans ou de l'équipe de pilotage, ils doivent être sur la même longueur d'onde.

Le cadre de référence du stratège

La nécessité de négocier une approche commune de l'évaluation d'impacts des stratégies appelle à la prudence. Trois questions d'ordre général précisent la démarche de l'équipe de pilotage dans la poursuite du consensus :

1. Quels écarts cherchons-nous à réduire par cette intervention ?
2. Quelles hypothèses sous-tendent le choix de notre stratégie d'intervention ?
3. Comment aborderons-nous l'évaluation d'impacts en vue de nous assurer que l'intervention respecte les objectifs, que nos hypothèses se vérifient, que chaque acteur respecte ses engagements et, finalement, que l'intervention a été réalisée conformément aux règles de l'art et dans un contexte organisationnel favorable (voir la figure C.1) ?

On le constate d'entrée de jeu, les éléments évoqués renvoient en sourdine aux dimensions associées au suivi des effets. Cette approche donne l'avantage de créer une relation explicite entre les deux opérations. Toutefois, elle ajoute aux dimensions du suivi, par le biais d'une vérification de la justesse des hypothèses et par le souci des règles de l'art et du contexte global.

FIGURE C.1 – L'évaluation d'impacts

Il revient au stratège de regrouper les indicateurs de suivi, de les enrichir d'un test d'hypothèse et du souci des règles de l'art et du contexte global.

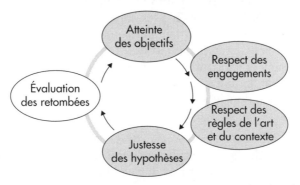

L'atteinte des objectifs

Nous l'avons souligné, évaluer l'atteinte des objectifs associés à l'intervention consiste à vérifier si le produit (l'intervention) remplit ses promesses. Par exemple, tel employé a-t-il atteint l'autonomie souhaitée quant à l'utilisation de tel logiciel, ou a-t-il développé une connaissance suffisante des fonds de placement au point d'être en mesure de les comparer, d'en établir les avantages concurrentiels, ou encore l'équipe de tel secteur est-elle en confiance au point d'effectuer les tâches prescrites en respectant le nouveau processus qui a été implanté ? Porter son attention sur des aspects de cette nature suppose qu'on s'en tienne aux résultats de l'opération et non pas aux impacts qu'on en espère en raison d'un ensemble d'hypothèses.

La justesse des hypothèses

Sous ce volet, l'attention se concentre sur les impacts des interventions. Ont-elles conduit aux retombées espérées ? Par exemple, l'autonomie dans la vente des fonds de placement se traduit-elle par une progression du volume d'affaires ? L'implantation du nouveau processus contribue-t-elle à la réduction des frais de fonctionnement ? À ce titre, évaluer les impacts équivaut à vérifier la justesse des hypothèses qui ont guidé le stratège dans la sélection des moyens qu'il a retenus pour réaliser le changement souhaité. Quand les hypothèses s'avèrent erronées, il serait fort malhabile de blâmer qui que ce soit ou de persister dans la direction qui semblait souhaitable de prime abord. La validation des hypothèses conduit parfois à ce titre à une révision de la stratégie de changement.

L'engagement des acteurs

Pour qu'une intervention produise les résultats attendus, effectuer la démarche diagnostique appropriée et cibler avec précaution les changements à effectuer ne suffisent pas. Encore faut-il que tous les acteurs concernés s'engagent fermement dans le changement, que chacun d'eux joue son rôle, prenne ses responsabilités et accomplisse les tâches qui lui sont confiées, et cela, avant, durant et après l'intervention. Gérer un changement, c'est d'abord gérer des personnes. L'équipe de direction vérifiera la performance de l'intervention en se penchant sur l'engagement des acteurs, en prenant pour point de repère le partage des rôles, des responsabilités et des tâches établi lors de la négociation de la prise en charge du changement. Il s'agit en quelque sorte de savoir si le succès ou l'échec de l'intervention s'explique par le jeu de certains acteurs. Une telle vérification regroupe les différents mandats des partenaires à titre d'indicateurs spécifiques et oriente la gestion vers les personnes plutôt que vers les étapes du changement qui, pour leur part, demeurent toujours des repères abstraits donnant peu d'emprise sur l'évolution quotidienne de l'entreprise.

Les règles de l'art

Toute stratégie de changement revêt un caractère formatif. Elle comporte nécessairement des invitations à effectuer des apprentissages, que ceux-ci soient de l'ordre du savoir, du savoir-faire ou encore du savoir-être. Elle doit favoriser la création d'une organisation apprenante – donc les individus ont à apprendre. À cet effet, elle s'appuie sur le recours à diverses expertises dont la mission sera de léguer une compétence. Il y a lieu de vérifier si les experts qui ont été mis à contribution ont respecté les règles de l'art, s'ils ont créé un environnement d'accueil favorable par le recours aux tactiques associées au volet de l'intervention dont nous avons largement fait état au chapitre précédent. Le stratège accordera par conséquent une attention particulière au respect des règles de l'art, justement parce qu'elles révèlent beaucoup de choses quant aux impacts de la stratégie, du moins en ce qui concerne ceux qui sont responsables de la gérer.

Le contexte

Le fait est établi, l'organisation elle-même s'élève parfois en obstacle au changement. En dépit de la justesse d'une hypothèse d'impacts, de la qualité d'une intervention et même du respect des engagements, les résultats pourraient être mitigés. Il y a lieu de vérifier si les barrières ont effectivement été levées, certes, mais il est tout aussi important d'établir si des circonstances externes par rapport à l'intervention ne viennent pas freiner la progression qu'on serait en droit d'espérer.

Aucune intervention destinée à renforcer la compétence de la force de main-d'œuvre n'est jamais parvenue à mettre des sous dans la poche du consommateur, à corriger les défaillances d'un logiciel ou encore à contrecarrer l'arrivée d'un produit révolutionnaire qui provoque un recul de la capacité concurrentielle. Le stratège doit être attentif aux facteurs externes s'il espère juger de la portée d'une stratégie sans se placer en vase clos. Il en va de la mise à jour de sa vision et de la capacité d'ajuster la stratégie à partir de ce que lui révèlent ses impacts.

Dans une usine de fabrication de meubles avant-gardistes, la direction avait investi considérablement dans la formation de sa main-d'œuvre aux nouvelles technologies de pointe. Elle espérait ainsi diminuer le ratio des retouches à effectuer sur les meubles avant leur expédition. Ce fléau affectait 17 % des meubles produits. Pourtant, le problème demeurait sensiblement le même après un an d'efforts. Ce n'est qu'après avoir consulté tous les employés qu'on découvrit, par la voix de ceux qui travaillaient à la réception, que les livreurs endommageaient la matière première, avant même qu'elle soit placée sur la chaîne…

Cette anecdote révèle qu'une évaluation en vase clos de la portée d'une intervention peut contribuer à masquer l'essentiel ; le contexte déborde les frontières physiques de l'organisation. Elle rappelle aussi qu'un problème est une vue de l'esprit. Il existe parce que quelqu'un le pose et la manière de le formuler comporte aussi des hypothèses, bien qu'elles nous soient moins évidentes.

La figure C.2 (p. 194-195) offre un résumé du processus abordé dans le cadre du présent ouvrage.

FIGURE C.2 – Résumé du processus

Négociation de l'organisation apprenante

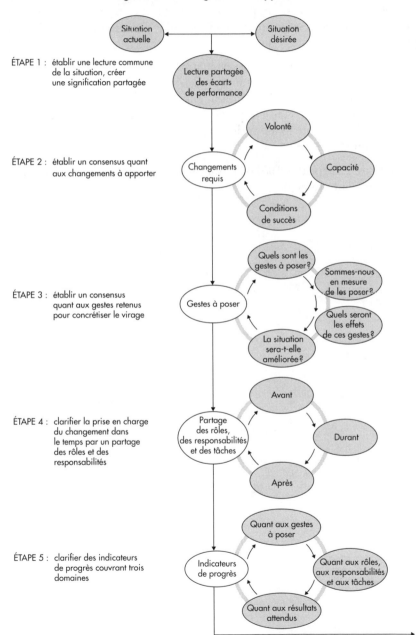

ÉTAPE 1 : établir une lecture commune
de la situation, créer
une signification partagée

ÉTAPE 2 : établir un consensus quant
aux changements à apporter

ÉTAPE 3 : établir un consensus
quant aux gestes retenus
pour concrétiser le virage

ÉTAPE 4 : clarifier la prise en charge
du changement dans
le temps par un partage
des rôles et des
responsabilités

ÉTAPE 5 : clarifier des indicateurs
de progrès couvrant trois
domaines

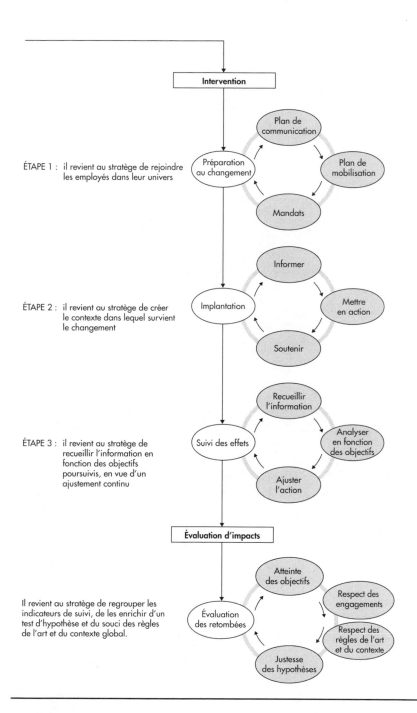

ÉTAPE 1 : il revient au stratège de rejoindre
les employés dans leur univers

Intervention

Plan de
communication

Plan de
mobilisation

Mandats

Préparation
au changement

ÉTAPE 2 : il revient au stratège de créer
le contexte dans lequel survient
le changement

Implantation

Informer

Mettre
en action

Soutenir

ÉTAPE 3 : il revient au stratège de
recueillir l'information en
fonction des objectifs
poursuivis, en vue d'un
ajustement continu

Suivi des effets

Recueillir
l'information

Analyser
en fonction
des objectifs

Ajuster
l'action

Évaluation d'impacts

Il revient au stratège de regrouper les
indicateurs de suivi, de les enrichir d'un
test d'hypothèse et du souci des règles
de l'art et du contexte global.

Évaluation
des retombées

Atteinte
des objectifs

Respect des
engagements

Respect des
règles de l'art
et du contexte

Justesse
des hypothèses

BIBLIOGRAPHIE

ADAMEC, B.A. « Using process engineering in operational auditing », dans *Internal Auditing*, vol. 10, n° 1, 1994, p. 3-13.

AMAR, V. et H. SÉRIEYX. « Dix recettes pour rater le changement », dans *Gestion*, février 1990.

ANONYME. « Hospitals increase satisfaction and reduce costs by redesigning around patients », dans *Health Care Strategic Management*, vol. 12, n° 6, 1994, p. 18.

ARCHIER, G. et H. SÉRIEYX. *Pilotes du 3ᵉ type*, Paris, Éditions du Seuil, 1986, 250 p.

ARCHIER, G., ELISSALT, O. et A. SETTON. *Mobiliser pour réussir : 3ᵉ type, mode d'emploi*, Paris, Éditions du Seuil, 1989, 247 p.

BARTOLI, A. et P. HERMEL. *Piloter l'entreprise en mutation : une approche stratégique du changement*, Paris, Éditions d'organisation, 1986, 259 p.

BARUCHE, J.-P. *La qualité du service dans l'entreprise : satisfaction et rentabilité*, Paris, Éditions d'organisation, 1992, 223 p.

BATESON, G., JACKSON, D.D., HALEY, J. et J. WEAKLAND. « Toward a theory of schizophrenia », dans *Behavioral Science*, 1, 1956, p. 251-264.

BATESON, G. et J. RUESCH. *Communication et société*, Paris, Éditions du Seuil, 1988, 346 p.

BENAYOUN, R. *Entreprises en éveil*, Paris, Entreprise moderne d'édition, 1979, 227 p.

BONNANGE, C. et C. THOMAS. *Don Juan ou Pavlov : essai sur la communication publicitaire*, Paris, Éditions du Seuil, 1987, 185 p.

BONNET, F., DUPONT, P., GODIN, A., HUGET, G., PAILLOLE, C. et A. SANDIN. *L'École et le management : pour une gestion stratégique des établissements de formation*, 3ᵉ édition, Bruxelles, De Boeck, 1995, 244 p.

BOOTH, R. « Value for money », dans *International Management*, vol. 49, n° 6, 1994, p. 51.

BRUNELLE, J., DROUIN, D., GODBOUT, P. et M. TOUSIGNANT. *La supervision de l'intervention en activité physique*, Boucherville, Gaëtan Morin éditeur, 1988, 317 p.

CANTON, A.N. « BPR : The arguments every CIO hears », dans *Information Systems Management*, vol. 11, n° 2, 1994, p. 87-89.

CAVANAUGH, H.A. « Re-engineering : Buzz word, or powerful new tool ? », dans *Electrical World*, vol. 208, nº 4, 1994, p. 7-15.

CHAIT, L.P. « Wake up and get closer to your customers », dans *Best's Review (Life-Health)*, vol. 94, nº 11, 1994, p. 76.

CHAPUT, J.-M. et P.-D. GAGNON. *De la vente à la représentation*, Boucherville, Gaëtan Morin éditeur, 1993, 312 p.

CÔTÉ, N., BÉLANGER, L. et J. JACQUES. *La dimension humaine des organisations*, Boucherville, Gaëtan Morin éditeur, 1994, 396 p.

COULON, P. et C. LE ROUX. *La formation à la carte : vers un nouvel humanisme*, Paris, Éditions d'organisation, 1990, 222 p.

COURVILLE, L. *Piloter dans la tempête : comment faire face aux défis de la nouvelle économie*, Montréal, Éditions Québec-Amérique, 1994, 145 p.

DAVENPORT, T.H. et N. NOHRIA. « Case management and the integration of labor », dans *Sloan Management Review*, vol. 35, nº 2, 1994, p. 11-23.

DESAULNIERS, P.L. *L'élaboration d'une campagne de communication*, Sainte-Foy, Les éditions P. Eldey, 1991, 218 p.

DIONNE, P. et G. OUELLET. *La gestion des équipes de travail*, Boucherville, Gaëtan Morin éditeur, 1981, 232 p.

DIONNE, P. et G. OUELLET. « Théories paradoxalistes et négociation collective : les rituels de la communication à la lumière de l'axiomatique de Watzlawick », dans *Systèmes humains*, vol. 2, nº 2, 1986, p. 31-43.

DIONNE, P. et G. OUELLET. « Communication et leadership : le mythe », conférence tenue lors du Congrès-Exprès de l'AMBAQ, Montréal, 1988.

DIONNE, P. et G. OUELLET. « Pièges de la communication et rêves à propos du leadership », dans *Échange*, vol. 5, nº 4, 1988, p. 7.

DIONNE, P. et G. OUELLET. « Le système de relations industrielles québécois : ses paradoxes et ses rituels », document de travail 88-67 (faculté des sciences de l'administration), Université Laval, 1988, 18 p.

DIONNE, P. et G. OUELLET. « La communication comme outil de gestion dans une vision renouvelée de la gestion des ressources humaines », conférence et article utilisés dans un programme de perfectionnement en communication et gestion des ressources humaines, Université Laval, 1989.

DIONNE, P. et G. OUELLET. *La communication interpersonnelle et organisationnelle : l'effet Palo Alto*, Boucherville, Gaëtan Morin éditeur et Éditions d'organisation, 1990, 144 p.

DIONNE, P., OUELLET, G. et M. FORTIER. « L'équipe de projet », dans *La gestion de projet : concepts et pratiques* (à paraître).

DIONNE, P. et J. ROGER. « Le choc du présent : la clientèle, l'actif clé du XXIᵉ siècle », dans *Revue Organisation*, été 1996, p. 5-12.

DIONNE, P. *Vision pragmatique interprétative : planification stratégique de la négociation*, thèse de doctorat, Université Laval, 1984, 322 p.

DIONNE, P. « Hôpital du troisième type et mythologie de la communication : l'illusion du choix », conférence tenue lors du Colloque des sciences infirmières de l'Université Laval et du regroupement des directeurs et responsables des soins infirmiers, 1988.

DIONNE, P. « L'évaluation des activités de formation : une question complexe qui met en jeu des intérêts différents », dans *Revue Organisation*, vol. 4, nᵒ 2, été 1995, p. 59-68.

DIONNE, P. « The evaluation of training activities : A complex issue involving different stakes », dans *Human Resource Development Quarterly*, vol. 7, nᵒ 3, automne 1996, p. 279-286.

DUCK, J.D. « Le changement, une question d'équilibre », dans *L'Expansion Management Review*, nᵒ 72, printemps 1994, p. 40-48.

EASTWOOD, A. « Study suggests banks look to U.S. example », dans *Computing Canada*, vol. 20, nᵒ 8, 1994, p. 1-6.

EDMOND, M., PICARD, D. et J. MOUSSEAU. *L'école de Palo Alto*, Paris, Éditions Retz, 1984, 190 p.

ETTLIE, J.E. « Re-engineering meets quality », dans *Production*, vol. 106, nᵒ 6, p. 14-15.

FELMAN, S. *Le scandale du corps parlant : Don Juan avec Austin ou la séduction en deux langues*, Paris, Éditions du Seuil, 1980, 218 p.

FESSARD, J.-L. et P. MEERT. *Le temps du service : relever le défi du temps dans les activités de services*, Paris, Éditions Dunod, 1993, 218 p.

FIÉVET, G. *De la stratégie : l'expérience militaire au service de l'entreprise*, Paris, InterÉditions, 1993, 267 p.

FISCH, R., WEAKLAND, J.H. et L. SEGAL. *Tactiques du changement : thérapie et temps court*, Paris, Éditions du Seuil, 1986, 373 p.

FUREY, T.H. et S.G. DIORO. « Making reengineering strategic », dans *Planning Review*, vol. 22, nᵒ 4, 1994, p. 6-11.

GOFFMAN, E. *La mise en scène de la vie quotidienne*, Paris, Éditions de Minuit, 1973.

GOGUELIN, P. *La formation-animation : une vocation*, Paris, Entreprise moderne d'édition, 1987, 279 p.

GOUIN, S., LAMARCHE, C., PERRON, J. et Y. GOUGOUX. « L'importance des communications dans l'entreprise », dans *Avenir*, vol. 2, nᵒ 6, novembre-décembre 1988.

GUAY, R. et Y. LACHANCE. *Gestion de la force de vente*, Boucherville, Gaëtan Morin éditeur, 1993, 493 p.

GUBA, E.G. et Y.S. LINCOLN. *Fourth Generation Evaluation*, Newbury Park, Californie, Sage Publications, 1989, 294 p.

GUÉRIN, G. et T. WILS. *Gestion des ressources humaines: du modèle traditionnel au modèle renouvelé*, Montréal, Les Presses de l'Université de Montréal, 1992, 276 p.

HALL, E.T. *La dimension cachée*, Paris, Éditions du Seuil, 1971, 254 p.

HALL, E.T. *Au-delà de la culture*, Paris, Éditions du Seuil, 1979, 234 p.

HALL, E.T. *La danse de la vie: temps culturel, temps vécu*, Paris, Éditions du Seuil, 1984, 282 p.

HAMMER, M. et J. CHAMPY. *Le reengineering: réinventer l'entreprise pour une amélioration spectaculaire de ses performances*, Paris, Éditions Dunod, 1993, 218 p.

HARRINGTON, H.-J. *La réingénierie des processus administratifs: le pouvoir de réinventer son organisation*, Montréal, Éditions Transcontinentales, 1994, 406 p.

HEALEY, R.M. «Taking advantage of change», dans *Business Credit*, vol. 96, n° 7, 1994, p. 3.

HELLER, R. «The manager's dilemma», dans *Management Today*, janvier 1994, p. 42-44.

KALLOCK, R.W. «Moments of truth are a call for action», dans *Transportation and Distribution*, vol. 35, n° 2, 1994, p. 57.

KARLÖF, B. *La stratégie des affaires: guide des concepts et des modèles*, Noisiel, Les Presses du management, 1990, 221 p.

KEENAN, W. Jr. «If I had a hammer», dans *Sales & Marketing Management*, vol. 146, n° 15, 1993, p. 56-61.

KEENAN, W. Jr. «Reengineering salespeople out of a job», dans *Sales & Marketing Management*, vol. 146, n° 15, 1993, p. 61.

KÉLADA, J. «La gestion intégrale de la qualité, une philosophie de gestion», dans *Gestion*, vol. 14, n° 1, février 1989.

KÉLADA, J. *Comprendre et réaliser la qualité totale*, Québec, Éditions Quafec, 1991, 386 p.

KNOWLES, M. *L'apprenant adulte: vers un nouvel art de la formation*, Paris, Éditions d'organisation, 1990, 277 p.

KONSYNSKI, B.R. «Process innovation: Reengineering work through information technology», dans *Sloan Management Review*, vol. 34, n° 2, 1993, p. 99.

KOTLER, P., FILIATRAULT, P. et R.E. TURNER, *Le management du marketing*, Boucherville, Gaëtan Morin éditeur, 1994, p. 685-710.

LACOMBE, D. et J. PINET. *Accroître la qualité du service à la clientèle: un guide pratique*, Montréal, Éditions Stratégie, 1994, p. 61-68.

LANGLOIS, M. et G. TOCQUER. *Marketing des services : le défi relationnel*, Boucherville, Gaëtan Morin éditeur, 1992, 188 p.

LAYOLE, G. *Dénouer les conflits professionnels : l'intervention paradoxale*, Paris, Éditions d'organisation, 1984, 118 p.

LE BOTERF, G. *L'ingénierie et l'évaluation de la formation : 75 fiches-outils*, Paris, Éditions d'organisation, 1990, 172 p.

LE BOTERF, G., BARZUCCHETTI, S. et F. VINCENT. *Comment manager la qualité de la formation*, Paris, Éditions d'organisation, 1992, 260 p.

LE BOTERF, G., DURAND-GASSELIN, P. et J.-M. PECHENART. *Comment investir en formation*, Paris, Éditions d'organisation, 1989, 214 p.

LE MOUËL, J. *Critique de l'efficacité : essai*, Paris, Éditions du Seuil, 1991, 184 p.

LESCARBEAU, R. *L'enquête feed-back*, Montréal, Les Presses de l'Université de Montréal, 1994, 155 p.

LÉVESQUE, J.-L., FERNANDEZ, J. et M. CHAPUT. *Formation-travail/travail-formation : formation, travail et savoir institué*, tome 1, actes du 5ᵉ symposium du Réseau international de formation et recherche en éducation permanente, Sherbrooke, Éditions du CRP, 1991, 376 p.

LÉVESQUE, J.-L., FERNANDEZ, J. et M. CHAPUT. *Formation-travail/travail-formation : formation, travail et savoir institué*, tome 2, actes du 5ᵉ symposium du Réseau international de formation et recherche en éducation permanente, Sherbrooke, Éditions du CRP, 1991, 896 p.

LEWIN, K. *Field Theory in Social Science : Selected Theoretical Papers*, New York, Harper and Row, 1951, 346 p.

LINDEN, R. « Reengineering to capture the customer's voice », dans *Public Manager*, vol. 23, nᵒ 2, 1994, p. 47-50.

LIRETTE, M. (dir.). *Intervention en éducation physique et en entraînement : bilan et perspectives : actes du congrès mondial de l'AIESEP 1987*, Sillery, Presses de l'Université du Québec, 1990, 280 p.

MARX, R.D. « Relapse prevention for managerial training : A model for maintenance of behavioral change », dans *Academy of Management Review*, vol. 7, nᵒ 3, 1982, p. 433-441.

MARX, R.D. « Improving management development through relapse prevention strategies », dans *Journal of Management Development*, vol. 5, 1986, p. 27-40.

McELRATH-SLADE, R. « Caution : Re-engineering in progress », dans *HR Magazine*, vol. 39, nᵒ 6, 1994, p. 54-57.

MINTZBERG, H. *Le management : voyage au centre des organisations*, Paris, Éditions d'organisation, Montréal, Éditions Agence d'Arc, 1990, 570 p.

MISSOUM, G. et J.-L. MINARD. *L'art de réussir : l'esprit du sport appliqué à l'entreprise*, Paris, Éditions d'organisation, 1990, 200 p.

MOAD, J. «Reengineering : Report from the trenches», dans *Datamation*, vol. 40, n° 6, 1994, p. 36-40.

MORGAN, G. *Images de l'organisation*, Québec, Presses de l'Université Laval, Ottawa, Éditions Eska, 1989, 556 p.

MOSS, M. «From reengineering to service integration», dans *Nursing Management*, vol. 25, n° 8, 1994, p. 80e-80f.

MOULINIER, R. *La direction d'une force de vente*, Paris, Éditions d'organisation, 1989, 305 p.

NEWSTROM, J.W. «Leveraging management development through the management of transfer», dans *Journal of Management Development*, vol. 5, n° 5, 1986, p. 33-45.

NICH, D.L. «Finding internal auditing's role in work reengineering», dans *Internal Auditing*, vol. 9, n° 3, 1994, p. 76-79.

ORGOGOZO, I. *Les paradoxes de la qualité*, Paris, Éditions d'organisation, 1987, 158 p.

ORGOGOZO, I. *Les paradoxes de la communication : à l'écoute des différences*, Paris, Éditions d'organisation, 1988, 127 p.

ORGOGOZO, I. et H. SÉRIEYX. *Changer le changement : on peut abolir les bureaucraties*, Paris, Éditions du Seuil, 1989, 217 p.

OUELLET, G. *Vision pragmatique interprétative : analyse stratégique de la négociation (un guide de lecture stratégique)*, thèse de doctorat, Université Laval, 1984, 317 p.

OUELLET, G. «Hôpital du troisième type et mentalité de premier type : le mirage du changement», conférence tenue lors du Colloque des sciences infirmières de l'Université Laval et du regroupement des directeurs et responsables des soins infirmiers, 1988.

PASTORE, R. et C. HILDEBRAND. «Redefining moments», dans *CIO*, vol. 7, n° 15, 1994, p. 74-84.

PATCHING, D. «Business process re-engineering», dans *Management Services*, vol. 38, n° 6, 1994, p. 10-13.

PEARCE, J.A. et R.B. ROBINSON. *Formulation and implementation of competitive strategy*, Homewood, Irwin Edition, 1988, 447 p.

PETERS, T. *L'entreprise libérée : libération management*, Paris, Éditions Dunod, 1993, 673 p.

PLUG, B. «Don't ignore employees», dans *Computing Canada*, vol. 20, n° 7, 1994, p. 25.

POISSON, Y. *La recherche qualitative en éducation*, Sillery, Presses de l'Université du Québec, 1990, 174 p.

PRITCHETT, P. *The team member handbook for teamwork*, Dallas, Texas, Pritchett & Associates, 1992, 64 p.

PRITCHETT, P. *Culture shift : The employee handbook for changing corporate culture*, Dallas, Texas, Pritchett & Associates, 1993, 35 p.

PRITCHETT, P. *Le choc du travail : s'adapter pour survivre*, Dallas, Texas, Pritchett & Associates, 1994, 51 p.

PRITCHETT, P. et R. POUND. *Diriger le changement : manuel de gestion et de supervision du changement organisationnel*, Dallas, Texas, Pritchett & Associates, 1994, 27 p.

PRITCHETT, P. et R. POUND. *High-velocity culture change : A handbook for managers*, Dallas, Texas, Pritchett & Associates, 1993, 44 p.

PRITCHETT, P. et R. POUND. *Manuel de l'employé en période de changement organisationnel*, 2ᵉ édition, Dallas, Texas, Pritchett & Associates, 1994, 40 p.

PRITCHETT, P. et R. POUND. *Team reconstruction : Building a high performance work group during change*, Dallas, Texas, Pritchett & Associates, 1994, 28 p.

ROGER, J. et P. DIONNE. « Sachez gérer vos consultants! », dans *Le D.G.*, mars/avril 1996, p. 16-18.

ROGER, J. et P. DIONNE. « Votre mission : construire une équipe gagnante », dans *Le D.G.*, mai/juin 1996, p. 20-21.

ROGER, J. et P. DIONNE. « Vers l'autonomie de l'équipe », dans *Le D.G.*, juillet/août 1996, p. 19-21.

ROGER, J. et P. DIONNE. « De gestionnaire à coach », dans *Le D.G.*, septembre/octobre 1996, p. 9-13.

ROGER, J. et P. DIONNE. « La dynamique mentale du coaching », dans *Le D.G.*, novembre/décembre 1996, p. 12-14.

ROGER, J. et P. DIONNE. « La face cachée du coaching », dans *Le D.G.*, janvier/février 1997, p. 16-17.

RYAN, H.W. « Reinventing the business », dans *Information Systems Management*, vol. 11, nº 2, 1994, p. 77-79.

SCHWEBIG, P. *Les communications de l'entreprise : au-delà de l'image,* Paris, McGraw-Hill, 1988, 170 p.

SÉRIEYX, H. *Mobiliser l'intelligence de l'entreprise : cercles de qualité et cercles de pilotage*, Paris, Entreprise moderne d'édition, 1982, 138 p.

SFEZ, L. *Critique de la communication*, Paris, Éditions du Seuil, 1988, 339 p.

ST-ARNAUD, Y. *L'interaction professionnelle : efficacité et coopération*, Montréal, Les Presses de l'Université de Montréal, 1995, 223 p.

STEINBORN, D. « How Huntington wields technology », dans *Banking Journal*, vol. 86, nº 6, 1994, p. 47-52.

STOW, R.P. « Reengineering by objectives », dans *Planning Review*, vol. 28, nº 3, 1993, p. 14-16.

THAKRAY, J. « America », dans *Management Today*, janvier 1993, p. 47.

TRUC, R. *Former pour des résultats*, Paris, Éditions ESF, 1991, 287 p.

VALLERAND, J.P.M. et P.L. GRENON. *Naviguer en affaires : la stratégie qui vous mènera à bon port!*, Montréal, Éditions Transcontinentales, Charlesbourg, Fondation de l'Entrepreneurship, 1995, 206 p.

WACHEL, W. « Beyond incremental change », dans *Healthcare Executive*, vol. 9, n° 4, 1994, p. 18-21.

WATZLAWICK, P., BEAVIN, J.H. et D.D. JACKSON. *Une logique de la communication*, Paris, Éditions du Seuil, 1972, 285 p.

WATZLAWICK, P. et J.H. WEAKLAND. *Changements : paradoxes et psychothérapie*, Paris, Éditions du Seuil, 1975, 189 p.

WATZLAWICK, P. et J.H. WEAKLAND. *Sur l'interaction : travaux du Mental Research Institute*, Paris, Éditions du Seuil, 1981, 495 p.

WATZLAWICK, P. *La réalité de la réalité : confusion, désinformation, communication*, Paris, Éditions du Seuil, 1978, 237 p.

WATZLAWICK, P. *Le langage du changement : éléments de communication thérapeutique*, Paris, Éditions du Seuil, 1980, 184 p.

WATZLAWICK, P. *Faites vous-même votre malheur*, Paris, Éditions du Seuil, 1984, 119 p.

WATZLAWICK, P. *Guide non conformiste pour l'usage de l'Amérique*, Paris, Éditions du Seuil, 1987, 125 p.

WATZLAWICK, P. *Comment réussir à échouer : trouver l'ultrasolution*, Paris, Éditions du Seuil, 1988, 117 p.

WATZLAWICK, P. *L'invention de la réalité : comment savons-nous ce que nous croyons savoir ? : contributions au constructivisme*, Paris, Éditions du Seuil, 1988, 373 p.

WILS, T., LE LOUARD, J.-Y. et G. GÉRIN. *Planification stratégique des ressources humaines*, Montréal, Les Presses de l'Université de Montréal, 1991, 315 p.

WINKIN, Y. et G. BATESON. *La nouvelle communication*, Paris, Éditions du Seuil, 1981, 372 p.

WINKIN, Y. et G. BATESON. *Bateson : premier état d'un héritage : colloque de Cerisy sous la direction de Yves Winkin*, Paris, Éditions du Seuil, 1988, 346 p.

WINKIN, Y., DUBOIS, P. et F. JACQUES. *Langage et ex-communication : pragmatique et discours sociaux*, Cabay, Éditions Louvain-la-Neuve, 1982, 167 p.

WINKIN, Y. et E. GOFFMAN. *Les moments et leurs hommes – textes recueillis et présentés par Yves Winkin*, Paris, Éditions du Seuil/Minuit, 1988, 252 p.